区域与工业行业
创新、创业、创投指数构建及评价

谢　恩　李　垣　张延锋　等　著

本书由国家自然科学基金面上项目（72372117/72372102）、同济大学管理科学与工程上海市高峰学科、同济大学"创东方发展基金"专项经费资助

科　学　出　版　社

北　京

内 容 简 介

　　创新、创业、创投已经成为推动我国经济转型升级的重要战略活动。同济大学创新创业创投研究中心在综合分析研究文献和现有国内外相关指数的基础上，建立区域与行业"三创"指标的评估指标体系，通过大数据等数据处理方法和工具，更全面地评价全国各区域和行业的创新型经济发展情况。第一，本书阐述"三创"指数的背景、研究目的、创新和贡献。第二，通过对创新、创业、创投理论研究的现状进行总结评述，分析创新、创业、创投三者之间以及其与区域经济增长之间的关联关系。第三，通过总结分析国内外与"三创"有关的主要评估指标体系的建设与评估情况，提出编制"三创"指标的主要方法体系，建立"三创"评估指标体系，并设计开展"三创"指数评估的数据处理方法。第四，分别对 31 个省区市和 38 个工业行业的"三创"综合指数进行分析和排名。第五，本书为各区域和行业的"三创"能力提升提出针对性的建议。

　　本书内容适用于广大创业者、企业管理者、创投机构从业者和有关决策部门管理人员以及各类创新创业培训班学员。

图书在版编目（CIP）数据

区域与工业行业创新、创业、创投指数构建及评价 / 谢恩等著. -- 北京 ： 科学出版社, 2024. 6. -- ISBN 978-7-03-079061-3

Ⅰ. F249.214

中国国家版本馆 CIP 数据核字第 202481UD46 号

责任编辑：郝　悦 / 责任校对：姜丽策
责任印制：赵　博 / 封面设计：有道设计

科学出版社 出版
北京东黄城根北街 16 号
邮政编码：100717
http://www.sciencep.com
三河市春园印刷有限公司印刷
科学出版社发行　各地新华书店经销

＊

2024 年 6 月第 一 版　开本：720×1000　1/16
2025 年 2 月第二次印刷　印张：19 1/4
字数：388 000

定价：235.00 元
（如有印装质量问题，我社负责调换）

本书著者名单

谢　恩　李　垣　张延锋

肖水龙　程国萍　张天辉

赵　兰　万辰巳　李　旭

前　言

　　新一轮科技革命和产业变革、大国竞争加剧以及我国经济发展方式转型等重大挑战在当下形成历史性交汇，要在激烈的国际竞争中立于不败之地，实现我国经济的高质量发展，必须以科技创新推动产业创新，以产业升级构筑竞争新优势，加快形成新质生产力。2023 年 9 月习近平总书记在黑龙江考察时指出[①]："整合科技创新资源，引领发展战略性新兴产业和未来产业，加快形成新质生产力。"新质生产力代表着一种生产力的跃迁，区别于依靠大量资源投入、高度消耗资源能源的传统增长路径，科技创新在其中发挥主导作用。新质生产力的建设需要健全和完善从技术创新到创新实现的全过程管理，激发各类创新主体活力，提升各类创新主体创新和创业能力，建立强有力的促进创新创业发展的金融与投资管理体系，实现科技创新与制度创新、管理创新、商业模式创新的深度融合，走出一条从人才强、科技强、制度强到产业强、经济强、国家强的发展新路径。

　　创新、创业、创投（简称"三创"）三者紧密联系，是我国实现创新驱动发展、推进创新型经济发展的主要途径。全面深入地评估全国乃至各区域、各行业的"三创"事业发展，有助于更好地了解我国经济发展的潜力和动力，评估我国创新型经济的发展水平、政策效能、创新生态系统发育情况，为政府部门政策制定提供依据，及时深化改革和优化战略，推动国民经济高质量、可持续、稳健发展。

　　目前国内外有代表性的创新创业指数，包含了丰富的指标，比较全面地评估了国家、城市和地区的创新创业水平。然而，这些指数大多忽略了创投在创新、创业中的关键作用，也没有充分考虑创新、创业与创投三项事业有机融合对于区域经济与行业发展的重要性，因而具有一定的局限性。同时，大多指数只是选取各类统计指标分析各个国家和地区在不同指标体系与总分值上的差异，对大数据和人工智能等现代信息技术的应用不足。此外，目前的指标体系大多只考虑到区域层面的创新和创业的发展水平问题，忽视了行业创新发展水平的评估。

　　本书构建了区域与行业"三创"指数的评估指标体系，实现了从技术创新、创业和创投机构等多个视角、从技术创新到创新实现完整过程的综合考虑。在此

---

　　① 《习近平在黑龙江考察时强调：牢牢把握在国家发展大局中的战略定位 奋力开创黑龙江高质量发展新局面》，https://www.gov.cn/yaowen/liebiao/202309/content_6903032.htm?device=app&wd=&eqid=ece3195101cb42b5000 0000565763fb4，2023 年 9 月 8 日。

基础上，选取 31 个省级行政区域和 38 个工业行业，从创新、创业、创投三个维度综合比较这些区域和工业行业的创新能力，为进一步从中微观层面深化了解和评估我国创新能力的发育情况提供了更丰富的数据和依据。作为国内首个跨地区、跨行业对比的"三创"指数，其反映了整个社会"三创"的综合情况，试图通过对三者投入、产出、转换效率及波动性等的计算，探求其相互间的作用关系及演变规律。该指标体系不仅更加全面地考虑到创新、创业和创投三个方面，而且将现代信息技术融合到"三创"环境、活动及结果的评估和规律的探求中，建立"三创"相关的大数据中心，并进一步运用数据挖掘、数据清洗等信息技术进行包括非结构化数据等各类数据的广泛搜集及深度推演，从而建立多层次、多行业和多种类的动态指标体系，最终能够更加准确地评估不同城市和地区的创新水平。

本书主要分为六章，具体按照以下内容展开。第 1 章主要介绍"三创"指数研究的时代背景、目的和本书的创新与贡献。第 2 章主要介绍"三创"指数研究的理论基础，系统探究创新、创业和创投三者之间的关联关系，深入分析区域与行业的"三创"能力对区域经济增长的影响机理。第 3 章主要分析国内外相关评估指标体系的设计和评估情况，系统阐述"三创"指数的编制方法，并介绍相关指标测度数据的主要数据处理方法。第 4 章主要对全国 31 个省级行政区域"三创"指数进行综合排名及分析，进而采取聚类分析法分析导致各省级行政区域之间排名差异的核心指标，并对各省区市二三级指标的排名结果及其相对于 2018 年排名变化情况进行分析，旨在为各省区市"三创"能力的建设提供更具体的分析和指引。第 5 章主要对我国 38 个工业行业"三创"指数进行综合排名及分析，进而采取聚类分析法分析导致各行业之间排名差异的核心指标，并对各行业的排名结果进行分析，旨在更深入地了解各行业的发展前景和潜力，为国家产业发展规划和产业政策的制定提供参考。第 6 章主要总结了全国各区域与工业行业"三创"指数排名情况，并提出若干具有针对性的建议。

目　　录

第1章 绪 论

1.1 研 究 背 景

改革开放以来，我国经济发展取得巨大成就，成为世界第二大经济体，世界第一贸易大国、第一大出口国和第二大进口国。目前，我国经济已由高速增长阶段转向高质量发展阶段，正处在转变发展方式、优化经济结构、转换增长动力的攻关期。从全球范围来看，新一代人工智能技术、量子信息、基因与生物技术等前沿科技交叉融合、突飞猛进，重大成果密集涌现，科技创新将重塑全球产业。国际政治格局发生深刻复杂变化，世界进入新的动荡变革期，地缘政治博弈持续升温，中美对抗持续升级，俄乌战争仍未缓和，全球供应链缩短，区域化和本地化日趋明显，中国所处的国际政治环境更加严峻和复杂。为了更好地应对国内外政治、经济和技术发展环境的变化，2016年5月，中共中央、国务院印发《国家创新驱动发展战略纲要》，首次提出了进入创新型国家行列到建成世界科技创新强国的三步走战略部署：第一步，到2020年进入创新型国家行列，基本建成中国特色国家创新体系，有力支撑全面建成小康社会目标的实现；第二步，到2030年跻身创新型国家前列，发展驱动力实现根本转换，经济社会发展水平和国际竞争力大幅提升，为建成经济强国和共同富裕社会奠定坚实基础；第三步，到2050年建成世界科技创新强国，成为世界主要科学中心和创新高地，为我国建成富强民主文明和谐的社会主义现代化国家、实现中华民族伟大复兴的中国梦提供强大支撑[①]。可见，转变经济发展方式，实现创新驱动发展是当前和今后一段时期内我国经济社会发展的重要任务，是立足新发展阶段、贯彻新发展理念、构建新发展格局、实现高质量发展的必然选择，也是破解我国经济发展深层次矛盾，应对国际发展环境变化的必然选择。创新、创业、创投三者紧密联系，是我国实现创新驱动发展、推进创新型经济发展的主要途径，全面深入地评估全国乃至各区域的"三创"事业发展，有助于我们更好地了解我国经济发展的潜力和动力，及时深化改革和优化战略，推动国民经济高质量、可持续、稳健发展。

---

① 《中共中央 国务院印发〈国家创新驱动发展战略纲要〉》，https://www.gov.cn/zhengce/2016-05/contet_5074812.htm，2016年5月19日。

1.1.1 我国创新型经济发展加速

创新是引领发展的第一动力，是建设现代化经济体系的战略支撑。随着一系列重大科学发现和技术突破，以信息网络、人工智能、生物技术、清洁能源、新材料、先进制造等领域为代表的创新型经济呈现跃进态势，催生了新经济、新产业、新业态、新模式，对人类生产方式、生活方式乃至思维方式产生了前所未有的深刻影响。2016 年 9 月，习近平在杭州举办的二十国集团工商峰会开幕式上发表主旨演讲时强调[①]："创新是从根本上打开增长之锁的钥匙。以互联网为核心的新一轮科技和产业革命蓄势待发，人工智能、虚拟现实等新技术日新月异，虚拟经济与实体经济的结合，将给人们的生产方式和生活方式带来革命性变化。"创新以及创新型经济日益成为各国实现经济再平衡、打造国家竞争新优势的核心，正在深刻影响和改变国家力量对比，重塑世界经济结构和国际竞争格局，世界各国不断加大政府投入力度，改善创新发展的政策环境、经济环境和国际环境，加速推动创新型经济的发展。

创新型经济成为各国经济发展的动力和战略制高点。1990 年，波特在《国家竞争优势》一书中最早提出"创新驱动发展"这一概念。他将经济发展阶段从低到高依次划分为要素驱动发展、投资驱动发展、创新驱动发展和财富驱动发展四个阶段，其中创新驱动发展是第三个阶段，以创新为经济发展的动力源。随着创新对经济发展的作用日益显著，创新驱动发展成为继要素驱动发展和投资驱动发展之后的新型经济发展模式，引起学术界的广泛关注与研究探讨。创新型经济是以知识和人才为依托，以创新为主要驱动力，以发展拥有自主知识产权的新技术和新产品为着力点，以创新产业为标志的经济。其核心是科技创新，涵盖着新产品、新服务、新商业模式、新管理理念等创新创业型经济作为最先进生产力的代表，是科技与经济结合的直接体现。创新型经济的发展不仅加速了发达国家产业结构的知识化、高度化发展，也使国际产业转移呈现出高度化趋势。近年来，国内学术界深入研究了创新与高质量发展的关系。学者普遍认为，创新是新时代我国经济高质量发展的强大动力，科学发现、技术发明和产业创新是实现高质量发展的关键动因。要实现经济从高速增长向高质量发展转变，需要以创新为引领，实现新旧动力转化，坚定不移地贯彻创新、协调、绿色、开放、共享的新发展理念，具体应从科技创新、产业创新、制度创新、战略创新、金融创新等方面着手（辜胜阻等，2018）。

党的十八大以来，我国加快了建设创新型国家的步伐。党的十八大报告中

---

① 《习近平在二十国集团工商峰会开幕式上的主旨演讲（全文）》，https://www.gov.cn/xinwen/2016-09/03/content_5105135.htm，2023 年 5 月 8 日。

明确提出[①]，"科技创新是提高社会生产力和综合国力的战略支撑，必须摆在国家发展全局的核心位置"。党的十九大报告进一步提出[②]，"从二〇二〇年到二〇三五年，在全面建成小康社会的基础上，再奋斗十五年，基本实现社会主义现代化。到那时，我国经济实力、科技实力将大幅跃升，跻身创新型国家前列"，"创新是引领发展的第一动力，是建设现代化经济体系的战略支撑"。《中华人民共和国国民经济和社会发展第十四个五年规划和 2035 年远景目标纲要》提出[③]，"坚持创新在我国现代化建设全局中的核心地位，把科技自立自强作为国家发展的战略支撑，面向世界科技前沿、面向经济主战场、面向国家重大需求、面向人民生命健康，深入实施科教兴国战略、人才强国战略、创新驱动发展战略，完善国家创新体系，加快建设科技强国"。党的二十大报告进一步强调[④]，"必须坚持科技是第一生产力、人才是第一资源、创新是第一动力，深入实施科教兴国战略、人才强国战略、创新驱动发展战略，开辟发展新领域新赛道，不断塑造发展新动能新优势"。

1.1.2 我国创新能力不断提升

新中国成立七十多年来，无论是改革开放之前还是改革开放之后，中国科技创新都取得了举世瞩目的巨大成就，引起学术界广泛关注和研究。改革开放前，中国取得了"两弹一星"、陆相成油理论、杂交水稻、人工合成牛胰岛素等一系列重大科技成就；改革开放后，成功突破了汉字激光照排、超级计算机、转基因抗虫棉以及高速铁路等一批重大关键产业技术，科学技术成为支撑经济社会发展的重要力量。党的十八大以来，我国科技实力跃上新的大台阶，正在从量的积累迈向质的飞跃，从点的突破迈向系统能力提升，许多领域实现从"跟跑"向"并跑""领跑"转变。数据显示，2021 年，全社会研发投入达 2.79 万亿元，同比增长 14.2%，研发投入强度达到 2.44%。《2022 年全球创新指数报告》显示中国攀升至第 11 位，连续 10 年稳步上升，位居 36 个中高收入经济体之首，是世界上进步最快的国家

① 《胡锦涛在中国共产党第十八次全国代表大会上的报告》，http://www.xinhuanet.com//18cpcnc/2012-11/17/c_113711665_5.htm，2012 年 11 月 17 日。

② 《习近平：决胜全面建成小康社会 夺取新时代中国特色社会主义伟大胜利——在中国共产党第十九次全国代表大会上的报告》，http://www.xinhuanet.com/politics/19cpcnc/2017-10/27/c_1121867529.htm?baike，2017 年 10 月 27 日。

③ 《中华人民共和国国民经济和社会发展第十四个五年规划和 2035 年远景目标纲要》，https://www.gov.cn/xinwen/2021-03/13/content_5592681.htm，2021 年 3 月 13 日。

④ 《习近平：高举中国特色社会主义伟大旗帜 为全面建设社会主义现代化国家而团结奋斗——在中国共产党第二十次全国代表大会上的报告》，https://www.gov.cn/xinwen/2022-10/25/content_5721685.htm，2022 年 10 月 25 日。

之一。可见，中国正加速向世界科技创新强国迈进，为全球科技发展贡献越来越多的中国智慧与力量。

毋庸置疑，中国科技创新在取得巨大成就的同时，也存在诸多不足和短板，与美国等发达国家相比还有不小的差距。比如，尽管根据全球科研资源库 Web of Science（WoS）的统计数据，中国科技论文发表数量占 2015～2017 年全球发表总数的 26.9%，位居全球第一，但有国际影响力的顶尖水平科技论文发表数量较少；尽管专利数量排名全球第一位，但专利质量还不高；尽管全社会研发投入增长较快、总量领先，但基础研究投入严重不足，2021 年我国基础研究投入在全社会研发投入中占比仅为 6.09%，与美国等发达国家 15%～20%的占比相比仍有较大差距；尽管我国在客户中心型创新和效率驱动型创新上表现比较突出，但在工程技术型创新和科学研究型创新上还比较薄弱，特别是关键领域核心技术受制于人的局面没有从根本上改变。因此，客观全面评估我国的创新能力，找出不足之处和薄弱之点，提出针对性的建议和方案，对于进一步深化我国科技体制机制改革创新，提升国家创新能力具有重要价值。

从我国创新能力的发展情况来看，不同区域之间的创新发展水平也不同。东部地区经济发达，市场需求较为成熟，城市创新质量普遍较高，而西部地区的经济相对滞后，市场需求较为落后，城市创新质量偏低。不同区域的高校、研究机构、创业孵化器等资源的分布情况存在较大差异。东部区域的创新资源相对丰富，而一些欠发达地区的创新创业资源相对缺乏。地区之间的创新优惠政策也存在差异，如北京、上海、广东、浙江、江苏，对企业的创新政策比较全面，包括提供税收减免、创业担保贷款、科技成果转化专项资金等多种政策，为创新创业提供场地、资源和人才支持，而中西部城市相关创新创业政策较少。总的来看，区域创新能力的发育存在不平衡不充分的情况，需要对此进行全面系统的评估，为各区域创新生态体系建设和能力提升提供参考。

1.1.3 我国创业事业不断发展壮大

创业一直被认为是驱动创新、促进经济发展的极大动力。近几年我国非常重视构建创新创业支持平台、推出创新创业政策以及改善创新创业环境。《国务院关于推动创新创业高质量发展 打造"双创"升级版的意见》（国发〔2018〕32 号）中提出[①]，"以习近平新时代中国特色社会主义思想为指导，全面贯彻党的十九大和十九届二中、三中全会精神，坚持新发展理念，坚持以供给侧结构性改革为主

---

① 《国务院关于推动创新创业高质量发展 打造"双创"升级版的意见》，https://www.gov.cn/zhengce/zhengceku/ 2018-09/26/content_5325472.htm?ivk_sa = 1023197a，2018 年 9 月 18 日。

线，按照高质量发展要求，深入实施创新驱动发展战略，通过打造"双创"升级版，进一步优化创新创业环境，大幅降低创新创业成本，提升创业带动就业能力，增强科技创新引领作用，提升支撑平台服务能力，推动形成线上线下结合、产学研用协同、大中小企业融合的创新创业格局，为加快培育发展新动能、实现更充分就业和经济高质量发展提供坚实保障"。《国务院办公厅关于建设大众创业万众创新示范基地的实施意见》也指出①，"力争通过三年时间，围绕打造双创新引擎，统筹产业链、创新链、资金链和政策链，推动双创组织模式和服务模式创新，加强双创文化建设，到 2018 年底前建设一批高水平的双创示范基地，培育一批具有市场活力的双创支撑平台，突破一批阻碍双创发展的政策障碍，推广一批适应不同区域特点、组织形式和发展阶段的双创模式和典型经验，加快推动创新型企业成长壮大，努力营造鼓励创新、宽容失败的社会氛围，带动高质量的就业，促进新技术、新产品、新业态、新模式发展，为培育发展新动能提供支撑"。2016 年 4 月26 日，习近平在知识分子、劳动模范、青年代表座谈会上的讲话中提出②，"各级党委和政府要关心和爱护广大劳动群众，切实把党和国家相关政策措施落实到位，不断推进相关领域改革创新，坚决扫除制约广大劳动群众就业创业的体制机制和政策障碍，不断完善就业创业扶持政策、降低就业创业成本，支持广大劳动群众积极就业、大胆创业"。2021 年 8 月 17 日，中央财经委员会第十次会议提出③，"要鼓励勤劳创新致富，坚持在发展中保障和改善民生，为人民提高受教育程度、增强发展能力创造更加普惠公平的条件，畅通向上流动通道，给更多人创造致富机会，形成人人参与的发展环境"。

　　不仅是新创企业的创业活动对经济增长发挥着积极的作用，成熟企业也通过各种形式鼓励公司内部创业，使公司获得新的增长。明尼苏达矿业及机器制造公司，这个极具创新精神的古老企业，每年的企业内部创业活动为公司创造 30%以上的营业收入。以粮油贸易为主业的中粮集团，通过公司内部的创业活动，转而成为一家集贸易、实业、金融、信息、服务和科研为一体的大型企业集团。成功地完成了内部创业的中粮集团，横跨农产品、食品、酒店、地产等众多领域，多年名列美国《财富》杂志全球企业 500 强。国内互联网相关行业也积极开展了公司创业投资方面的探索，腾讯开展了大量内部创业项目，通过内部创业活动实现了进一步发展，如腾讯开发微信聊天工具进入熟人社交领域，开发微信支付、微

---

　　① 《国务院办公厅关于建设大众创业万众创新示范基地的实施意见》，https://www.gov.cn/zhengce/content/2016-05/12/content_5072633.htm，2016 年 5 月 12 日。

　　②《习近平：在知识分子、劳动模范、青年代表座谈会上的讲话》，https://www.gov.cn/xinwen/2016-04/30/content_5069413.htm，2016 年 4 月 30 日。

　　③ 《习近平主持召开中央财经委员会第十次会议》，https://www.gov.cn/xinwen/2021-08/17/content_5631780.htm，2021 年 8 月 17 日。

信小程序等构造微信生态，通过腾讯医典、腾讯觅影等项目进入 AI（artificial intelligence，人工智能）辅助治疗产业，通过腾讯影业、腾讯文旅等项目助力新文创背景下的文化产业发展。小米 2020 年启动了新 10 年创业者计划，选拔 100 位年轻核心干部，给予类似创业者回报，激励他们和小米共同重新创业。联想创投截至 2022 年已累计投资和内部孵化超过 200 家企业，包括宁德时代新能源科技股份有限公司、上海蔚来汽车有限公司、海光信息技术股份有限公司、思特威（上海）电子科技股份有限公司、珠海冠宇电池股份有限公司等 10 多家 IPO 企业，北京中科慧灵机器人技术有限公司、北京数码大方科技股份有限公司、北京云迹科技股份有限公司、杭州迦智科技有限公司等 40 余家专精特新企业。百度、阿里巴巴、网易、搜狐等互联网公司都积极投入公司创业投资活动，这些企业通过公司创业投资大多增强了企业的动态能力，提升了企业绩效。

1.1.4 我国创业投资市场繁荣发展

西方国家发展进程中，以现代商业银行、现代资本市场、现代投资银行、创业投资体系为特征的金融革命推动了人类第三次工业革命，为西方国家现代化提供了金融支持。党的十八大以来，以习近平同志为核心的党中央以巨大的政治勇气和智慧，不失时机深化金融改革，坚决破除一切妨碍高质量发展的思想观念和体制机制弊端，推动中国特色的金融业不断发展壮大。走中国特色金融发展之路，必须坚守服务实体经济的天职，切实提升服务理念、能力和质效，在支持实体经济做实做强做优中实现金融自身高质量发展，以金融业高质量发展促进经济社会高质量发展。解决高技术企业投入主体缺位和资金投入不足问题，是发展金融服务实体经济的重要途径。通过创业投资发展高技术企业，能够为创新型经济发展提供创造性知识，加速科技成果向生产力转化，开辟新增长点，刺激需求和就业。创新创业型企业往往面临资金匮乏的问题，而创投资本具有专业技术背景和管理知识，能为创新创业企业的成长提供战略咨询，并利用自身资源帮助创新创业企业扩展融资渠道，是创新创业企业发展壮大的"战略助推器"。根据国家统计局数据，2021 年全国社会融资总额为 33.35 万亿元，其中，国内创投市场融资数量与金额分别达到 14 629 起和 13 550 亿元（图 1-1），分别同比增长了 57.56%和 41.26%。

从美国创投资本业和创新型领军企业的发展历程看，创投投资还是创新型领军企业的重要筛选工具。作为世界上创投资本最发达的国家，美国的创投资本额长期保持全球第一，美国风险投资协会（National Venture Capital Association，NVCA）2022 年创投资本书显示，2021 年美国创投资本交易总额达到 3300 亿美元，占全球风投总额的 48.61%，在推动美国互联网、计算机、生物医药和新能源

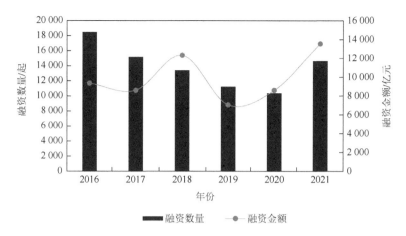

图 1-1　2016～2021 年国内创投市场融资数量与金额

资料来源：烯牛数据，前瞻产业研究院

等行业发展中发挥关键作用。据斯坦福大学的研究报告统计，近 50 年上市的 1500 多家企业中，有高达 43%的公司起源于风险资本的投资，谷歌、微软、亚马逊、苹果、Facebook、英特尔等企业在初创期都接受了创投资本。通过资金保障和管理决策，创投资本推动了初创企业的技术进步，加速了科技成果向现实生产力的转化，实现了创新型企业从小到大、由弱到强的发展，也激发了新兴产业的形成（关成华，2022）。正如美国前总统里根所言："以信息工业为主体的高技术产业，将把美国带入一个新经济时代。这种跃迁将主要是由新成立的高技术公司带来的，而高技术产业群发展的最重要的动力就是创投资本。"

统计数字表明，我国每年仅专利技术就有 7 万多项，取得省部级以上科研成果 3 万多项，但专利技术的实施率仅为 10%左右，高技术产业的产值远远低于发达国家的水平。科学技术部所做的调查显示，在已经转化的成果中，成果转化资金靠自筹的占 56.8%，国家科技计划的拨贷款占 26.8%，创业投资仅占 2.3%。因此，大力发展创投事业是促进我国创新创业发展的必然要求和重要支撑。

1.2　研 究 目 的

（1）评估我国创新型经济的发展水平，为实施国家发展战略提供参考。

首先，通过了解区域与行业"三创"的发展情况，政府可以调整资源配置，重点支持有潜力和优势的区域和行业发展，提升国家整体核心竞争力和经济效益，引导企业加大创新投入，提升技术水平，推动传统产业向高技术、高附加值领域转型，推动经济结构的升级和优化。其次，通过了解"三创"合作和国际交流的情况，政府可以加强与其他国家和地区的"三创"合作，促进国际技术交流和技术引进，提升国家的创新能力和竞争力。最后，通过了解"三创"文化和意识的培育情况，政府可以加强"三创"教育和培训，激发"三创"潜能，培养"三创"人才，推动整个社会形成良好的创新氛围。

（2）评价我国创新政策效能，为政府部门政策制定提供依据。

通过评估创新产出和成果转化情况，政府部门可以监测这些数据，考察这些指标的变化趋势，评估创新政策对创新产出的促进作用，了解政府推出的创新政策和扶持措施的实施情况、法律法规的完善程度、创新创业的氛围、企业和创新主体对创新政策的感知与反馈等。

（3）评价国家创新生态的建设成果，为国家创新体系建设提供建议。

通过评价国家创新生态的建设成果，客观全面地了解全国和各区域创新产出与成果转化情况，加大对创新投入和研发支持的力度，提高研发经费的使用效率，加强人才培养和引进，加强科技成果的转化和应用，提高创新成果的商业化水平，加强知识产权保护，从而提供更加有力的政策支持，鼓励"三创"活动。

（4）分析我国区域创新生态系统的发育情况，为区域差异化高水平发展提供思路。

通过对各个区域或行业"三创"发展的整体评估，分析区域科研机构、高校、产业基础、人才等创新资源优势和分布，促进区域创新生态系统的发展，更好地解释和预测该区域或行业的经济增长情况，从而采取针对性的创新政策和扶持措施，促进创新生态系统的发展。企业和金融机构也更好地了解各区域的政策环境，并选择合适的地区进行投资和发展。各地区可以通过引进高层次人才、培养创新人才等方式，提升自身创新能力。总之，系统评价区域创新生态系统的发展格局，分析各地区的创新资源优势、政策扶持、人才引进和培养、产业协同和跨界合作、创投资本和金融支持等因素的差异情况，为区域差异化高水平发展提供思路和支持。

（5）分析我国"三创"市场的发展特点和趋势，为企业和金融机构决策提供指南。

我国"三创"事业正处于快速发展阶段，政府鼓励"三创"发展，推动科技成果转化和产业化。企业和金融机构应关注技术前沿，积极参与科技创新项目，提高自身创新能力，加强与高校、科研机构的合作。企业和金融机构可以积极寻求跨行业、跨领域的合作机会，搭建创新平台，推动不同产业、领域之间的技术交流和资源共享，实现优势互补，将不同领域的创新资源进行整合和融合，推动区域创新生态系统的发展。企业和金融机构可以加大对区域创新企业的投资力度，提供更多的创新型金融产品和服务，推动区域经济高水平发展。

1.3 创新与贡献

（1）融创新、创业、创投三个维度为一体建立整体评估框架，评估角度更加全面。

目前国内外有代表性的创新创业指数，包含了丰富的指标，比较全面地评估了国家、城市和地区的创新创业水平。然而，这些指数大多忽略了创投在创新、创业中的关键作用，也没有充分考虑金融资本对创新过程的重要性，因而具有一定的局限性。为了更加科学和准确地评估各个省级行政区域和行业的创新水平，"三创"指数指标体系将创新、创业、创投三个维度同时纳入指数中，更加全面地探讨三者的行为逻辑、相互间的作用关系及演变规律。

（2）采取过程-功能-要素一体化的全过程评估方法，评估系统性更强。

为了充分考虑研究对象的特点，本书将"三创"活动的过程（地方政府和创投机构介入创新向创业转换的过程）、"三创"活动的功能（地方政府政策制定、企业创新、创业者行业选择、高校人才培养等）和"三创"活动的关键因素等都考虑在内，旨在编制出更加具有针对性的总指数和分指数。

（3）数据广度、深度和复杂度提升，评估针对性更强。

现有的指数，如全球创新指数、中国城市创业指数和中国区域创新创业指数等，大多只是选取各类统计指标分析各个国家和地区在不同指标体系与总分值上的差异，对大数据和人工智能等现代信息技术的应用不足。"三创"指数结合现代信息技术的发展，应用数据挖掘和数据清洗等数据处理技术，深入评估"三创"的环境差异、活动情况和结果及其蕴含的发展规律，使得分析的广度、深度和复杂度有了大幅提升，对于各省区市和行业的创新发展情况有了更深入准确的掌握。

（4）从区域与行业两个角度开展评估，评估范围更广。

目前的指标体系大多只考虑到区域层面的创新和创业的发展水平问题，忽视了行业创新发展水平的评估。本书同时构建了区域与行业"三创"指数的评估指标体系，从技术创新、创业和创投机构等多个视角，综合比较这些区域和行业的创新能力，为进一步从中微观层面深入了解和评估我国国家创新能力的发育情况提供了更丰富的数据参考。

第2章 创新、创业、创投之间的关联关系及其影响

2.1 理论研究综述

2.1.1 创新理论

Schumpeter（1911）在《经济发展理论》中将"创新"视为影响经济发展的重要因素。这也是经济学历史上首次从创新角度探究经济增长的秘密。他认为创新就是要"建立一种新的生产函数"，即"生产要素的重新组合"，就是要把一种从来没有的关于生产要素和生产条件的"新组合"引进生产体系中去，以实现对生产要素或生产条件的"新组合"。同时，他指出创新的五种类型包括技术创新、产品创新、市场创新、资源配置创新以及制度创新。熊彼特从"创新"角度解释了经济周期的变化，对后来经济发展以及经济理论发展都产生重大影响。弗里曼在 1987 年通过研究日本经济，发现日本在经济落后时期，依靠各项创新用几十年的时间发展成为工业化大国。这表明国家要将创新与政府职能相结合，规划动态发展路线，将会实现经济飞跃增长。

熊彼特认为创新就是建立一种新的生产函数，也就是说，把一种从来没有过的关于生产要素和生产条件的"新组合"引入生产体系。他将创新归纳为五种情况：①引进新产品；②引用新技术，即新的生产方法；③开辟新市场；④控制原材料的新供应来源；⑤实现企业的新组织。这种定义既有技术创新的含义，又有制度创新的含义，被西方主流的新增长理论广泛地接受。熊彼特认为，创新的主体是企业家，创新的先决条件是在经济体系外存在科学和发明，企业家利用科学和发明导致创新的出现。新熊彼特学派补充和发展了熊彼特的创新理论，其主要的代表人物和观点有：蒂斯关于创新的决定因素是市场需求的观点；莫厄里等关于引起技术创新的市场需求和技术互动说；弗里曼等关于企业规模影响创新而大公司最有利于科技创新的观点等。

经济增长的引擎是发明创新，索洛增长模型对此给出了数学证明，即如果生产技术不是以指数速率进步，增长就会停止。索洛在 20 世纪 50 年代提出的经济增长模型包含了技术进步的作用。根据他的统计分析，技术创新在现代经济增长中的作用十分显著。Fagerberg（2000）认为，20 世纪上半叶，经济总产出的增长主要来源于劳动生产率的提高和就业的增加；20 世纪下半叶以来，总产出的增加

源于新技术的发展导致的产业结构的优化和升级。Peneder 等（2003）通过实证分析发现，技术创新引起的需求变动和劳动生产率变化是影响产业结构变动的主要因素。Verspagen（2006）比较了新古典主义的"内生增长理论"和进化世界观，从理论上阐述了在漫长的历史时期中，技术和组织创新促使经济实现"非稳态"增长。Galindo 和 Méndez-Picazo（2013）不仅强调了创新在经济增长中的核心作用，还实证检验了企业家在创新和经济增长中的桥梁作用。新增长理论认为，各国的经济发展差异是国内内生知识积累差异所致（霍尔和罗森伯格，2017）。Maradana 等（2017）考察了 1989~2014 年 19 个欧洲国家的创新与人均经济增长的长期关系，发现创新与人均经济增长之间存在单向和双向的因果关系。技术创新是发展中国家经济增长的驱动力，同时也是减贫和实现包容性增长的重要手段。但技术创新的具体成效取决于不同发展中国家的创新能力。技术创新与当地的地理环境、社会经济、政治和法律系统之间形成动态联系，而加强创新扩散和支持自主创新是成功的关键条件（Zanello et al.，2016）。类似的研究还有 Audretsch 等（2022）对创业与增长的关系研究和创业型（企业家）经济的系列重要研究（李政和何彬，2009）。国内学者针对自主创新与产业转型升级做了一些有影响的学术研究（梁丽娜和于渤，2021）。

2.1.2　创业理论

创业是指人们在创新创业意识、精神和能力驱动下有效识别、开发与利用机会的高风险地推动经济社会发展的创造性实践活动。创业活动也是多层次和多种多样的。例如，微观层面的创业活动有新办企业，对原有企业进行重组、改造，以及生产要素新组合等；而中观和宏观层面的创业活动则有行业及部门的重组与改造，国家通过制度创新使政府部门为社会提供可促进改革、开放从而推动经济社会发展的创造性服务等。这类中观和宏观层面的创业活动也应引起学术界的高度重视，特别是以中国特色社会主义理论创新和制度创新为核心的创业活动也要成为宏观创新创业研究的对象。

创业理论的发展最早可追溯到 18 世纪坎蒂隆提出"企业家"这一名词。他使用"企业家"来形容那些在追求机遇过程中不提供资金，而是提出建设意见并运营企业的中间人，这些中间人需要积极承担追求机遇过程中的风险。随着理论的不断发展完善，在创业过程中企业家即人才一直都是重要因素。由此，"创业"这一行为被越来越多人了解。到 18 世纪晚期，创业的概念也在逐渐完善，创业意味着在拥有生产要素的前提下，策划、组织、经营企业同时承担风险。Schumpeter（1934）提出创造性破坏理论，即用新的、更完善的产品或者工序替代旧的、有缺陷的产品。在创造性破坏过程中，通过对于老旧的产品或工序的破坏，创造出新的、功能更完善的产品及工序，而企业家是核心，是他们将新的、具有突破性的思想和方法带到产业中的。熊彼特的创业理论具有最鲜明的特色。熊彼特赋予创业者以"创新者"的形象，认为创业者的职能就是实现生产要素新的组合。熊彼特强调创业和发明不是一个概念，创业最终需要创新成果在市场上实现。创业者的职能"主要不在于发明某种东西或创造供企业利用的条件，而是在于有办法促使人们去完成这些事情"（Schumpeter，1942）。他进一步认为，经济体系发展的根源在于创业活动，创业是经济过程本身的主要推动力，这类活动能促进经济肌体革命化的多次"繁荣"。

20 世纪后期，创业理论进一步丰富和发展。德鲁克（Drucker）提出创业是企业家对于机会的认知并采取的行动。在创业理论的萌芽、发展、完善中企业家一直是重要部分。在企业家使用新技术进行创业、创造财富的过程中，创业理论不断完善。林强等（2001）指出创业是实现创新的过程，而创新是创业的本质和手段，在创业理论发展的初步阶段界定了创业的表达，提出创业理论的架构设计，包括创业研究的目的和所涉及的领域、创业的定义、创业者的定义，以及创业理论架构的维度等问题。同时，他将创业理论相关研究划分为八大派别：风险学派、领导学派、创新学派、认知学派、社会学派、管理学派、战略学派和机会学派。大多数学者认为创业不仅仅局限于创办新企业的活动，即使在现有企业中也存在着创业行为。

Gartner（1985）提出的创业的理论架构主要包括个人、组织、环境、创业过程等要素。Timmons（1999）提出的理论架构主要包括机会、创业团队和资源等要素。同时认为机会的模糊、市场的不确定性、资本市场的风险以及外在环境的变迁等使创业过程充满了风险。因此还要考虑创业家的领导、创造力、沟通能力等要素。Bruyat 和 Julien（2001）提出的理论架构主要包括创业家、新事业两个要素。他们认为创业管理的整个焦点应该放在创业家与新事业之间的互动。Timmons（1999）认为创业已经超越了传统的创建企业的概念，在各种形式、各个阶段的公司和组织中都存在创业活动，并提出了一个很宽泛的创业定义：创业是一种思考、推理和行动的方法，它不仅要受机会的制约，还要求创业者有完整缜密的实施方法和讲求高度平衡技巧的领导艺术。林强等（2001）认为创业研究的体系应该包括创新、风险、管理三个维度。

从研究的现实情况看，对创业活动的研究框架，来自不同研究领域的许多学者从不同的研究视角试图构建自己的理论体系，提出了非常有价值的概念框架结构模型。Gartner（1985）提出了个人、组织、创立过程和环境的创业研究模型；Low 和 MacMillan（1988）提出了创业研究一般可以从五个层面上展开：个人、团队、公司、行业和社会（区域和国家），并提出创业的成功受到来自不同层面因素的影响，仅仅从单一层面来研究创业是不够的，解释创业现象、发展创业理论还需要进行多层面的研究；Morris（1998）提出创业研究需要从创新（innovativeness）、承担风险

（risk-taking）、超前行动（proactiveness）三个维度去把握；Timmons（1999）提出了机会、资源和团队实现动态平衡的研究模型，如图 2-1 所示；Bruyat 和 Julien（2001）提出了创业家与新事业之间的互动模型，强调创立新事业、随时间而变化的创业流程管理和影响创业活动的外部环境是创业研究的核心。

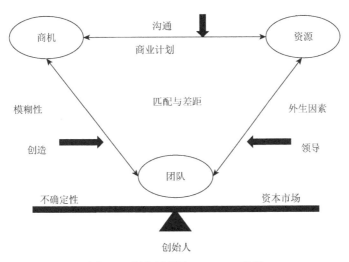

图 2-1　创业过程的 Timmons 模型

　　创业对于推动经济发展具有重要意义。研究认为，增加创业活动会激发国民经济的发展活力，促进经济发展。Acs 和 Armington（2004）通过内生增长模型研究得出活跃的创业活动会随着经济的增长增加就业机会。张建英（2012）通过协整检验分析得出创业正向促进经济增长。Bosma 等（2018）通过构建生产性创业指标体系，发现其有利于经济增长。Szerb 等（2019）认为，创业作为一种国家现象，反映的不仅仅是企业形成的速度，它应该包含创业活动动态优化经济中资源配置的能力，无论经济发展水平如何，不同经济体的企业形成率都是异质的。创业的本质不是新企业的数量，是创业活动如何将在经济中创造的资源引导至经济。Acs 等（2018）还利用 2002～2011 年全球有代表性的 46 个国家的调查报告和机构来源的数据，得到了创业生态系统与经济增长显著正相关的结论，并认为对创业生态系统的分析可能是了解跨国增长率变化的一个很有前景的方法，也为政策干预提供了基础。Szerb 等（2019）研究发现除了技术和生产要素（即资本和劳动力）配置的差异外，创业和制度的结合也对经济增长具有重要作用。如今，创业生态系统建设将为区域、国家创新创业创造良好的支持环境，这已被学术界全面证实（Audretsch and Belitski，2017；Alvedalen and Boschma，2017）。世界经济论坛、考夫曼基金会和经济合作与发展组织（Organisation for Economic Co-operation and Development，OECD）等团体均将创业生态系统建设视为一种新的经济发展战略。这种将创业生态系统建设作为经济发展战略的思想，已经深刻影响了国外的创业学研究。Davidsson（2003）从不同的角度探索了与创业相关的各种问题，并印证了 Kirzner（1978）关于创业是市场过程背后驱动力的观点。Salgado-Banda（2005）发现创新驱动的创业与一个国家的经济增长呈正相关关系，Braunerhjelm（2008）、Karlsson 等（2009）证实了企业家精神与一个国家经济的全要素生产率之间存在正相关关系。鲁传一（2000）也进行了类似的估算，认为 1979~1998 年中国 GDP（gross domestic product，国内生产总值）增长的 40% 应该归功于创业，也就是全要素生产率的部分。国内学者如李政和何彬（2009）利用我国 1992~2007 年 30 个地区数据，对创业与我国技术进步和资源配置效率的关系进行了检验。检验结果表明，创业水平对各地区技术进步的影响存在显著差异；创业水平对我国各地区资源配置效率均存在正向的影响。创业水平的提高对北京、上海、江苏、浙江、山东、广东等发达地区的技术进步水平的提高具有正向的影响。创业水平的提高促进了这些地区的技术进步水平。而对于其他地区，创业对技术进步的这种带动作用并没有发挥出来。所以创业水平对这些地区技术进步水平提高的影响存在着显著的负向作用。创业水平对我国各地区的效率水平的影响存在着显著的正向作用。创业水平的提高，使各地区的效率水平均有显著的提高，并且创业水平的提高对北京、上海、江苏、浙江、山东、广东等发达地区的效率水平的影响要大于其他地区。张勋等（2019）提出互联网能推动创业机会均等化，进而提高低社会资本的创业概率，促进我国经济包容性增长。赵涛等（2020）指出"互联网＋"和"双创"呈现的双轮驱动现象能提高我国经济质量和效率，加快经济结构升级。

随着环境的瞬息万变和竞争的越发激烈，创业主体已不局限于自然人主体，以公司法人为主体探索创新创业的现象也逐步盛行，公司创业理论得到越来越多的关注。公司创业是企业内外部资源重新组合的过程（姚先国等，2008），是在组织内或组织外创造新企业（Lin et al.，2011）和新业务（Covin and Miles，1999）。研究认为企业积极寻求调整内部管理和流程以及改善适应环境的能力，战略管理转向以创新和变革为主的创业导向（Ireland et al.，2003；王重鸣和刘帮成，2005）。一些成熟企业具有强大的在位优势，占有市场的绝大份额，但也被"资源陷阱"所推动，缺乏应对市场的灵活性，因此成熟企业会选择公司创业活动。在位公司拥有创业企业所需的互补资源（Katila et al.，2008；Dushnitsky and Shaver，2009），这吸引两者自然地走向一起。

2.1.3　创投理论

1946 年在波士顿成立的"美国研究与发展公司"（American Research and

Development Corporation，ARD）创始人多里奥特（Doriot）认为创业投资支持的对象应该具备如下条件：①新技术、新营销观念和新产品运用；②投资者参与（未必控制）公司的管理；③对那些管理层具备卓越能力的创业企业投资，即"对骑师下注，而不是对马下注"（bet the jockey not the horse）；④至少已经超越了产品原型阶段，并受到专利、版权和贸易秘密充分保护的产品或工艺；⑤具备在几年内首次公开发行或销售给其他企业的前景；⑥为创业资本家提供超越投资以外的增加企业价值的机会。美国风险投资协会提出，风险（创业）投资是由职业金融家投入到新兴的、迅速发展的、有巨大竞争潜力的企业中的一种权益资本。OECD 给创业投资下的定义是，向成立时间短，未在股票市场上市的小企业提供的以高营利为目的的投资。其主要特征是投资周期 3～7 年：除了投入资金外，投资者还向企业提供企业管理方面的咨询、帮助增加企业价值；投资期末投资者通过股权转让，而不是红利，获得投资回报。也有观点认为它是为形成和建立专门从事某种新思想或新技术生产的小型公司而持有一定的股份份额形式承诺的资本。创投资本不仅向新企业注入资金，而且在放出资本时提供建立新企业、制定市场战略、组织和管理所需的技能，所寻求的利润不是股利，而是资本收益。

创业投资机制能够不断激励技术创新、制度创新和市场创新，促进企业竞争与技术进步的结合、资本市场与创新资源的结合，提高资本对创新经济的拉动能力；能够形成对创新性人力资源、物质资源及创新成果的有效控制，使企业活力和产业结构的更新能力不断加强，使经济具备坚实的创新基础。而所有这些能使整个经济获得优质增长的动力和持续增长的潜力。Sahlman（1990）首先描述了创业投资的结构及其经济学原理，提出通过在企业家（创立者）和创业资本家间分配权益的方式，保证双方采取适当行动。

创业投资机制被证明是克服企业技术创新与资金配置之间障碍的一种有效形式。它的成功就在于，作为一种融资安排，创业投资制度有效地克服了高技术企业发展过程中面临的融资风险，较好地解决了融资过程中信息不对称引起的道德风险和逆向选择问题。例如，针对融资初期出资者和创业企业家间信息不对称造成的逆向选择，创业资本家除了直接介入对企业的经营和管理外，还代表出资者得到董事会中的绝大多数席位，拥有充分的权力来保证在必要时更换经营者。当创业企业由初期逐步壮大时，创业资本家的非金融服务逐步减少，企业家在企业中的努力越来越重要，如果对企业家没有适当的激励，偷懒和增加在职消费必然增多，就会出现道德风险问题。创业投资制度通过首次公开发行为企业家提供了一个企业控制权的看涨期权合约。企业首次公开发行意味着进入创业企业的资金能够有效退出，也意味着企业家将从创业资本家手中重获控制权。创业资本家也由此获得可观收益，从而形成了双赢的有效激励。目前国内对创业投资的研究才刚刚起步，对创业投资的分析更多地集中在发达国家创业资本组织以及运作方式上，对创业投资运作的环境、创业资本市场的运作机制、创业资本市场的治理结构等缺乏深入研究。

2.2　创新、创业与创投的关联关系

2.2.1　创新与创业的关联关系

大多数学者都认为创业是与创新息息相关的。创新的本质是敢于突破旧的思维和常规。创业是指创造社会、集体、个人的各项事业。创业的本质是创新，创业的过程就是不断创新的过程。创新是创业的本质、灵魂和基本方式；创业是创新的出发点和归宿。著名经济学者熊彼特提出创业与创新是密不可分的，创业需要具有"创新"性才能够真正促进经济的发展。个人创业要依赖于充分的创新能力，而创业企业想要存活必须要有创新能力。以往历史证明，创新与创业是密不可分的，将两者作为一个整体考虑，才能更有利于城市经济持久发展。如今大部分创业行为内在都是某一方面的创新，主要是有新技术、新制度或者新想法的创业。创业的本质是试错，结果为对的创业总会有可能孕育新技术，进而产生新产品、新服务甚至新产业。创业是实现创新的过程，而创新是创业的本质。创新性能够显著预测创业意向（Ahmed et al.，2010）。Herbig（1994）认为创建一个新企业与其内在的创新的潜力达到高度相关。有证据表明创业者比其他人更具有创新性，企业成功与创新性存在积极的正相关关系（Rauch and Frese，2007）。梁宏（2015）认为创新是创业的基础，而创业推动着创新。一方面，人们生产生活方式的变革通过科技和思想观念的创新而不断推进，为整个社会不断地提供新的消费需求。另一方面，创业活动是一种开创性的实践活动，在创业实践活动中主体的主观能动性得到充分的发挥，这在本质上体现了创业是人们的一种创新性活动。谷力群和佟雪莹（2013）认为创新是创业的前提和基础，没有创新，就不可能有真正意义上的创业。

创新强调通过创造产生与以前不同的东西，重点从技术角度考虑；而创业则强调通过创造产生新的事业，即开创事业，一般是从经济角度考虑的。创新成功主要看是否取得了新突破，而创业成功则看是否产生了新的事业。整个创新过程包括产生创意阶段、创意开发阶段和新产品（产品开发）、新过程（过程开发）和新服务（服务开发）的商业化阶段，而这个过程受目标、变化方式、资源等组织因素的影响。最终，只有最合适的创意才能被批准执行，其他创意则要么被拒绝、要么经过整合重新进入新创意产生过程。而创业过程则开始于机会，这个机会常

常是创新的结果，经过对机会的利用和开发，最终产生新的事业。创新与创业的
联系和区别可以用图 2-2 表示，上半部分表示创新过程，创新者以商业化需求为
目的，通过开发发明将创意转化为市场需要的产品或服务。而创业则是通过识别
并开发商业机会最终产生商业化结果的过程。

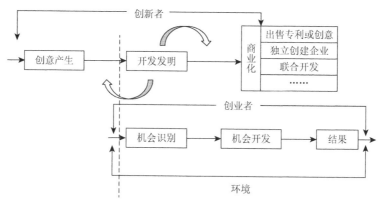

图 2-2　创新与创业过程

2.2.2　创投在创新创业之间的中介作用

创投是创新向创业转化过程中的一种催化机制，本质是加大资本要素投入规
模，实现平台效应，一方面加大商业机会的转化范围和数量，提高创业的成功概
率和发展速度；另一方面通过投资组合模式在降低资本转化整体风险的基础上提
高创投资本的整体可存续性，如图 2-3 所示。

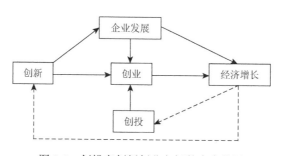

图 2-3　创投在创新创业之间的中介作用

1. 创业投资具有很强的正外部性

创投资本在现代经济发展进程中发挥着"经济增长的发动机"作用，特别是当
今经济发展全面进入了知识经济时代，加速了科技成果转变为现实生产力的速度。

美国之所以能够在 20 世纪 90 年代连续 107 个月保持经济增长的强劲势头（实际
GDP 年均增长速度达到 3%），既高于欧盟（1.7%）和日本（1.3%），也高于世界平
均增长率（2.3%），完成了其产业科技化结构调整和产业升级，并进入了前所未有
的低通货膨胀率（3%以下）和低失业率（4%～4.5%）时代，其中有一个重要推动
力，就是创投资本。英国前首相撒切尔夫人曾说，英国和美国相比，并不是落后在
高新技术方面，而是落后在创投资本方面。一些日本学者在对比了从 20 世纪 80 年
代到 90 年代美国由衰转盛，而日本由盛转衰的现象中，发现创投资本在两国发展
的不平衡是产生这一现象的重要原因。著名的美国麻省理工学院教授安德森认为创
投资本就是新经济——没有创投资本就没有新经济。美国斯坦福国际咨询研究所所
长米勒（Miller）教授认为，在科学技术研究早期阶段，由于风险资本的参与和推
动，科学技术研究转化为生产力的周期由原来的 20 年，缩短了 10 年以上。

美国风险投资协会调查表明，受到风险资本注入的企业在新产品研发、创造
就业机会和技术创新方面的速度明显高于没有风险资本注入的公司。以计算机和
半导体工业为例，其产量占到美国工业总产值的 45%。全世界最大的 100 家电脑
公司，有 1/5 是在美国的创投资本大本营——硅谷成长起来的。有报告研究结果
显示美国 GDP 的 1/5 和美国 11%的就业机会是由接受创投资本公司支持的企业
创造出来的。由于美国创投资本业把大量资金投入到早期阶段的高科技企业中，
促进了创新（Kortum and Lerner，2001），推动了宏观经济发展。对美国 GDP 与
创投资本额的线性回归（1978～2001 年）表明创投资本与 GDP 之间存在显著的
正相关关系，整个方程拟合程度也较高，因此创投资本是美国 GDP 增长的动力
源泉之一（王亚民和史占中，2002）。美国的创投资本额与其 GDP 之间存在着
长期稳定的均衡关系，创投资本的产出弹性系数为 0.002 270，意味着创投资本规
模 10 万美元，就会给美国的 GDP 带来 2270 美元的增长，其中还不包括由创投资
本投资的其他产业，如 IT（information technology，信息技术）、生物医药、新能
源等领域和行业所带来的连锁效应（陆文香，2013）。

2. 创业投资促进创新创业的融合和相互加强

创业投资可以有力地支持创新创业活动的融合发展：一是满足创新创业主体
的融资需求，使规模较小的创新创业企业发展成为中型和大型企业；二是规范创
新创业企业行为使其得到更好更快的成长；三是带来上市示范效应和财富效应，
鼓励全社会创新创业；四是落实国家产业导向，推动我国经济向高附加值、可持
续方向转变，促进实体经济发展，增强国际竞争力；五是带动其他资金支持创新
创业企业，引导社会经济资源向具有竞争力的创新型企业、新兴行业聚集。很多
研究从实证的角度分析创业投资对创新创业事业的推动作用，证明了上述效应的
存在。Hellmann 和 Puri（2000）选用 Probit 模型和 Cox 比例风险模型，把美国硅

谷 173 个高新技术企业作为样本进行分析，得出有创投资金支持的高新技术企业具有明显优势，创业资本的介入明显缩短了产品市场化的时间，更利于提高人力资源决策的结论。Alemany 和 Martí（2005）的研究得到与 Hellmann 同样的结论，即创业投资支持的企业具有较快的成长速度。国内学者米建华和谢富纪（2009）通过对创业投资与技术创新、经济增长的关联分析，得出了创业投资显著地促进了技术创新，并且创业投资与经济增长之间存在正相关关系。武巧珍（2009）基于高新技术产业，分析了创投资本对高新技术产业的影响方式，认为完善创投资本体系才能促进高新技术产业冲浪式发展。陈治和张所地（2010）基于 DEA（data envelopment analysis，数据包络分析）模型，测算比较了创投资本和 R&D 投入对技术创新的效率，结果表明有创投资本参与的技术创新效率大于纯粹的 R&D 投入。卢智健（2012）的研究表明，创业投资不仅向企业提供可持续资金，而且通过向企业提供专业化的人力资本，输入先进的管理技能，从而优化企业的治理水平。

2.3 区域、行业"三创"能力对于区域经济增长的影响

2.3.1 区域"三创"能力影响区域经济增长

区域"三创"对区域经济增长的影响主要体现在以下几个方面。

第一，"三创"是区域经济发展的重要引擎。创新创业能够推动技术进步和产业升级，同时创业可以带来就业机会和增加区域经济的活力。

第二，"三创"可以推动区域经济的升级与转型。随着科技的进步和市场的需求变化，传统产业面临着诸多挑战，需要通过创新和创业来实现转型和升级。创新的产品和服务可以满足市场的新需求，创新创业者通过不断探索和实践，可以推动传统产业向高附加值、高科技的产业转型。

第三，"三创"能带来新的产品、新的生产方式、新的商业模式等创新成果，促进经济结构的转型升级。例如，人工智能、云计算、大数据等技术的高速发展，为经济结构转型提供了支持。

第四，"三创"能够创造更多的就业岗位，提高就业率。创新创业不仅能够解决就业问题，还能通过培养创新创业人才，提升区域经济的竞争力。

2.3.2 行业与区域"三创"相互作用，进而影响区域经济增长

行业与区域的"三创"相互作用及对区域经济增长的作用主要体现在以下几个方面。

第一，促进区域产业升级和转型。区域内行业的"三创"情况可以推动传统

产业的升级和转型，通过引入新技术、新模式、新业态等方式，提高传统产业的竞争力，进而促进区域经济的增长。

第二，创造新的区域经济增长点。"三创"可以促进新兴产业的发展，创造出新的经济增长点，从而带动整个区域经济的增长。

第三,提高区域就业率和人才素质。"三创"不仅可以提供更多的就业岗位，还可以提高就业者的素质，通过培养创新创业人才，提升区域经济的竞争力。

第四，增强区域经济的抗风险能力。"三创"可以促进经济的多元化发展，降低单一产业的风险，提高区域经济的抗风险能力，从而保障区域经济的稳定增长。

综上所述,区域内行业的"三创"情况对于促进区域经济增长具有重要作用，应加大对创新创业的支持力度，推动传统产业的升级和转型，促进新兴产业的发展，提高就业率和人才素质，增强区域经济的抗风险能力。

第3章 "三创"评估指标体系设计

3.1 国内外相关评估指标体系

3.1.1 国外相关指数

在全世界范围内，目前衡量国家层面的创新创业指数较多，比较有代表性的是欧洲创新记分牌（European innovation scoreboard，EIS）、全球创新指数（global innovation index，GII）、全球竞争力报告、世界竞争力年度报告、全球创业观察（global entrepreneurship monitor，GEM）、考夫曼创业活动指数（Kauffman index of startup activity）、全球创业生态系统指数（global startup ecosystem index）、硅谷指数等（表3-1），它们均由不同的主体发布，在评价上各有侧重。

表 3-1　全世界代表性的国家层面创新指数

指数	发布主体
欧洲创新记分牌	欧盟
全球创新指数	世界知识产权组织等
全球竞争力报告	世界经济论坛
世界竞争力年度报告	瑞士洛桑国际管理学院
全球创业观察	伦敦商学院和美国百森商学院共同发起
考夫曼创业活动指数	考夫曼基金会创立
全球创业生态系统指数	StartupBlink
硅谷指数	硅谷
全球创业指数（global entrepreneurship index，GEI）	全球创业发展研究院（Global Entrepreneurship Development Institute，GEDI）

1. 全球创新指数

全球创新指数由世界知识产权组织等完成。该指数通过对创新的政策环境与制度、知识创造、知识产权、创新驱动、企业创新、技术应用以及人力技能等多个方面综合评价一个国家的创新能力，便于政府与企业全面了解本国创新的现状和不足，并进一步探究未来发展的方向。

全球创新指数报告始终坚持使用基于投入-产出模型的多层分析框架。2021年全球创新指数指标体系见图3-1。尽管全球创新指数报告经历了14个版本的演化，但是其对于全球创新指数、创新投入次级指数和创新产出次级指数的计算从未改变。具体地，在指数层面，所有版本的报告都通过投入和产出次级指数加权求和获得全球创新指数。在次级指数层面，所有版本的全球创新指数报告都延续着以创新过程为基础的投入-产出二维模型,该模型是众多创新能力评价框架的理论基础模型。创新投入是创新的使能和促进因素，全球创新指数报告使用创新投入次级指数来测度支撑创新能力的因素。创新产出是创新活动的结果，全球创新指数报告使用创新产出次级指数来测度"成功创新给一个国家的公民和组织带来的好处"。在指标总数逐渐稳定于80个的基础上，全球创新指数报告使用的客观指标最多，综合指标次之，调查指标最少。指标在2008年版本中分为定量指标和定性指标两类，从2011年版本开始分为客观/定量/硬数据指标、综合/指数指标、调查/定性/软数据指标三类。全球创新指数报告的指标总数在60个（2009年版本）和94个（2008年版本）间波动，2011年至2021年版本平均每年约有81个，2021年版本为81个。3类指标中客观指标最多，平均每年有58个，在81个指标中占比71.6%；综合指标次之，平均每年有18个，占比22.2%；调查指标最少，平均每

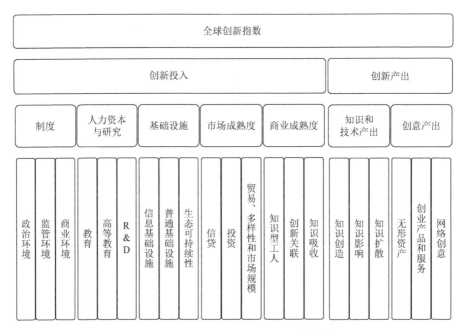

图3-1　2021年全球创新指数指标体系

年有 5 个，占比 6.2%。2021 年版本中客观指标的数量相较上一年增加了 5 个，且综合指标和调查指标的数量都在下降。客观指标占绝大多数且数量增加有助于保障测度结果的客观性和稳定性，少量使用综合指标和调查指标可以对客观指标进行补充，保障测度的全面性和系统性。

国家创新测度报告测度框架展现出以下特点。一是对创新投入的测度相对完善，但是对创新产出的测度相对不足，特别是缺乏对创新产出质量的测度。二是尽管已经实现动态优化，但是仍然不能完全满足发展潮流的要求。三是在指标度量方面重视相对指标而未能兼顾绝对指标、较为依赖主观数据并遗漏了部分重要信息。四是经济体在不同年份的全球创新指数排名并不能直接对比。这些都为进一步推进国家创新测度提供了重要启示。在构建国家创新测度框架时，《2022 年全球创新指数报告》显示，尽管受到新冠疫情的影响，2021 年全球创新活动的研发和投资仍蓬勃发展。2021 年全球发表的科学文章首次超过 200 万篇大关；2020 年全球研发投资增长率为 3.3%，与 2019 年的历史最高纪录 6.1%相比有所放缓；政府对研发支出的预算分配显示出强劲增长，各国政府努力寻求减轻危机对创新的影响；2021 年，各国的研发预算出现了不同变化，韩国和德国的政府支出继续增长，而日本和美国减少了研发预算。2020 年和 2021 年知识产权申报活动也有所增长。2021 年，全球顶级企业的研发支出增加近 10%，达 9000 多亿美元，高于 2019 年。这一增长主要由四个行业推动：ICT（information and communication technology，信息与通信技术）硬件和电气设备、软件和 ICT 服务、制药和生物技术，以及建筑和工业金属。创业最直接的指标——国际商标申请，在 2021 年增长特别强劲，增长了 15%。创业投资在 2021 年增长了 46%，拉丁美洲、加勒比和非洲地区的创投资本增长最为强劲。2021 年，瑞士、美国、瑞典、英国和荷兰位列榜单前 5 强，中国排名连续第 10 年稳步上升，已经累计提升了 23 位，排第 11 位，较上一年再提升 1 位，稳居中高收入经济体之首。

2. 欧洲创新记分牌

欧洲创新记分牌是欧盟委员会监测、评估、比较欧盟成员国、欧盟与世界主要国家研究与创新绩效，持续提升欧盟区创新能力和创新水平的重要分析工具。2023 年 7 月，欧盟委员会发布了《欧洲创新记分牌 2023》（European Innovation Scoreboard 2023），这是欧盟委员会自 2001 年起连续 23 次发布欧洲创新记分牌年度报告。《欧洲创新记分牌 2023》对欧盟 28 个成员国，欧盟与中国、美国、日本、韩国等国的创新绩效进行了测量比较，其测量方法和有关结论对我国的创新体系建设与创新绩效评估都具有一定的参考价值。欧盟从 2000 年开始颁布欧洲创新政策年度报告，报告旨在对欧盟各成员国的创新政策进行定性分析。欧盟从 2001 年开始正式发布欧盟国家创新指数报告，以美国和日本为标准，依据综合性的创新指标多方面比较欧盟各成员国的创新能力和水平，指出欧盟各国在创新方面的优势和劣势。为了更准确地了解不同创新过程的差异性，并保持研究延续性，欧盟创新指数指标体系的维度一直在进行必要的修订。创新指数指标体系所涵盖的指标从 2005 年的 5 个类别 26 个指标发展到 2023 年的 4 个类别 32 个指标，欧盟每年都会根据具体情况的变化，增减和完善一部分指标，以更好地指导和评估欧盟各国的创新水平。《欧洲创新记分牌 2023》采用两套指标体系，分别测量比较欧盟 28 个成员国、欧盟与世界主要国家的创新绩效。《欧洲创新记分牌 2023》测量比较欧盟成员国创新绩效的指标体系由三个层级组成，第一层级包括框架条件、投资、创新活动和影响四个组群。第二层级包括（1.1）人力资源、（1.2）有吸引力的研究系统、（1.3）数字化、（2.1）财务和支持、（2.2）企业投资、（2.3）信息技术的使用、（3.1）创新者、（3.2）联系、（3.3）知识资产、（4.1）就业影响、（4.2）销售影响和（4.3）环境可持续性 12 个维度。第三层级包括：（1.1.1）应届博士毕业生（STEM）、（1.1.2）25～34 岁受过高等教育的人口、（1.1.3）终身学习、（1.2.1）国际科学合作出版物、（1.2.2）前 10%被引用次数最多的出版物、（1.2.3）外国博士生、（1.3.1）宽带普及率、（1.3.2）具有以上基本整体数字技能的个人、（2.1.1）公共部门的研发支出、（2.1.2）风险资本支出、（2.1.3）政府对企业研发的直接资助和政府税收支持、（2.2.1）商业部门的研发支出、（2.2.2）非研发创新支出、（2.2.3）创新活跃型企业人均创新支出、（2.3.1）企业为发展或提升其人员的 ICT 技能而提供培训、（2.3.2）雇用的信息通信技术专家、（3.1.1）具有产品创新性的中小企业、（3.1.2）业务流程创新的中小企业、（3.2.1）创新型中小企业与其他企业合作、（3.2.2）公私联合出版物、（3.2.3）科学与技术领域人力资源的岗位间流动、（3.3.1）PCT（patent cooperation treaty，专利合作条约）专利申请、（3.3.2）商标申请、（3.3.3）设计应用、（4.1.1）在知识密集型活动中就业、（4.1.2）创新型企业就业、（4.2.1）中高新技术产品出口、（4.2.2）知识密集型服务出口、（4.2.3）产品创新的销售、（4.3.1）资源生产率、（4.3.2）工业中细颗粒物 PM2.5 的空气排放、（4.3.3）环境相关技术的开发等 32 个指标（表 3-2）。

表 3-2　欧洲创新记分牌指标体系

一级指标	二级指标	三级指标
1 框架条件	1.1 人力资源	1.1.1 应届博士毕业生（STEM）
		1.1.2 25～34 岁受过高等教育的人口
		1.1.3 终身学习
	1.2 有吸引力的研究系统	1.2.1 国际科学合作出版物
		1.2.2 前 10%被引用次数最多的出版物
		1.2.3 外国博士生

续表

一级指标	二级指标	三级指标
1 框架条件	1.3 数字化	1.3.1 宽带普及率
		1.3.2 具有以上基本整体数字技能的个人
2 投资	2.1 财务和支持	2.1.1 公共部门的研发支出
		2.1.2 风险资本支出
		2.1.3 政府对企业研发的直接资助和政府税收支持
	2.2 企业投资	2.2.1 商业部门的研发支出
		2.2.2 非研发创新支出
		2.2.3 创新活跃型企业人均创新支出
	2.3 信息技术的使用	2.3.1 企业为发展或提升其人员的 ICT 技能而提供培训
		2.3.2 雇用的信息通信技术专家
3 创新活动	3.1 创新者	3.1.1 具有产品创新性的中小企业
		3.1.2 业务流程创新的中小企业
	3.2 联系	3.2.1 创新型中小企业与其他企业合作
		3.2.2 公私联合出版物
		3.2.3 科学与技术领域人力资源的岗位间流动
	3.3 知识资产	3.3.1 PCT 专利申请
		3.3.2 商标申请
		3.3.3 设计应用
4 影响	4.1 就业影响	4.1.1 在知识密集型活动中就业
		4.1.2 创新型企业就业
	4.2 销售影响	4.2.1 中高新技术产品出口
		4.2.2 知识密集型服务出口
		4.2.3 产品创新的销售
	4.3 环境可持续性	4.3.1 资源生产率
		4.3.2 工业中细颗粒物 PM2.5 的空气排放
		4.3.3 环境相关技术的开发

注：STEM 是科学（science）、技术（technology）、工程（engineering）、数学（mathematics）的简称

　　根据 2023 年相对于欧盟的表现，韩国是创新领导者，澳大利亚、加拿大和美国是强创新者，中国和日本是中等创新者，巴西、智利、印度、墨西哥和南非是新兴创新者。2016~2023 年，中国的表现增幅最大，其次是韩国和加拿大。五个全球竞争对手的业绩有所增长，但增速低于欧盟。2016~2023 年，巴西、加拿大

和欧盟的业绩略有变化。日本、墨西哥、韩国和美国的业绩大幅下降。智利、中国、印度和南非的改善幅度最大。结合 2023 年的当前表现和 2016~2023 年的表现变化表明，加拿大、韩国和美国对欧盟的领先优势越来越大，而澳大利亚的领先优势正在下降。欧盟的表现领先于印度、日本、墨西哥和南非，但与巴西、中国和智利的差距有所下降，中国的表现水平几乎与欧盟持平，随着持续增长，中国有望在 2024 年超过欧盟并取得业绩领先。与欧盟相比，中国的农业部门相对规模几乎是欧盟的六倍，而制造业的相对规模也接近欧盟的两倍。中国每百万人口中研发支出最高的公司较少，但平均而言，它们在研发上的支出更多。

3. 全球创业指数

在全球范围内，全球创业发展研究院每年发布全世界各国创业指数，全球创业指数涵盖了创业生态系统的 14 个领域：机遇感知能力、创业技能、风险承受能力、网络化、文化支撑、创业机会、技术吸收、人力资源、竞争力、产品创新、工艺创新、高速发展、国际化水平以及风险资本。依据创业态度、创业能力和创业愿望等三大指标，其中创业态度包括机遇感知能力、风险承受能力、创业技能、网络化和文化支撑等 5 项子指标，创业能力包括创业机会、技术吸收、人力资源和竞争力等 4 项子指标，创业愿望包括产品创新、工艺创新、高速发展、国际化水平和风险资本等 5 项子指标，对 137 个国家和地区的创业环境进行分析与评估，并按创业指数进行排序。"全球创业指数"由三个子指数构成：创业态度、创业能力以及创业愿望。这三个子指数又包括 14 个领域（又称"支柱"）。表 3-3 是全球创业指数结构。

表 3-3　全球创业指数结构

	子指数	领域（"支柱"）	变量（个人/机构）
全球创业指数	创业态度子指数	机遇感知能力	机遇感知
			自由度（经济自由×财产权）
		创业技能	技能感知
			教育水平（高等教育×教育质量）
		风险承受能力	风险感知
			国别风险
		网络化	了解创业者
			集聚度（城市化×基础设施）
		文化支撑	职业状况
			腐败状况

续表

	子指数	领域（“支柱”）	变量（个人/机构）
全球创业指数	创业能力子指数	创业机会	机会激励
			治理（税收×善治程度）
		技术吸收	技术水平
			技术吸收能力
		人力资源	教育水平
			劳动力市场（员工培训×劳动自由度）
		竞争力	竞争者
			竞争力（市场支配地位×规则）
	创业愿望子指数	产品创新	新产品
			技术转移
		工艺创新	新工艺
			科学［研发支出总额×（科学机构的平均质量＋科学家和工程师的可获得性）］
		高速发展	瞪羚企业（即快速发展的高科技企业）
			金融与战略（风险投资×商业成熟度）
		国际化水平	外贸出口
			经济复杂度
		风险资本	天使投资
			资本市场深度

4. 全球创业观察

英国伦敦商学院和美国百森商学院于 1999 年共同发起成立了全球创业观察，累计 500 多位创业领域专家、超过 100 家学术机构和政府机构在 100 多个经济体收集原始数据，每年完成 20 多万例调查，为全球学术研究和学术出版物提供研究基础，并分析创业生态系统、创业环境、创业活动与经济增长间的关系。全球创业观察于 2007 年起增设了一项测量创业环境的标准-创业框架条件，并于 2014 年与其他创业环境标准、国家层面的一些创业活动进行了整体合并，绘制了全球创业观察概念模型，如图 3-2 所示。这个模型主要分为“一般国家框架条件”（general national framework conditions，GNFC）和“创业框架条件”（entrepreneurial framework conditions，EFC）两部分，且全球创业观察更着重论述了“创业框架条件”部分。该模型指出，一个经济体的社会、文化、政治特征会影响到“创业框架条件”，而创业框架条件又会继续影响经济体的创业机会和创业能力，带动经济体早期创业活动的活跃性，最终影响经济增长。根据该框架，全球创业观察报告还继续论证了早期创业活动与国家经济发展之间的关系，并分述了创业活动对就业、技术、创新方面增长的重要作用。2007 年的报告首次提出"创业框架条件"这一概念，并确立全球创业观察概念模型以研究此概念为主，但并未确定"创业框架条件"的具体指标。

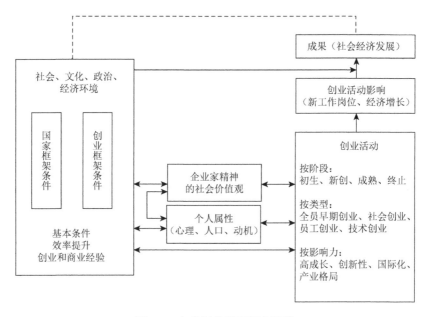

图 3-2　全球创业观察概念模型

2008 年，全球创业观察报告去除了概念模型中的"一般国家框架条件"，提出了全球创业观察修订模型。修订后的模型创新之处在于，模型将这些条件与一个国家的经济发展类型联系起来。在修订模型中，全球创业观察提出经济体的社会、文化、政治经济环境将影响经济体的基本条件、效率提升、创业和商业经验三大方面，这三个方面内容不仅为三大经济体（要素驱动、效率驱动、创新驱动）类型划分提供了依据，还对创业生态系统 12 大要素最终的确立提供了重要指标。特别是，全球创业观察修订模型通过确定创新和创业特有的框架条件，对创新驱动经济体的经济发展观做出了贡献。报告尚未完全确立"创业框架条件"的指标，但对创业教育培训进行了重点论述。

5. 全球创业生态系统指数

全球创业研究机构 StartupBlink 提出了全球创业生态系统指数报告。该报告每年更新一次，主要从三个方面对各个创业生态系统进行评估打分。

（1）数量（quantity），指创业公司、联合办公空间和加速器的数量。

（2）质量（quality），指研发中心、独角兽和跨国公司分支机构情况。

（3）营商环境（business environment），考虑因素包括互联网速度、互联网自由和英语水平等。

全球创业研究机构 StartupBlink 发布《全球创业生态系统指数报告 2024》。根据分析报告，中国位居全球第 13 位，超过韩国（全球第 20 位）、日本（全球第 21 位）。全球前 5 分别是：美国、英国、以色列、加拿大、新加坡。全球城市创业生态系统指数排名中，硅谷排名第 1，紧随其后的是纽约和伦敦并列第 2，洛杉矶排名第 4，特拉维夫排名第 5，波士顿排名第 6，新加坡排名第 7，北京排名第 8，上海排名第 11。北京和上海继续位居前列，领跑亚洲。除了老牌"国际大都市"外，包括深圳、杭州等多个新兴创新生态城市也榜上有名，如深圳排名第 28，杭州排名第 36。

3.1.2　国内相关指数

自 20 世纪 90 年代开始，我国学者开始将注意力转向国家创新的问题。多所研究机构，如中国科协发展研究中心、中国科学院创新发展研究中心、中国科学技术发展战略研究院等相继发布关于创新能力测量和排名等方面的报告。从具体的报告和相关指数来看，我国目前发布的国家层面代表性指标主要有国家创新指数、国家创新力测度与国际比较、中国创新指数、中国城市创业指数、中国区域创新创业指数、中国城市创投指数等，如表 3-4 所示。

表 3-4　国内国家层面代表性指数

指数	发布主体
国家创新指数	中国科学技术发展战略研究院
国家创新力测度与国际比较	中国科学院科技战略咨询研究院、中国科学院大学公共政策与管理学院
中国创新指数	国家统计局社会科技和文化产业统计司
中国城市创业指数	中国人民大学中国调查与数据中心
中国区域创新创业指数	北京大学企业大数据研究中心
中国城市创投指数	中国投资发展促进会创投专委会、浙江之江创投研究院、同花顺快查和银柿财经

1. 国家创新指数

中国科学技术发展战略研究院发布的国家创新指数报告主要反映的是国家综合创新能力，如表 3-5 所示。自 2011 年初次发布以来，国家创新指数报告每年发布一次。借鉴国内外关于国家竞争力和创新评价等方面的理论与方法，从创新资源、知识创造、企业创新、创新绩效和创新环境五个方面构建了国家创新指数的指标体系，选取全球 40 个科技创新活动活跃的国家（其 R&D 经费投入之和占全球总量 95% 以上）作为研究对象，采用国际上通用的标杆分析法测算国家创新指数，所用数据均来自各国政府或国际组织的数据库和出版物，具有国际可比性和权威性。这一创新指数是我国全面评价世界范围内各国创新水平的重要工具，对我国制定和完善创新政策具有重要作用。

表 3-5　国家创新指数指标体系

一级指标	二级指标
创新资源	1. R&D 经费投入强度
	2. R&D 人力投入强度
	3. 科技人力资源培养水平
	4. 信息化发展水平
	5. R&D 经费占世界比重
知识创造	6. 学术部门百万 R&D 经费科学论文被引次数
	7. 万名研究人员科技论文数
	8. 有效专利数量占世界比重
	9. 百万人口发明专利申请数
	10. 亿美元经济产出发明专利授权数
企业创新	11. 三方专利数占世界比重
	12. 企业 R&D 经费与增加值之比
	13. 万名企业研究人员 PCT 专利申请数
	14. 综合技术自主率
	15. 企业研究人员占全部研究人员比重
创新绩效	16. 劳动生产率
	17. 单位能源消耗的经济产出
	18. 知识密集型服务业增加值占 GDP 比重
	19. 高技术产业出口占制造业出口比重
	20. 知识密集型产业增加值占世界比重
创新环境	21. 知识产权保护力度
	22. 政府规章对企业负担影响
	23. 宏观经济稳定性
	24. 职业培训质量
	25. 市场垄断程度
	26. 风险资本可获得性
	27. 员工收入与效率挂钩程度
	28. 产业集群发展状况
	29. 企业与大学研究与发展协作程度
	30. 创业文化

根据《国家创新指数报告 2022—2023》，北美地区仍是世界创新能力最强的一极，美国和加拿大两国人口合计占全球的 4.7%，GDP 占全球 26.8%，R&D 经费投入总量占全球 39.2%。欧洲地区整体表现强劲，瑞士、德国、法国等 26 个国家人口合计占全球 9.4%，GDP 占全球 24.9%，R&D 经费投入总量占全球 23.8%。此外，东亚、太平洋地区主要国家表现优异，上升趋势明显，日本、韩国、中国、新加坡、澳大利亚和新西兰 6 个国家人口合计占全球 20.8%，GDP 占全球 27.5%，R&D 经费投入总量占全球 33.1%。南亚地区的印度人口占全球 17.9%，GDP 占全球 3.1%，R&D 经费投入总量约占全球 0.9%。拉丁美洲地区的墨西哥、阿根廷、巴西 3 个国家人口占全球 4.9%，GDP 占全球 3.5%，R&D 经费投入总量占全球 1.6%。

2023 年，中国的国家创新指数综合排名居世界第 10 位，较上期提升 3 位，是唯一进入前 15 的发展中国家。同时，国家创新能力取得显著进步，从 2000 年的第 38 位快速提升至 2011 年的第 20 位，随后稳步上升至目前的第 10 位。从具体得分看，中国的国家创新指数得分为 72.7 分，比上年提高 1.9 分，与荷兰、瑞典、德国等排名 5～9 位的国家相差 0.2～5.3 分，差距进一步缩小。

从国家创新指数的 5 个分指标来看，我国在各个维度均体现出较强竞争力。其中，知识创造 83.7 分，排名第 3。相关统计显示，截至 2020 年 9 月，中国高被引论文数为 3.7 万篇，占世界份额为 23%，排名世界第 2 位；中国有效发明专利数量达到 227.9 万件，居世界首位。企业创新 41.2 分，排名第 12。2020 年，中国三方专利数量占全球总量的比重快速提高，达到 10.4%，排名第 3；万名企业研究人员 PCT 申请量排名第 16；企业研发经费与工业增加值之比、企业研究人员占全社会研究人员比重分别排名第 16 和第 15；知识产权使用费收入占服务业出口贸易比重排名第 19；创新资源 61.1 分，排名第 21；创新绩效 54.5 分，排名第 17；创新环境 77.1 分，排名第 23。

2. 国家创新力测度与国际比较

中国科学院科技战略咨询研究院和中国科学院大学公共政策与管理学院完成的《国家创新力测度与国际比较》报告（以下简称《创新力报告》）基于创新价值链理论提出国家创新力测度框架，对 35 个主要国家的科学、技术与创新在 2006～2020 年的发展情况进行系统跟踪评价。该框架将国家创新力理解为一定时期内国家创新系统对外表现出的科学创造力、技术开发力和产业发展力的合力（"三力视角"），体现在创新实力和创新效力两个方面（"二分法"），实现了国家创新力"三横二纵"物理分解（图 3-3）。创新实力体现一个国家在创新规模上的优势，创新效力体现一个国家在创新效率上的优势。在关注"力"的作用成效的基础上，横向的"三力视角"基于创新价值链理论将创新活动分解为科学创造、技术开发和产业发展三个阶段，分别对应创新价值链的科学价值、技术价值、经济价值三个环节，从而支撑创新政策与战略的分类研究和差异性实施；纵向的"二分法"兼顾创新规模和创新效率，将总量性指标和均量性指标进行结合，使得不同规模和发展阶段的国家间的比较更加公平合理。

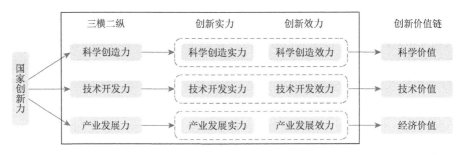

图 3-3　国家创新力"三横二纵"物理分解示意图

　　基于这一框架，《创新力报告》充分借鉴现有研究成果，基于来自世界银行、世界知识产权组织、科睿唯安 InCites 数据库及 OECD 的客观统计数据，采用多维创新指数和关键指标排序法，经过评估问题界定、评估框架构建、指标体系构建、数据收集与样本选择、缺失数据处理、指标度量、数据标准化、权重确定、指数集成、结果分析 10 个步骤，将多维特征综合为直观数字，对国家创新力进行比较和演化分析，全面把握我国国家创新力演化趋势和相对发展水平，国家创新力指标体系见表 3-6。

表 3-6　国家创新力指标体系

总指标	二级指标	三级指标	四级指标	资料来源
国家创新力	科学创造	科学创造实力	被引次数排名前 10% 的论文数	科睿唯安 InCites 数据库
			国际期刊论文被引量	科睿唯安 InCites 数据库
		科学创造效力	单位研发投入被引次数排名前 10% 的论文数	科睿唯安 InCites 数据库、世界银行
			国际期刊论文篇均被引量	科睿唯安 InCites 数据库
			单位研发投入国际期刊论文被引量	科睿唯安 InCites 数据库、世界银行
	技术开发	技术开发实力	有效专利拥有量	世界知识产权组织
			本国居民专利授权量	世界知识产权组织
			三方专利授权量	OECD
			PCT 专利申请量	世界知识产权组织
		技术开发效力	单位研发投入有效专利拥有量	世界知识产权组织、世界银行
			单位研发投入本国居民专利授权量	世界知识产权组织、世界银行
			单位研发投入三方专利授权量	OECD、世界银行
			单位研发投入 PCT 专利授权量	世界知识产权组织、世界银行

续表

总指标	二级指标	三级指标	四级指标	资料来源
国家创新力	产业发展	产业发展实力	通过马德里体系商标注册量	世界知识产权组织
			知识产权使用费	世界银行
			中高技术产业增加值	世界银行
			高技术产品出口量	世界银行
		产业发展效力	单位马德里体系商标注册量的高技术产品出口额	世界知识产权组织、世界银行
			知识产权使用费收支比	世界银行
			中高技术产业增加值占全部制造业增加值比重	世界银行
			高技术产品出口额占制成品出口额比重	世界银行

基于《创新力报告》及其对 35 个主要国家的评价结果，对 2006～2020 年我国与 10 个典型国家（6 个主要发达国家和其他 4 个金砖国家）的比较分析来看（图 3-4），10 个典型国家的排名整体较为稳定，我国的排名稳步上升，但是仍有

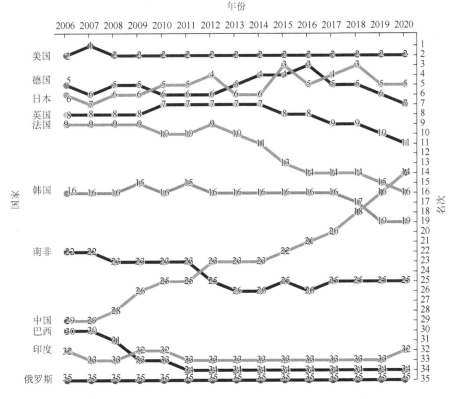

图 3-4 我国与 10 个典型国家创新力排名（2006～2020 年）

较大提升空间。6 个主要发达国家排名相对靠前，美国保持领先，德国和日本交替波动，英国和法国受创新效力排名下滑的影响，逐渐呈现下降趋势；其他 4 个金砖国家除南非外排名一直显著滞后。与 10 个典型国家不同，我国排名不断上升，从 2006 年的第 29 名快速提升至 2020 年的第 14 名，排名依次超过了南非、韩国和法国。但是我国创新力水平仍然弱于美国、日本、德国和英国等国。

3. 中国城市创业指数

中国城市创业指数参照国际创新创业指数和创新创业理论，结合中国创新创业国情，采用政府部门统计数据、创业者调查数据、创业政策分析数据等复合数据源建立了符合中国国情的指标体系。该指标体系根据我国创新创业经济的特点，设计了中国城市创业指数，并在此基础上提出了创新型创业指数与产业型创业指数，通过政策环境、市场环境、文化环境、创业者活动四个基础维度来描述和分析中国城市创业的特征（表 3-7），汇总成反映我国城市创业综合水平的中国城市创业指数、侧重考察城市创新能力的创新型创业指数、侧重考察城市创业产业能力的产业型创业指数。其中，中国城市创业指数代表了以创新创业综合水平为主的城市分析视角，创新型创业指数代表了以创新驱动为主的创业城市分析视角，产业型创业指数则代表了以产业培育为主的创业城市分析视角。四个基础维度指数构成了对我国创新创业活动的分析维度，提供了以创业政策为引导，以市场环境为培育土壤，以创业文化为内在驱动力，以创业者活动及主观评价为具体考量的分析模型。不足之处在于，该指数仅评估了城市创业者的环境及活动情况，并没有涉及创投资本的方面，存在一定的局限性。

表 3-7　中国城市创业指数指标体系

一级指标	二级指标	三级指标
政策环境	贷款政策	小额贷款
	办事效率	五证合一
	税费优惠	纳税减免
	创业补贴	房租补贴
市场环境	融资情况	天使风投
	支持机构	产权交易数量
	人力资本	科技支撑
	市场网络	市场开放
	生活条件	通勤时间

续表

一级指标	二级指标	三级指标
文化环境	创业氛围	私营发展
	创业多元化	人口流动性
	创业文化	创业态度
创业者活动	创业主体	创业龙头
	创业活力	新创增长
	创业密度	新创密度
	创业选择	创业机会

　　《中国城市创业指数（2015）报告》对中国的 4 个直辖市、15 个副省级城市、1 个经济特区（珠海）和 1 个长三角群城市（苏州），共计 21 个城市进行研究和调查。从图 3-5 显示的中国城市创业指数结果来看，北京位居创业城市榜首，广州和深圳紧随其后，指数得分都在 80 分以上，而长三角地区位居第二梯队，宁波、苏州、上海、杭州、南京等分列第 4 位、第 5 位、第 7 位、第 8 位、第 11 位。中西部地区的成都、武汉和西安分列第 12 位、第 13 位和第 14 位。而东北地区和环渤海地区得分相对较低，东北地区仅长春得分相对较高，沈阳位居最末，得分仅为 65 分，哈尔滨也以 70.1 分的得分位居第 19 位，环渤海地区的济南、青岛和天

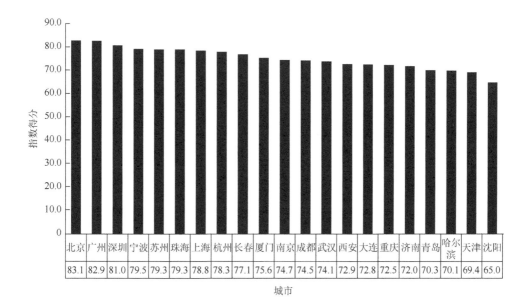

图 3-5　中国城市创业指数

津的创业指数得分也不高。总体来看，集人才、科技、市场优势于一身的北京无疑是"最优创业城市"，珠三角地区整体的创业环境比长三角地区略有优势，长三角地区的创业环境发展相对比较均衡，而东北地区、环渤海地区和中西部地区的创业城市仍有差距。

4. 中国创新指数

国家统计局社会科技和文化产业统计司发布的《中国创新指数研究》将中国创新指数指标体系分成三个层次（表 3-8）：第一个层次用来反映我国创新总体发展情况，通过计算创新总指数实现；第二个层次用来反映我国在创新环境、创新投入、创新产出和创新成效等四个领域的发展情况，通过计算分领域指数实现；第三个层次用来反映构成创新能力各方面的具体发展情况，通过上述四个领域所选取的 18 个评价指标实现。

表 3-8　中国创新指数指标体系

分领域	指标名称	计量单位	权数
创新环境 （1/4）	1.1 每万人就业人员中大专及以上学历人数	人/万人	1/5
	1.2 人均 GDP	元/人	1/5
	1.3 理工类毕业生占适龄人口比重		1/5
	1.4 科技拨款占财政拨款比重		1/5
	1.5 享受加计扣除减免税企业所占比重		1/5
创新投入 （1/4）	2.1 每万人 R&D 人员全时当量	人年/万人	1/4
	2.2 R&D 经费占 GDP 比重		1/4
	2.3 基础研究人员人均经费	万元/人年	1/4
	2.4 企业 R&D 经费占营业收入比重		1/4
创新产出 （1/4）	3.1 每万人科技论文数	篇/万人	1/4
	3.2 每万名 R&D 人员高价值发明专利拥有量	件/万人	1/4
	3.3 拥有注册商标企业所占比重		1/4
	3.4 技术市场成交合同平均金额	万元/项	1/4
创新成效 （1/4）	4.1 新产品销售收入占营业收入比重		1/5
	4.2 高新技术产品出口额占货物出口额比重		1/5
	4.3 专利密集型产业增加值占 GDP 比重		1/5
	4.4 "三新"经济增加值占 GDP 比重		1/5
	4.5 全员劳动生产率	元/人	1/5

注：各分领域的权数为 1/4，某一分领域内指标对所属领域的权数为 1/n（n 为该领域指标数）

根据统计计算，以 2015 年为基期，2022 年中国创新指数为 155.7，4 个分领域指数创新环境指数、创新投入指数、创新产出指数和创新成效指数分别为 160.4、146.7、187.5 和 128.2。与 2015 年相比，中国创新指数年均增长 6.5%，比同期 GDP 增速快 0.8 个百分点；4 个分领域指数年均增速分别为 7.0%、5.6%、9.4%和 3.6%。与 2021 年相比，中国创新指数增长 5.9%，4 个分领域指数分别增长 5.7%、7.0%、9.2%和 0.7%。

5. 中国区域创新创业指数

中国区域创新创业指数（以下简称区域创新指数）由北京大学企业大数据研究中心编制，从 2015 年开始实行年度发布制度（表 3-9）。区域创新指数覆盖了自 1990 年至今中国境内全量企业工商注册数据，以企业为核心，立足于企业家、资本与技术三大核心要素，从新建企业数量、吸引外来投资、吸引风险投资、专利授权数量和商标注册数量五个维度，运用客观性产出类指标，实现对中国各地区（省级、地级）创新创业活力更加真实的度量。区域创新指数在构建过程中结合大数据思维与技术，围绕企业这一核心市场主体，将全国工商企业注册数据、VC/PE（venture capital/private equity）数据库、专利数据库与商标数据库有机结合，对各地区（省级、地级）企业创建行为、投资活动、创新产出三个方面的表现进行评估，测度地区创新创业活力。这套指数的特点有以下三点：一是考察地区内部企业创新创业的实际产出，而非投入；二是采用企业大数据库的全量数据，包括中国境内全部行业、全部规模的企业，特别是覆盖了创新活跃度高的中小微企业、创业期企业；三是将原本分散的技术、人、投资等几个领域数据有机联系起来，统一从企业的角度进行划分，涵盖能够体现创新创业不同侧面的多维度综合评价指标。

表 3-9 区域创新指数

核心要素	维度名称	基础指标	所占权重
企业家	新建企业数量	新增企业注册数量	20.0%
资本	吸引外来投资	新增外来法人投资的笔数	15.0%
	吸引风险投资	新增风险投资的企业数量	25.0%
技术	专利授权数量	新增发明专利授权数量	12.5%
		新增实用新型专利公开数量	7.5%
		新增外观设计专利公开数量	5.0%
	商标注册数量	新增商标注册数量	15.0%

该研究表明：第一，1990～2020 年，中国各地区创新创业指数不断提高，创新创业绩效显著提升；第二，从 2020 年省级创新指数来看，广东省、浙江省、江

苏省、山东省、北京市和上海市创新创业绩效最强，西部省份创新创业活力严重不足；第三，从 2020 年地级创新指数来看，珠三角地区与长三角地区等城市称雄，北方城市表现疲软，中部城市表现亮眼；第四，1990～2020 年南北方创新创业绩效的差距呈现"U"形态势，"南热北冷"形势不断加剧，与此同时，中部地区创新创业活力不断增强，呈现出"中部崛起"态势。

6. 中国城市创投指数

中国城市创投指数是由中国投资发展促进会创投专委会、浙江之江创投研究院、同花顺快查和银柿财经共同推出的城市创投能力评价指标体系。该指数汇聚了专业协会、智库、数据技术团队和媒体的力量，通过大数据、智能算法和综合评价模型，从创业、投资、政策、营商环境等角度，比较不同城市之间在投资、创业和外部环境之间的表现，创立了一套衡量全国城市创投实力与活跃度的评分体系。

首期中国城市创投指数的数据采集样本涵盖 2021 年地区生产总值在 5000 亿元以上的 54 个城市（表 3-10）。指数编制基于创业、投资、政策、人才、环境和时间这六个维度，在数量繁多的影响因子当中，经过研究人员与投资专家的反复讨论和调整，确立了指数编制的规则和权重。中国城市创投指数由六个一级指标组成，分别为创业中坚、初创孵化、创业投资、资本市场、创投环境与创业人才。一级指标体系下面包含 20 多项二级指标，综合反映了一座城市的创投实力和发展潜能。

表 3-10　中国城市创投指数

排名	城市	指数	排名	城市	指数
1	北京市	88.55	15	重庆市	16.34
2	上海市	67.90	16	佛山市	15.75
3	深圳市	59.71	17	郑州市	15.73
4	广州市	37.35	18	无锡市	15.69
5	杭州市	35.17	19	长沙市	15.29
6	苏州市	30.38	20	合肥市	13.94
7	成都市	23.28	21	济南市	12.88
8	南京市	23.23	22	厦门市	12.51
9	武汉市	22.92	23	常州市	10.50
10	青岛市	21.10	24	福州市	9.15
11	天津市	20.44	25	昆明市	9.10
12	宁波市	19.45	26	嘉兴市	8.89
13	东莞市	17.02	27	南通市	8.54
14	西安市	16.81	28	大连市	8.30

续表

排名	城市	指数	排名	城市	指数
29	沈阳市	7.90	42	哈尔滨市	5.67
30	温州市	7.68	43	长春市	5.44
31	金华市	7.66	44	南宁市	5.33
32	烟台市	7.13	45	泰州市	5.20
33	石家庄市	7.05	46	盐城市	5.11
34	太原市	6.95	47	唐山市	4.23
35	绍兴市	6.83	48	临沂市	4.14
36	南昌市	6.82	49	洛阳市	4.12
37	泉州市	6.27	50	济宁市	3.91
38	台州市	6.26	51	宜昌市	3.84
39	扬州市	6.08	52	襄阳市	3.74
40	徐州市	5.88	53	漳州市	2.59
41	潍坊市	5.68	54	榆林市	2.14

3.2 "三创"评估指标体系编制方法

3.2.1 基本思路

构建"三创"测度框架要实现三个"三结合",即"投入、过程和产出测度相结合""宏观、中观和微观测度相结合""数量、质量和效率测度相结合"。指标设计要符合"数据可得、逻辑严密、来源权威、精简全面、时空可比"的二十字方针,在满足数据可获得性条件的基础上,按照科学严谨的测度逻辑来选择指标,优先使用来源于各大权威组织数据库的指标来保障数据的可信度、透明度、延续性和时空可比性,指标应当完整涵盖框架的理论测度范围并避免重复和无效测度,通过扩大指标的时间和经济体覆盖范围以便于态势研判和区域比较。

3.2.2 主要原则

(1) 可行性。在充分体现国家"三创"质量的测度方法的基础上,保证数据的可获得性,在兼顾经济体覆盖范围的同时,降低经济体在不同年份排名变化的分析难度。

(2) 客观性。力求通过国家统计数据库、上市公司数据库等客观数据测度各个指标的值和变化情况,减少主观指标的影响。

（3）一致性。尽量减少综合性指标可能产生的指标重复度量，通过归一化处理等手段实现量纲的一致性。

（4）系统性。在每一步中，对理论基础、测度框架甚至是测度目标进行多次往复和不断调整，防止出现共线性和逻辑冲突的情况。

（5）全面性。兼顾测度维度与指标的全面性和代表性，既要充分反映国家"三创"活动的成效，尽可能地考虑不同区域在经济体量和管理制度等方面的差异，又要坚持与时俱进，反映转型创新和可持续发展目标等时代潮流，实现对"三创"投入和产出的充分测度，指引国家"三创"活动实现高质量发展。

3.2.3　指标体系

1. 区域"三创"指标体系

区域"三创"指标体系综合考量外部环境、资源投入、主体能力和产出效益等四大方面要素来构建（图 3-6），以反映新时代创新、创投等社会经济现象及其综合变动，测定总变动中各个因素的影响，对区域"三创"现象进行综合测评。

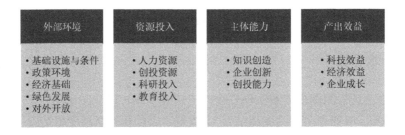

图 3-6　区域"三创"指标体系结构

由图 3-6 可知，区域"三创"指标体系由外部环境、资源投入、主体能力和产出效益四大部分组成。其中，外部环境包括基础设施与条件、政策环境、经济基础、绿色发展、对外开放等要素；资源投入包括人力资源、创投资源、科研投入和教育投入等资源的投入；主体能力包括知识创造、企业创新、创投能力等要素；产出效益涵盖科技效益、经济效益、企业成长等方面。具体指标体系及各级指标说明详见附录一。

2. 行业"三创"指标体系

行业"三创"指标体系综合考量外部环境、资源投入、主体能力和产出效益等四大方面要素来构建（图 3-7），以反映新时代创新、创投等社会经济现象及其综合变动,测定总变动中各个因素的影响,对行业"三创"现象进行综合测评。

图 3-7　行业"三创"指标体系结构

由图 3-7 可知,行业"三创"指标体系也由外部环境、资源投入、主体能力和产出效益四大部分组成。其中,外部环境包含基础设施与条件、经济基础等两大要素;资源投入包括创投资源、科研投入等资源的投入;主体能力由知识创造、企业创新、创投能力等构成;产出效益涵盖科技效益、企业成长。具体指标体系及各级指标说明详见附录二。

3.2.4　特点和优势

"三创"指数在吸收和借鉴已有相关指数优点的基础上,对指标选取、样本区间和区域范围进行综合权衡与改进,具有时间连续性和指标体系的一致性。与国内外国际相关指数相比,"三创"指数具有以下特点和优势。

第一,"三创"指数并非对区域和行业创新型经济整体规模的测算,而侧重于从支撑创新型经济发展的国家资源禀赋差异和制度环境视角,全方位地测度创新型经济的发展水平,具体包括外部环境、资源投入、主体能力和产出效益四大维度。

第二,"三创"指数兼顾了指标的全面性与样本覆盖的广度,该指标反映了全国 31 个省区市经济体和行业的创新型经济发展情况。相较于现有测度创新型经济的相关指标,"三创"指数具有时间跨度长、区域范围广、行业范围大的特点。这有利于进行横向和纵向的比较,为未来开展区域和行业层面的创新型经济发展的相关特征事实与经验分析提供重要参考。

第三,"三创"指数充分借鉴现有测度指标构建方法,对各类指标的测度结果差异进行权衡和折中,能够较为客观、动态地评价我国不同区域与行业的创新型经济发展程度和优劣势。

3.3　数据处理方法

数据处理主要分为以下三个步骤:①数据标准化处理;②利用熵权法确定权重;③主要指标计算。

3.3.1 数据标准化处理

由于意向招商产业生态位适宜的各个评价指标单位不同，因此，首先需要对数据进行标准化处理，数据标准化公式为

$$X'_{ij} = \frac{x_{ij} - x_{ij\min}}{x_{ij\max} - x_{ij\min}}$$

其中，X'_{ij} 为 $X_{ij}(i=1,2,\cdots,31; j=1,2,\cdots,11)$ 的标准化结果；$x_{ij\max}$ $(i=1,2,\cdots,31;$ $j=1,2,\cdots,11)$ 为第 i 个省区市中第 j 个指标序列的最大值；$x_{ij\min}$ $(i=1,2,\cdots,31;$ $j=1,2,\cdots,11)$ 为第 i 个省区市中第 j 个指标序列的最小值。标准化的变量取值为 0～1。

3.3.2 利用熵权法确定权重

指标的权重系数 ω_j 反映了该项指标对评价指标得分的影响程度大小，确定权重的方法诸多，熵权法因其能够客观地计算出指标的权重值得到了广泛的应用，本书也通过熵权法给每项指标赋予不同的权重值。标准化后的数据根据公式可得到各个指标的信息熵 $e_j = -k\sum_{i=1}^{m}(a_{ij} \times \ln a_{ij})$，$a_{ij} = x_{ij'} / \sum_{i=1}^{m} x_{ij'}$，确定各指标的信息熵后，根据公式可得到每个指标的权重值 $\omega_j = \dfrac{1-e_j}{n - \sum_{i=1}^{m} e_j}$。指标的权重值越大，说明该指标对评价指标得分的影响程度越深。

3.3.3 主要指标计算

本书参考生态位适宜度的计算方法，目标评价指标得分主要反映了"三创"活动的总体评价结果，计算模型为

$$S_i = \sum_{j=1}^{n}\omega_j \frac{\rho_{\min} + \gamma\rho_{\max}}{\rho_{ij} + \gamma\rho_{\max}} = \sum_{j=1}^{n}\omega_j \frac{\min\left\{\left|x'_{ij} - x_{aj}\right| + \gamma\max\left\{\left|x'_{ij} - x_{aj}\right|\right\}\right\}}{\left|x'_{ij} - x_{aj}\right| + \gamma\max\left\{\left|x'_{ij} - x_{aj}\right|\right\}}$$

其中，$\rho_{ij} = |x'_{ij} - x_{ij}|$；$\rho_{\min}$ 为 ρ_{ij} 的最小值；$\rho_{\max}$ 为 ρ_{ij} 的最大值；S_i 为第 i 个评价指标的得分；ω_j 为第 j 个指标的权重；x'_{ij} 为 x_{ij} （$i=1,2,\cdots,31; j=1,2,\cdots,n$）标

准化的结果；x_{aj}（$j = 1, 2, \cdots, n$）为第一个领域的第 j 个指标的最佳值，为 x_{aj} 的最大值；γ 为模型参数，取值为 $0 \sim 1$。

$$\overline{\rho_{ij}} = \frac{\sum_{i=1}^{m}\sum_{j=1}^{n}\rho_{ij}}{mn} = \frac{\sum_{i=1}^{m}\sum_{j=1}^{n}\left|x'_{ij} - x_{aj}\right|}{mn}$$

通常假定 $S_i = 0.5$，可求出：

$$\gamma = \frac{\overline{\rho_{ij}} - 2\rho_{\min}}{\rho_{\max}} = 0.881$$

目标评价指标的结果通常大于 0 小于 1，取值越高，即越趋近于 1。

第4章 区域"三创"指数评估结果

4.1 总体指数评估结果及其变化情况

为了保证新时代下经济高质量发展,顺利地实现经济结构的转型,用科学的方法对各地区"三创"的基础、投入及产出等各方面情况进行客观的度量及评价分析,不仅可以为各地区在创新引领下发展实体经济提供理论依据,也可以为分析各地区间的差异及协调地区间的发展提供数据基础。

同济大学创新创业创投研究中心"三创"指数研究团队对31个省级行政区域的"三创"综合指数进行了排名及分析,并分析评价了华北、华东、华南、华中、东北、西北、西南7个大区域的"三创"综合指数的发展水平及差异情况。需要指出的是,本书的有关内容属于学术研究成果,并非官方做出的业绩评价。书中关于各地区外部环境、资源投入、主体能力和产出效益等的计算结果,只是各地区历年经济发展情况的客观反映;要将其真正用于业绩评价实践,尚有待于基础统计数据与国民经济核算体系的进一步完善。

4.1.1 2021年31个省级行政区域的"三创"综合指数排名及分析

31个省级行政区域"三创"综合指数排名见图4-1(具体排名得分数据参见附录三),从分值上看,广东省、北京市、江苏省、浙江省、上海市、山东省前6个省级行政区域明显高出其他省级行政区域,并且分值的下降较为明显,从福建省到内蒙古自治区整体得分下降较平缓,形成了3个内部相对差异不大的组团。

图4-2给出了31个省级行政区域"三创"综合指数分布情况,代表不同分值段的省区市出现频率,其偏度为1.2756,峰度为0.9358,由图4-2也可明显发现,31个省级行政区域"三创"综合指数是右偏分布,大多数省区市的分值居于平均值以下。

图4-3是31个省级行政区域"三创"综合指数箱线图,图4-3中的叉点代表的是平均值的位置,箱线图的下边框代表的是第一四分位数Q1,上边框代表的是第三四分位数Q3,中间的横线代表的是中位数的位置,由图4-3可见31个省级行政区域"三创"综合指数的平均值大于中位数的值,基本快接近第三四分位数Q3了,且有四个高异常值点超过了上限。综合图4-1及图4-3可知,只有到第12名的湖北省的分值是超过平均值0.3036的,有19个省区市的分值均低于平均值。

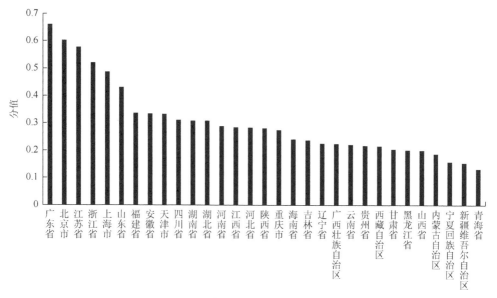

图 4-1　31 个省级行政区域"三创"综合指数排名

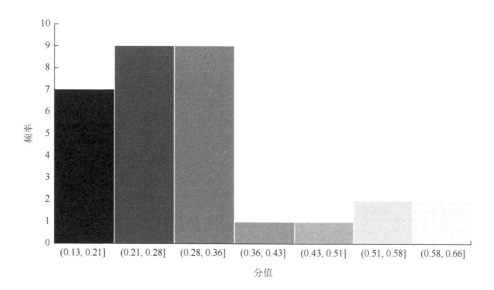

图 4-2　31 个省级行政区域"三创"综合指数分布情况

此类图横轴刻度数据是由软件依据实际数据得出,是在原始数据基础上四舍五入得到的,故会有微小(<0.1)的差异。图中颜色深浅用以区分不同部分

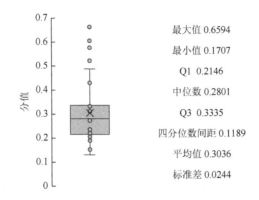

图 4-3　31 个省级行政区域"三创"综合指数箱线图

4.1.2　2021 年 7 个大区域"三创"综合指数排名及分析

按地理位置可将 31 个省级行政区域划分为华北、华东、华南、华中、东北、西北、西南 7 个大区域，表 4-1 给出了这 7 个大区域内各省级行政区域"三创"综合指数排名情况。由表 4-1 可见，2021 年华东、华南、华北三大区域保持前列，

表 4-1　7 个大区域"三创"综合指数排名情况

区域	地区	2018 年排名	2021 年排名	区域	地区	2018 年排名	2021 年排名
华北 2018 年排名：3 2021 年排名：3	北京市	1	2	华中 2018 年排名：4 2021 年排名：4	河南省	16	13
	天津市	7	9		湖北省	8	12
	河北省	18	15		湖南省	14	11
	山西省	24	27	东北 2018 年排名：5 2021 年排名：6	辽宁省	15	20
	内蒙古自治区	29	28		吉林省	19	19
华东 2018 年排名：1 2021 年排名：1	上海市	3	5		黑龙江省	21	26
	江苏省	4	3	西北 2018 年排名：7 2021 年排名：7	陕西省	13	16
	浙江省	5	4		甘肃省	26	25
	安徽省	11	8		青海省	30	31
	福建省	9	7		宁夏回族自治区	27	29
	江西省	17	14		新疆维吾尔自治区	28	30
	山东省	6	6	西南 2018 年排名：6 2021 年排名：5	重庆市	12	17
华南 2018 年排名：2 2021 年排名：2	广东省	2	1		四川省	10	10
	广西壮族自治区	20	21		贵州省	22	23
	海南省	23	18		云南省	25	22
					西藏自治区	31	24

且各有 1 个排名前 3 的省级行政区域,华中和西北位次保持不变,东北排名下降 1 位,西南上升 1 位。

表 4-2 给出了排名变化达到 4 位或 4 位以上的省区市及其所属区域,共 7 个地区,其中排名上升幅度最大的是西南的西藏自治区,由第 31 位上升至第 24 位,上升 7 位;下降幅度最大的是东北的黑龙江省及西南的重庆市、东北的辽宁省,均下降 5 位。

表 4-2　综合排名变化达到 4 位或 4 位以上的省区市

地区	区域	2018 年排名	2021 年排名	变化
西藏自治区	西南	31	24	+7
海南省	华南	23	18	+5
湖南省	华中	14	11	+3
湖北省	华中	8	12	−4
黑龙江省	东北	21	26	−5
重庆市	西南	12	17	−5
辽宁省	东北	15	20	−5

图 4-4 给出了 7 个大区域"三创"综合指数的均值及标准差情况。由图 4-4 可见,"三创"综合指数按均值的大小排列依次是华东、华南、华北、华中、西南、东北、西北区域,按标准差的大小排列依次是华南、华北、华东、西北、

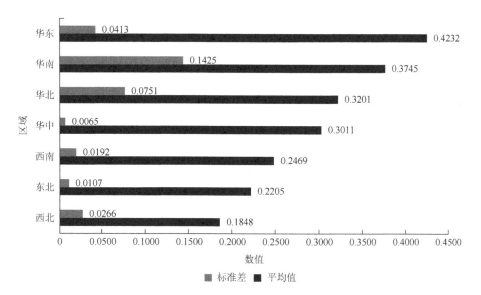

图 4-4　7 个大区域"三创"综合指数均值及标准差情况

西南、东北、华中区域,华东、华南、华北三大区域虽然均值较大,但标准差也较大,这三者相比,华东区域的标准差最小,所以相对而言,华东区域是"三创"综合指数整体表现最好的区域,其中表现较好的是排名第 3 的江苏省,表现较差的是排名第 14 的江西省,华北、华南两大区域内的省级行政区域的发展差异较大,虽然它们分别有名列前茅的北京市及广东省,但也分别有位列第 28 位的内蒙古自治区及位列第 21 位的广西壮族自治区,而华中区域内的省级行政区域的"三创"综合指数基本位列中游及中上游,其标准差是最小的,也就是说华中三省的发展差异相对其他 6 个大区域内的省级行政区域间的差异来说最小,东北区域的省级行政区域的"三创"综合指数的分值基本位列中游及中下游,相互差距相对较小,西南区域由于地域辽阔,虽然其中的四川省位列前 10,但云南省、贵州省及西藏自治区排名中下游,西北区域的"三创"综合指数的均值最低,除了陕西省位列第 16 位外,其他均位于下游。

在"三创"综合指数的评价分析基础之上,为了进一步研究各地区影响"三创"发展水平的各级主要影响因素的差异,同济大学创新创业创投研究中心"三创"指数研究团队进一步从外部环境、资源投入、主体能力及产出效益这四个构成"三创"综合指数的一级指标对 31 个省级行政区域进行了排名及分析,并在此基础上,针对构成 31 个省级行政区域"三创"一级指标的各项二级指标也进行了排名、评价及分布规律的分析。

4.2　分类指标排名及分析

4.2.1　外部环境和各二级指标排名及分析

31 个省级行政区域外部环境指标排名见图 4-5。从分值上看,上海市、北京市、广东省、江苏省、浙江省、福建省、天津市、山东省、重庆市、湖南省位居前 10,可以看出,位居前 10 的省级行政区域有 5 个在华东大区、2 个在华北大区、1 个在华南大区、1 个在华中大区以及 1 个在西南大区,总体而言,位居后面的省级行政区域主要位于西北、西南以及东北的部分地区。

图 4-6 给出了 31 个省级行政区域外部环境指标分布情况,代表不同分值段的省级行政区域的出现频率,其偏度为 1.1427,峰度为 0.431,31 个省级行政区域外部环境指标基本是右偏分布。

图 4-7 是 31 个省级行政区域外部环境指标箱线图,图 4-7 中的叉点代表的是平均值的位置,仅比中位数位置高一点,两者较为接近,第三四分位数 Q3 减去第一四分位数 Q1,即四分位数间距为 0.0447,小于"三创"综合指数的四分位数

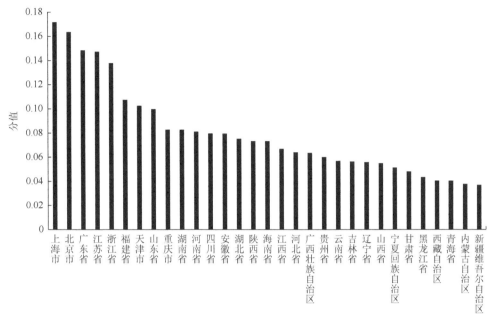

图 4-5　31 个省级行政区域的外部环境指标排名

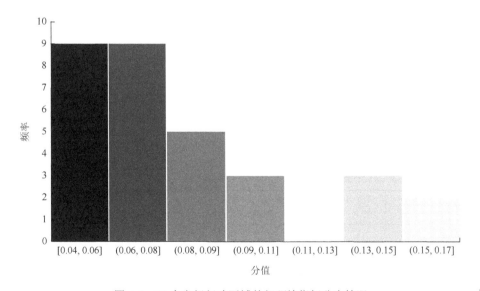

图 4-6　31 个省级行政区域外部环境指标分布情况

间距，说明外部环境的指数分值相对"三创"综合指标来说，中间点的位置分布更集中，存在 1 个异常点，即上海市的外部环境明显优于其他省区市。综合图 4-5

及图 4-7 可知，位居第 11 名的河南省的分值是超过平均值 0.0798 的，有 20 个省区市的分值均低于平均值。

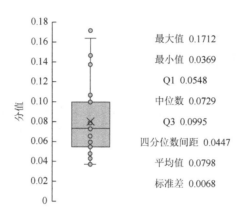

图 4-7　31 个省级行政区域外部环境指标箱线图

31 个省级行政区域外部环境及所含二级指标的分值及排名情况见表 4-3，图 4-8 给出了 5 个二级指标的箱线图。从 5 个指标的分布特征看，政策环境指标分布为右偏分布，平均值为 0.0099，且和中位数很接近，分值均分布在箱线图的上、下限内，无异常值。基础设施与条件指标的平均值为 0.0146，且平均值高于中位数值，有 2 个超出上限的异常值点，呈现右偏分布，遥遥领先的 2 个地区是北京市和上海市；经济基础指标分布基本呈正态分布，平均值也基本与中位数接近，存在 1 个超出上限的异常值，遥遥领先的是江苏省。绿色发展指标分布呈正态分布，平均值为 0.0368，略低于中位数，只有 1 个低于下限的异常值，是内蒙古自治区；对外开放指标平均值 0.0062，明显的右偏分布，除了超出上限的 3 个异常值外，其余基本分布于低分值段，3 个居于前列的地区分别是广东省、上海市、浙江省。

表 4-3　31 个省级行政区域外部环境及所含二级指标的分值及排名情况

地区	外部环境	2018 年排名	2021 年排名	政策环境	2018 年排名	2021 年排名	基础设施与条件	2018 年排名	2021 年排名
安徽省	0.0792	13	13	0.0127	9	10	0.0111	29	17
北京市	0.1631	2	2	0.0231	15	2	0.0454	1	2
福建省	0.1071	8	6	0.0119	11	12	0.0232	7	5
甘肃省	0.0479	28	26	0.0039	26	25	0.0076	28	23
广东省	0.1480	3	3	0.0202	5	5	0.0221	15	6
广西壮族自治区	0.0632	16	19	0.0069	7	19	0.0075	26	24

续表

地区	外部环境	2018年排名	2021年排名	政策环境	2018年排名	2021年排名	基础设施与条件	2018年排名	2021年排名
贵州省	0.0599	19	20	0.0063	14	20	0.0106	23	18
海南省	0.0729	23	16	0.0052	24	22	0.0067	21	27
河北省	0.0638	22	18	0.0083	25	18	0.0146	20	10
河南省	0.0807	15	11	0.0106	17	14	0.0127	27	12
黑龙江省	0.0434	18	27	0.0039	8	24	0.0064	24	28
湖北省	0.0748	10	14	0.0117	12	13	0.0153	13	9
湖南省	0.0824	11	10	0.0131	18	8	0.0115	17	15
吉林省	0.0562	12	22	0.0039	16	26	0.0095	14	20
江苏省	0.1468	4	4	0.0206	4	4	0.0299	8	4
江西省	0.0666	17	17	0.0090	13	17	0.0075	18	25
辽宁省	0.0555	20	23	0.0099	27	15	0.0115	6	16
内蒙古自治区	0.0376	27	30	0.0025	28	29	0.0087	16	21
宁夏回族自治区	0.0511	25	25	0.0046	22	23	0.0122	12	13
青海省	0.0402	26	29	0	23	31	0.0048	5	29
山东省	0.0995	7	8	0.0134	10	7	0.0170	19	8
山西省	0.0548	29	24	0.0058	29	21	0.0079	11	22
陕西省	0.0729	21	15	0.0097	19	16	0.0103	10	19
上海市	0.1712	1	1	0.0242	3	1	0.0488	2	1
四川省	0.0792	14	12	0.0121	20	11	0.0133	25	11
天津市	0.1023	6	7	0.0135	1	6	0.0219	3	7
西藏自治区	0.0403	31	28	0.0020	31	30	0.0022	31	31
新疆维吾尔自治区	0.0369	30	31	0.0033	30	28	0.0032	9	30
云南省	0.0566	24	21	0.0039	21	27	0.0069	30	26
浙江省	0.1375	5	5	0.0210	2	3	0.0300	4	3
重庆市	0.0826	9	9	0.0127	6	9	0.0119	22	14
地区	经济基础	2018年排名	2021年排名	绿色发展	2018年排名	2021年排名	对外开放	2018年排名	2021年排名
安徽省	0.0117	15	14	0.0393	18	14	0.0043	10	10
北京市	0.0293	5	3	0.0507	2	1	0.0146	4	5
福建省	0.0203	9	7	0.0441	10	6	0.0075	7	8

续表

地区	经济基础	2018年排名	2021年排名	绿色发展	2018年排名	2021年排名	对外开放	2018年排名	2021年排名
甘肃省	0.0015	31	31	0.0343	16	21	0.0006	28	28
广东省	0.0309	1	2	0.0394	28	13	0.0355	1	1
广西壮族自治区	0.0056	17	23	0.0404	14	12	0.0028	22	17
贵州省	0.0046	14	24	0.0377	15	17	0.0007	29	27
海南省	0.0042	27	25	0.0476	4	2	0.0092	21	7
河北省	0.0089	16	17	0.0280	27	28	0.0040	14	11
河南省	0.0128	7	11	0.0414	23	10	0.0031	12	15
黑龙江省	0.0033	25	28	0.0288	9	27	0.0010	24	22
湖北省	0.0155	8	8	0.0293	11	26	0.0031	17	16
湖南省	0.0122	11	12	0.0421	8	8	0.0035	16	13
吉林省	0.0042	24	26	0.0379	6	16	0.0008	23	26
江苏省	0.0356	2	1	0.0415	22	9	0.0191	3	4
江西省	0.0088	19	18	0.0390	19	15	0.0023	18	18
辽宁省	0.0083	18	19	0.0223	21	30	0.0036	8	12
内蒙古自治区	0.0106	21	15	0.0149	26	31	0.0008	25	24
宁夏回族自治区	0.0038	26	27	0.0301	31	25	0.0004	27	30
青海省	0.0027	29	29	0.0327	24	24	0	31	31
山东省	0.0208	3	6	0.0352	25	20	0.0130	6	6
山西省	0.0075	28	20	0.0328	30	23	0.0009	26	23
陕西省	0.0104	22	16	0.0411	13	11	0.0015	20	21
上海市	0.0279	6	4	0.0450	7	4	0.0252	2	2
四川省	0.0130	12	10	0.0373	12	18	0.0035	11	14
天津市	0.0136	10	9	0.0474	3	3	0.0058	9	9
西藏自治区	0.0024	23	30	0.0333	1	22	0.0004	30	29
新疆维吾尔自治区	0.0059	30	22	0.0236	29	29	0.0008	15	25
云南省	0.0071	20	21	0.0368	17	19	0.0019	19	20
浙江省	0.0240	4	5	0.0427	20	7	0.0198	5	3
重庆市	0.0117	13	13	0.0442	5	5	0.0020	13	19

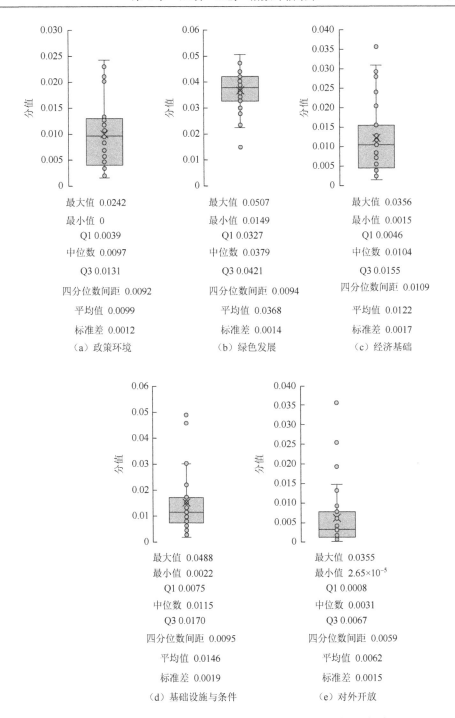

图 4-8　31 个省级行政区域外部环境的 5 个二级指标的箱线图

据表 4-4～表 4-9,综合分析外部环境的 5 个指标可见,在外部环境排名前 10 的省级行政区域中,总体而言,上海市、北京市、江苏省、浙江省、福建省及天津市这 6 个地区的 5 项指标较为均衡,但广东省、山东省在绿色发展这个指标上表现较差,因此,这 2 个区域在经济发展的同时,要注重污染治理,保持可持续的发展。

表 4-4　外部环境变化达到 4 位或 4 位以上的省区市

地区	外部环境	2018 年排名	2021 年排名	变化
海南省	0.0729	23	16	+7
陕西省	0.0729	21	15	+6
山西省	0.0548	29	24	+5
河北省	0.0638	22	18	+4
河南省	0.0807	15	11	+4
湖北省	0.0748	10	14	−4
黑龙江省	0.0434	18	27	−9
吉林省	0.0562	12	22	−10

表 4-5　政策环境变化达到 4 位或 4 位以上的省区市

地区	政策环境	2018 年排名	2021 年排名	变化
北京市	0.0231	15	2	+13
辽宁省	0.0099	27	15	+12
湖南省	0.0131	18	8	+10
四川省	0.0121	20	11	+9
山西省	0.0058	29	21	+8
河北省	0.0083	25	18	+7
江西省	0.0090	13	17	−4
天津市	0.0135	1	6	−5
贵州省	0.0063	14	20	−6
云南省	0.0039	21	27	−6
青海省	0	23	31	−8
吉林省	0.0039	16	26	−10
广西壮族自治区	0.0069	7	19	−12
黑龙江省	0.0039	8	24	−16

表 4-6　基础设施与条件变化达到 4 位或 4 位以上的省区市

地区	基础设施与条件	2018 年排名	2021 年排名	变化
河南省	0.0127	27	12	+15
四川省	0.0133	25	11	+14
安徽省	0.0111	29	17	+12
山东省	0.0170	19	8	+11
河北省	0.0146	20	10	+10
广东省	0.0221	15	6	+9
重庆市	0.0119	22	14	+8
甘肃省	0.0076	28	23	+5
江苏省	0.0299	8	4	+4
云南省	0.0069	30	26	+4
湖北省	0.0153	13	9	+4
黑龙江省	0.0064	24	28	−4
天津市	0.0219	3	7	−4
内蒙古自治区	0.0087	16	21	−5
海南省	0.0067	21	27	−6
吉林省	0.0095	14	20	−6
江西省	0.0075	18	25	−7
陕西省	0.0103	10	19	−9
辽宁省	0.0115	6	16	−10
山西省	0.0079	11	22	−11
新疆维吾尔自治区	0.0032	9	30	−21
青海省	0.0048	5	29	−24

表 4-7　经济基础变化达到 4 位或 4 位以上的省区市

地区	经济基础	2018 年排名	2021 年排名	变化
山西省	0.0075	28	20	+8
新疆维吾尔自治区	0.0059	30	22	+8
内蒙古自治区	0.0106	21	15	+6

续表

地区	经济基础	2018 年排名	2021 年排名	变化
陕西省	0.0104	22	16	＋6
河南省	0.0128	7	11	−4
广西壮族自治区	0.0056	17	23	−6
西藏自治区	0.0024	23	30	−7
贵州省	0.0046	14	24	−10

表 4-8　绿色发展变化达到 4 位或 4 位以上的省区市

地区	绿色发展	2018 年排名	2021 年排名	排名
广东省	0.0394	28	13	＋15
河南省	0.0414	23	10	＋13
江苏省	0.0415	22	9	＋13
浙江省	0.0427	20	7	＋13
山西省	0.0328	30	23	＋7
宁夏回族自治区	0.0301	31	25	＋6
山东省	0.0352	25	20	＋5
安徽省	0.0393	18	14	＋4
福建省	0.0441	10	6	＋4
江西省	0.0390	19	15	＋4
甘肃省	0.0343	16	21	−5
内蒙古自治区	0.0149	26	31	−5
四川省	0.0373	12	18	−6
辽宁省	0.0223	21	30	−9
吉林省	0.0379	6	16	−10
湖北省	0.0293	11	26	−15
黑龙江省	0.0288	9	27	−18
西藏自治区	0.0333	1	22	−21

表 4-9 对外开放变化达到 4 位或 4 位以上的省区市

地区	对外开放	2018 年排名	2021 年排名	排名
海南省	0.0092	21	7	+14
广西壮族自治区	0.0028	22	17	+5
辽宁省	0.0036	8	12	−4
重庆市	0.0020	13	19	−6
新疆维吾尔自治区	0.0008	15	25	−10

4.2.2 资源投入和各二级指标排名及分析

31 个省级行政区域资源投入指标排名见图 4-9。从分值上看，广东省、北京市、江苏省、山东省、浙江省、上海市、天津市、河南省、四川省及湖北省，位居前 10，可以看出，位居前 10 的省级行政区域有 4 个在华东大区、2 个在华北大区、1 个在华南大区、2 个在华中大区以及 1 个在西南大区，总体而言，位居后面的省级行政区域主要位于西北、西南以及华南的部分地区，东北三省也总体偏弱。

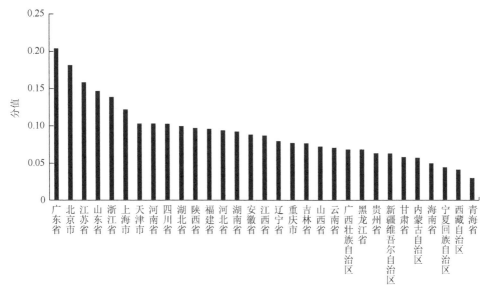

图 4-9 31 个省级行政区域资源投入指标排名

图 4-10 给出了 31 个省级行政区域资源投入指标分布情况。代表不同分值段

的省级行政区域的出现频率，其偏度为 1.1255，峰度为 1.2479，由图 4-11 也可发现，31 个省级行政区域资源投入指标是右偏分布。

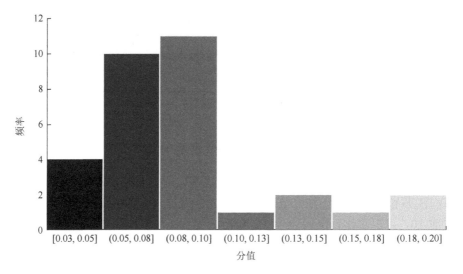

图 4-10　31 个省级行政区域资源投入指标分布情况

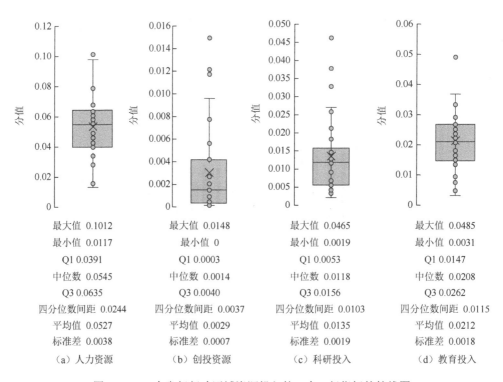

图 4-11　31 个省级行政区域资源投入的 4 个二级指标的箱线图

　　图 4-12 是 31 个省级行政区域资源投入指标箱线图。图 4-12 中的叉点代表的平均值的位置高于中位数位置,四分位数间距为 0.0394,除了两个异常值明显高于上限外,所有的点均分布在上限和下限内,北京市及广东省在资源投入上遥遥领先。综合图 4-9 及图 4-12 可见,位居第 14 位的湖南省的分值是超过平均值 0.0903 的,有 17 个省区市的分值均低于平均值。

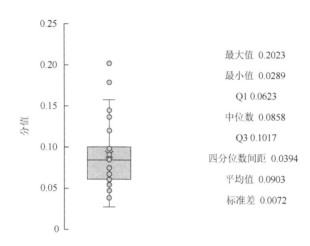

最大值 0.2023

最小值 0.0289

Q1 0.0623

中位数 0.0858

Q3 0.1017

四分位数间距 0.0394

平均值 0.0903

标准差 0.0072

图 4-12　31 个省级行政区域资源投入指标箱线图

　　31 个省级行政区域资源投入及所含二级指标的分值及排名情况见表 4-10,图 4-11 给出了 4 个二级指标的箱线图。从 4 个指标的分布特征看,人力资源指标分布基本为正态分布,平均值为 0.0527,与中位数接近,除了有 1 个明显超出上限的异常值外,分值均分布在箱线图的上限、下限内,北京市的人力资源分值遥遥领先;创投资源指标分布呈明显的右偏分布,平均值为 0.0029,且明显高于中位数值,有 3 个超出上限的异常值点,遥遥领先的 3 个地区是广东省、江苏省和浙江省,总体而言,创投资源在 31 个省级行政区域的分布极度不均衡,资源明显集中在排名前 5 的区域;科研投入指标基本呈右偏分布,平均值高于中位数,有 3 个高于上限的异常值,在科研投入上遥遥领先的是北京市、广东省和江苏省;教育投入指标分布为正态分布,平均值为 0.0212,与中位数接近,分值均分布在箱线图的上限、下限内,存在 1 个异常值,独占鳌头的是广东省。

　　据表 4-11~表 4-15,综合分析资源投入的 4 个指标可知,在资源投入排名前 10 的省级行政区域中,总体而言 4 项指标都较为均衡,除了上海市和天津市在教育投入指标上分别排名第 19 和第 22。

表4-10 31个省级行政区域资源投入及所含二级指标的分值及排名情况

地区	资源投入	2018年排名	2021年排名	人力资源	2018年排名	2021年排名	创投资源	2018年排名	2021年排名	科研投入	2018年排名	2021年排名	教育投入	2018年排名	2021年排名
安徽省	0.0871	13	15	0.0475	21	20	0.0026	8	9	0.0152	12	10	0.0218	21	14
北京市	0.1801	1	2	0.0977	1	2	0.0056	2	6	0.0465	1	1	0.0303	5	5
福建省	0.0946	11	12	0.0481	17	19	0.0040	13	8	0.0135	15	13	0.0290	8	7
甘肃省	0.0572	20	26	0.0332	22	26	0.0005	16	20	0.0058	19	22	0.0177	22	21
广东省	0.2023	2	1	0.1012	4	1	0.0148	1	1	0.0378	2	2	0.0485	4	1
广西壮族自治区	0.0672	23	22	0.0391	28	24	0.0008	25	18	0.0037	26	29	0.0235	9	13
贵州省	0.0623	26	24	0.0271	30	29	0.0015	28	14	0.0041	28	27	0.0296	6	6
海南省	0.0489	29	28	0.0273	27	27	0.0043	29	7	0.0040	31	28	0.0133	24	25
河北省	0.0927	12	13	0.0548	18	15	0.0004	11	22	0.0113	16	17	0.0262	10	8
河南省	0.1017	14	8	0.0623	16	10	0.0014	17	16	0.0127	17	14	0.0254	7	10
黑龙江省	0.0671	24	23	0.0573	11	14	0.0001	30	28	0.0066	22	20	0.0031	29	31
湖北省	0.0984	9	10	0.0651	10	7	0.0014	7	15	0.0156	8	9	0.0163	23	23
湖南省	0.0911	17	14	0.0545	20	16	0.0017	24	13	0.0147	13	11	0.0202	18	18
吉林省	0.0755	21	19	0.0611	12	12	0.0001	20	26	0.0068	23	19	0.0075	25	29
江苏省	0.1571	5	3	0.0780	5	4	0.0121	9	2	0.0331	3	3	0.0339	2	3
江西省	0.0858	19	16	0.0482	23	18	0.0022	23	11	0.0093	18	18	0.0261	14	9
辽宁省	0.0785	15	17	0.0615	7	11	0.0001	14	27	0.0120	11	15	0.0049	28	30
内蒙古自治区	0.0562	25	27	0.0421	15	22	0.0002	26	25	0.0048	20	25	0.0091	27	28

续表

地区	资源投入	2018年排名	2021年排名	人力资源	2018年排名	2021年排名	创投资源	2018年排名	2021年排名	科研投入	2018年排名	2021年排名	教育投入	2018年排名	2021年排名
宁夏回族自治区	0.0434	30	29	0.0272	24	28	0	31	30	0.0060	27	21	0.0102	30	26
青海省	0.0289	31	31	0.0147	29	30	0	27	29	0.0043	29	26	0.0099	31	27
山东省	0.1455	3	4	0.0783	9	3	0.0095	4	4	0.0212	5	6	0.0365	1	2
山西省	0.0713	18	20	0.0509	13	17	0.0003	15	24	0.0053	21	24	0.0147	17	24
陕西省	0.0959	10	11	0.0606	6	13	0.0010	21	17	0.0136	10	12	0.0208	15	16
上海市	0.1208	4	6	0.0680	2	5	0.0077	3	5	0.0272	4	4	0.0179	19	19
四川省	0.1014	8	9	0.0634	14	9	0.0019	6	12	0.0156	9	8	0.0204	12	17
天津市	0.1018	7	7	0.0635	3	8	0.0025	12	10	0.0183	7	7	0.0174	13	22
西藏自治区	0.0402	28	30	0.0117	31	31	0	18	31	0.0031	30	30	0.0254	16	11
新疆维吾尔自治区	0.0619	22	25	0.0348	26	25	0.0003	19	23	0.0019	25	31	0.0249	11	12
云南省	0.0659	27	21	0.0419	25	23	0.0004	22	21	0.0056	24	23	0.0216	20	15
浙江省	0.1374	6	5	0.0668	8	6	0.0117	5	6	0.0261	6	5	0.0328	3	4
重庆市	0.0759	16	18	0.0454	19	21	0.0008	10	19	0.0118	14	16	0.0179	26	20

表 4-11　资源投入变化达到 4 位或 4 位以上的省区市

地区	资源投入	2018 年排名	2021 年排名	变化
河南省	0.1017	14	8	+6
云南省	0.0659	27	21	+6
甘肃省	0.0572	20	26	−6

表 4-12　人力资源变化达到 4 位或 4 位以上的省区市

地区	人力资源	2018 年排名	2021 年排名	变化
山东省	0.0783	9	3	+6
河南省	0.0623	16	10	+6
江西省	0.0482	23	18	+5
四川省	0.0634	14	9	+5
广西壮族自治区	0.0391	28	24	+4
湖南省	0.0545	20	16	+4
甘肃省	0.0332	22	26	−4
辽宁省	0.0615	7	11	−4
宁夏回族自治区	0.0272	24	28	−4
山西省	0.0509	13	17	−4
天津市	0.0635	3	8	−5
内蒙古自治区	0.0421	15	22	−7
陕西省	0.0606	6	13	−7

表 4-13　创投资源变化达到 4 位或 4 位以上的省区市

地区	创投资源	2018 年排名	2021 年排名	变化
海南省	0.0043	29	7	+22
贵州省	0.0015	28	14	+14
江西省	0.0022	23	11	+12
湖南省	0.0017	24	13	+11
广西壮族自治区	0.0008	25	18	+7
江苏省	0.0121	9	2	+7
福建省	0.0040	13	8	+5
陕西省	0.0010	21	17	+4

地区	创投资源	2018 年排名	2021 年排名	变化
北京市	0.0056	2	6	−4
甘肃省	0.0005	16	20	−4
新疆维吾尔自治区	0.0003	19	23	−4
吉林省	0.0001	20	26	−6
四川省	0.0019	6	12	−6
湖北省	0.0014	7	15	−8
山西省	0.0003	15	24	−9
重庆市	0.0008	10	19	−9
河北省	0.0004	11	22	−11
辽宁省	0.0001	14	27	−13
西藏自治区	0	18	31	−13

表 4-14　科研投入变化达到 4 位或 4 位以上的省区市

地区	科研投入	2018 年排名	2021 年排名	变化
宁夏回族自治区	0.0060	27	21	＋6
吉林省	0.0068	23	19	＋4
辽宁省	0.0120	11	15	−4
内蒙古自治区	0.0048	20	25	−5
新疆维吾尔自治区	0.0019	25	31	−6

表 4-15　教育投入变化达到 4 位或 4 位以上的省区市

地区	教育投入	2018 年排名	2021 年排名	排名
安徽省	0.0218	21	14	＋7
重庆市	0.0179	26	20	＋6
江西省	0.0261	14	9	＋5
西藏自治区	0.0254	16	11	＋5
云南省	0.0216	20	15	＋5
宁夏回族自治区	0.0102	30	26	＋4

续表

地区	教育投入	2018 年排名	2021 年排名	排名
青海省	0.0099	31	27	+ 4
广西壮族自治区	0.0235	9	13	−4
吉林省	0.0075	25	29	−4
四川省	0.0204	12	17	−5
山西省	0.0147	17	24	−7
天津市	0.0174	13	22	−9

4.2.3 主体能力和各二级指标排名及分析

31 个省级行政区域主体能力指标排名见图 4-13。广东省、江苏省、北京市、浙江省、上海市、山东省、四川省、湖南省、天津市、西藏自治区位居前 10。可以看出,位居前 10 的省级行政区域有 4 个在华东大区、2 个在华北大区、1 个在华南大区、1 个在华中大区以及 2 个在西南大区,总体而言,位居后面的省级行政区域主要位于西北、西南以及华北的部分地区。

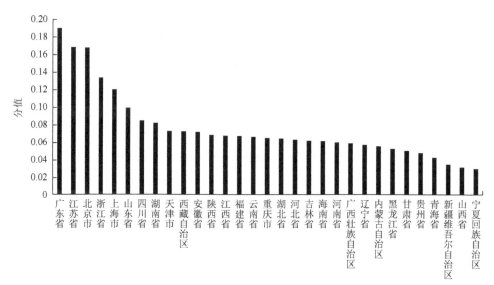

图 4-13 31 个省级行政区域主体能力指标排名

图 4-14 给出了 31 个省级行政区域主体能力指标分布情况，代表不同分值段的省级行政区域的出现频率，其偏度为 1.6468，峰度为 2.2143，31 个省级行政区域主体能力明显地呈现右偏分布。

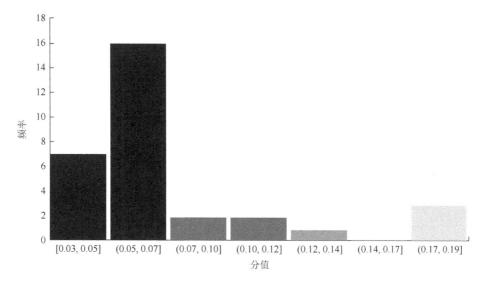

图 4-14　31 个省级行政区域主体能力指标分布情况

图 4-15 是 31 个省级行政区域主体能力指标箱线图，图 4-15 中的叉点代表的平均值的位置高于中位数，四分位数间距为 0.0263，呈现明显的右偏分布。有 3 个

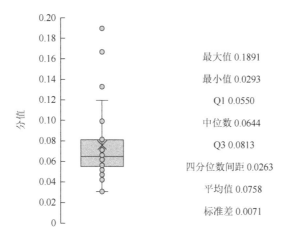

最大值 0.1891

最小值 0.0293

Q1 0.0550

中位数 0.0644

Q3 0.0813

四分位数间距 0.0263

平均值 0.0758

标准差 0.0071

图 4-15　31 个省级行政区域主体能力指标箱线图

异常值高于上限，排名前 3 的分别是广东省、江苏省、北京市；位居第 8 名的湖南省的分值是超过平均值 0.0758，有 23 个省区市的分值均低于平均值，可见，31 个省级行政区域的主体能力极度不平衡。

31 个省级行政区域主体能力及所含二级指标的分值及排名情况见表 4-16，图 4-16 给出了 3 个二级指标的箱线图。从 3 个指标的分布特征看，知识创造指标分布为右偏分布，平均值为 0.0140，高于中位数，有 1 个明显超出上限的异常值，北京市独占鳌头，这主要是因为北京聚集了中国很多高水平的高校，也聚集了不少国家级的研究机构，并汇集了不少央企、跨国企业及民营企业的研发总部；企业创新指标分布呈明显的右偏分布，平均值为 0.0394，且高于中位数值，有 2 个超出上限的异常值点，遥遥领先的 2 个地区是广东省和江苏省；创投能力指标呈现正态分布，平均值为 0.0224，创投能力的分布较为均匀，且不存在异常值。

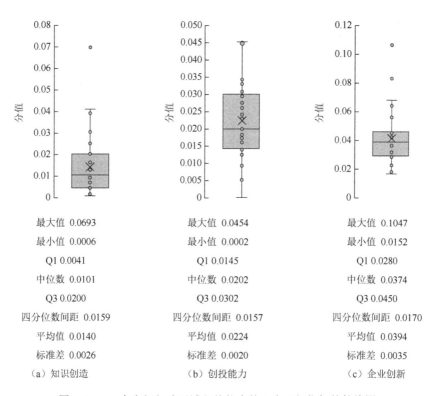

图 4-16　31 个省级行政区域主体能力的 3 个二级指标的箱线图

据表 4-17～表 4-20，综合分析主体能力的 3 个指标可知，有些地区这 3 项指标的排名差异较大，知识创造在国家投入较大的地区，如有高水平高校、央企及研究机构的地区优势较大，陕西省、辽宁省在知识创造上分别排名第 7 和第 12，但在企业创新指标上排名却是第 18 和第 21，另外，福建省在创投能力上排名第 10，但在知识创造上排名第 19，可见，在福建省内，如果能进一步加强高等院校建设及科研机构的完善，并促成产学研的深度融合，提升知识创造的能力，可以进一步为"三创"的发展提供源源不断的动力。

表 4-16　31 个省级行政区域主体能力及所含二级指标的分值及排名情况

地区	知识创造	2018 年排名	2021 年排名	企业创新	2018 年排名	2021 年排名	创投能力	2018 年排名	2021 年排名	主体能力	2018 年排名	2021 年排名
北京市	0.0693	1	1	0.0666	3	3	0.0310	1	7	0.1669	1	3
广东省	0.0390	4	3	0.1047	1	1	0.0454	3	1	0.1891	2	1
上海市	0.0301	3	4	0.0549	6	5	0.0344	2	4	0.1194	3	5
江苏省	0.0408	2	2	0.0815	2	2	0.0452	5	3	0.1675	4	2
浙江省	0.0248	5	5	0.0624	5	4	0.0454	4	2	0.1326	5	4
山东省	0.0206	6	6	0.0446	4	9	0.0330	7	6	0.0983	6	6
天津市	0.0130	11	11	0.0451	7	8	0.0142	11	25	0.0723	7	9
安徽省	0.0127	12	13	0.0347	8	17	0.0238	12	14	0.0712	8	11
湖北省	0.0200	9	8	0.0290	11	20	0.0148	10	22	0.0638	9	17
四川省	0.0160	10	9	0.0433	12	10	0.0248	8	12	0.0840	10	7
福建省	0.0088	20	19	0.0302	15	19	0.0276	6	10	0.0666	11	14
陕西省	0.0202	7	7	0.0306	18	18	0.0168	13	20	0.0677	12	12
辽宁省	0.0129	8	12	0.0289	16	21	0.0146	15	23	0.0565	13	23
湖南省	0.0138	13	10	0.0432	13	11	0.0244	16	13	0.0813	14	8
重庆市	0.0094	18	18	0.0415	10	13	0.0134	17	26	0.0644	15	16
江西省	0.0052	31	21	0.0453	14	7	0.0164	9	21	0.0669	16	13
河南省	0.0101	17	16	0.0289	17	22	0.0202	14	16	0.0592	17	21
西藏自治区	0.0006	27	31	0.0544	9	6	0.0169	24	19	0.0719	18	10
广西壮族自治区	0.0041	16	24	0.0277	20	24	0.0264	27	11	0.0581	19	22
吉林省	0.0099	14	17	0.0210	26	27	0.0302	22	8	0.0611	20	19
河北省	0.0065	21	20	0.0374	22	16	0.0185	18	17	0.0624	21	18
海南省	0.0015	25	29	0.0417	19	12	0.0176	30	18	0.0608	22	20
黑龙江省	0.0104	15	15	0.0271	30	25	0.0145	20	24	0.0520	23	25

地区	知识创造	2018年排名	2021年排名	企业创新	2018年排名	2021年排名	创投能力	2018年排名	2021年排名	主体能力	2018年排名	2021年排名
云南省	0.0038	24	25	0.0287	25	23	0.0332	29	5	0.0657	24	15
宁夏回族自治区	0.0015	23	28	0.0184	27	28	0.0093	28	29	0.0293	25	31
青海省	0.0014	29	30	0.0406	21	14	0.0002	31	31	0.0422	26	28
新疆维吾尔自治区	0.0124	26	14	0.0165	24	30	0.0053	21	30	0.0342	27	29
山西省	0.0047	19	23	0.0165	29	29	0.0097	26	28	0.0309	28	30
贵州省	0.0026	30	26	0.0216	23	26	0.0231	19	15	0.0473	29	27
甘肃省	0.0050	22	22	0.0152	28	31	0.0298	25	9	0.0499	30	26
内蒙古自治区	0.0017	28	27	0.0405	31	15	0.0128	23	27	0.0550	31	24

表 4-17　知识创造变化达到 4 位或 4 位以上的省区市

地区	知识创造	2018 年排名	2021 年排名	变化
新疆维吾尔自治区	0.0124	26	14	+12
江西省	0.0052	31	21	+10
贵州省	0.0026	30	26	+4
辽宁省	0.0129	8	12	−4
西藏自治区	0.0006	27	31	−4
海南省	0.0015	25	29	−4
山西省	0.0047	19	23	−4
宁夏回族自治区	0.0015	23	28	−5
广西壮族自治区	0.0041	16	24	−8

表 4-18　企业创新变化达到 4 位或 4 位以上的省区市

地区	企业创新	2018 年排名	2021 年排名	变化
内蒙古自治区	0.0405	31	15	+16
江西省	0.0453	14	7	+7
海南省	0.0417	19	12	+7
青海省	0.0406	21	14	+7
河北省	0.0374	22	16	+6

续表

地区	企业创新	2018 年排名	2021 年排名	变化
黑龙江省	0.0271	30	25	+ 5
福建省	0.0302	15	19	−4
广西壮族自治区	0.0277	20	24	−4
山东省	0.0446	4	9	−5
辽宁省	0.0289	16	21	−5
河南省	0.0289	17	22	−5
新疆维吾尔自治区	0.0165	24	30	−6
安徽省	0.0347	8	17	−9
湖北省	0.0290	11	20	−9

表 4-19 创投能力变化达到 4 位或 4 位以上的省区市

地区	创投能力	2018 年排名	2021 年排名	变化
云南省	0.0332	29	5	+ 24
广西壮族自治区	0.0264	27	11	+ 16
甘肃省	0.0298	25	9	+ 16
吉林省	0.0302	22	8	+ 14
海南省	0.0176	30	18	+ 12
西藏自治区	0.0169	24	19	+ 5
贵州省	0.0231	19	15	+ 4
四川省	0.0248	8	12	−4
福建省	0.0276	6	10	−4
黑龙江省	0.0145	20	24	−4
内蒙古自治区	0.0128	23	27	−4
北京市	0.0310	1	7	−6
陕西省	0.0168	13	20	−7
辽宁省	0.0146	15	23	−8
重庆市	0.0134	17	26	−9
新疆维吾尔自治区	0.0053	21	30	−9
湖北省	0.0148	10	22	−12
江西省	0.0164	9	21	−12
天津市	0.0142	11	25	−14

表 4-20　主体能力变化达到 4 位或 4 位以上的省区市

地区	主体能力	2018 年排名	2021 年排名	变化
云南省	0.0657	24	15	+9
西藏自治区	0.0719	18	10	+8
内蒙古自治区	0.0550	31	24	+7
湖南省	0.0813	14	8	+6
甘肃省	0.0499	30	26	+4
河南省	0.0592	17	21	−4
宁夏回族自治区	0.0293	25	31	−6
湖北省	0.0638	9	17	−8
辽宁省	0.0565	13	23	−10

4.2.4　产出效益和各二级指标排名及分析

31 个省级行政区域产出效益指标排名见图 4-17。广东省、浙江省、江苏省、安徽省、北京市、山东省、上海市、湖北省、福建省、江西省位居前 10。可以看出，位居前 10 的省级行政区域有 7 个在华东大区、1 个在华北大区、1 个在华南大区、1 个在华中大区，总体而言，位居后面的省级行政区域主要位于西北、西南以及华南的部分地区。

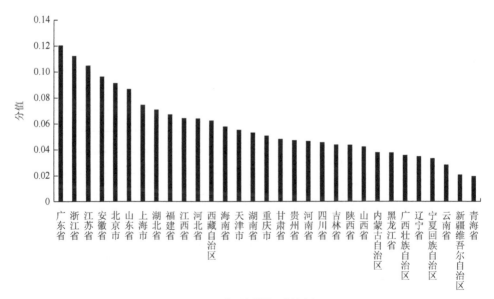

省（自治区、直辖市）

图 4-17　31 个省级行政区域产出效益指标排名

图 4-18 给出了 31 个省级行政区域产出效益指标分布情况。代表不同分值段的省级行政区域的出现频率，其偏度为 0.8476，峰度为 0.0956，31 个省级行政区域产出效益指标为右偏分布。

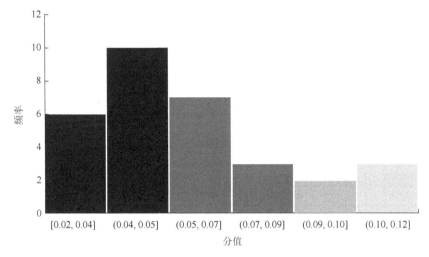

图 4-18　31 个省级行政区域产出效益指标分布情况

图 4-19 是 31 个省级行政区域产出效益指标箱线图。图 4-19 中的叉点代表的平均值的位置明显高于中位数位置，四分位数间距为 0.0328，有 1 个异常值高于上限，独占鳌头的是广东省。综合图 4-17 及图 4-19 可见，位居第 12 名的西藏自治区的分值是超过平均值 0.0577 的，有 19 个省区市的分值均低于平均值。

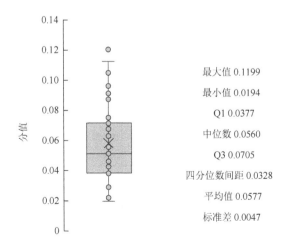

最大值 0.1199
最小值 0.0194
Q1 0.0377
中位数 0.0560
Q3 0.0705
四分位数间距 0.0328
平均值 0.0577
标准差 0.0047

图 4-19　31 个省级行政区域产出效益指标箱线图

　　31 个省级行政区域产出效益及所含二级指标的分值及排名情况见表 4-21，图 4-20 给出了 3 个二级指标的箱线图。从 3 个指标的分布特征看，科技效益指标分布为明显的右偏分布，平均值为 0.0046，明显高于中位数，有 3 个明显超出上限的异常值，北京市、江苏省和广东省在科技效益上遥遥领先；经济效益指标分布呈正态分布，平均值为 0.0371，与中位数值接近，且不存在异常值，整体分布较为均匀；企业成长指标也为右偏分布，平均值为 0.0159，高于中位数，有 1 个异常值高于上限，广东省在企业成长方面遥遥领先。

表 4-21　31 个省级行政区域产出效益及所含二级指标的分值及排名情况

地区	科技效益	2018 年排名	2021 年排名	经济效益	2018 年排名	2021 年排名	企业成长	2018 年排名	2021 年排名	产出效益	2018 年排名	2021 年排名
北京市	0.0174	1	3	0.0481	9	6	0.0253	1	7	0.0909	1	5
江苏省	0.0183	2	2	0.0496	2	5	0.0364	3	3	0.1044	2	3
广东省	0.0206	3	1	0.0461	1	9	0.0532	2	1	0.1200	3	1
上海市	0.0053	8	9	0.0394	4	15	0.0294	6	6	0.0742	4	7
浙江省	0.0108	6	4	0.0589	3	2	0.0422	4	2	0.1119	5	2
山东省	0.0096	4	5	0.0443	6	10	0.0325	5	4	0.0864	6	6
天津市	0.0032	9	14	0.0440	7	11	0.0079	7	23	0.0551	7	14
湖北省	0.0071	5	6	0.0502	12	4	0.0132	12	13	0.0705	8	8
福建省	0.0019	14	18	0.0401	17	13	0.0250	8	8	0.0670	9	9
重庆市	0.0017	18	20	0.0374	5	16	0.0114	15	16	0.0506	10	16
安徽省	0.0048	13	10	0.0743	11	1	0.0168	10	9	0.0959	11	4
河南省	0.0042	10	13	0.0268	13	24	0.0154	11	10	0.0464	12	19
辽宁省	0.0025	7	17	0.0218	23	28	0.0102	21	19	0.0346	13	27
四川省	0.0053	12	8	0.0252	16	27	0.0149	9	11	0.0454	14	20
湖南省	0.0046	17	11	0.0401	8	12	0.0083	17	21	0.0530	15	15
陕西省	0.0062	11	7	0.0293	22	22	0.0080	18	22	0.0435	16	22
河北省	0.0046	16	12	0.0477	20	7	0.0114	14	15	0.0637	17	11
江西省	0.0026	21	16	0.0472	15	8	0.0143	19	12	0.0640	18	10
吉林省	0.0010	22	23	0.0350	10	18	0.0075	30	24	0.0436	19	21
山西省	0.0014	20	21	0.0334	27	19	0.0073	13	25	0.0421	20	23
广西壮族自治区	0.0029	24	15	0.0282	21	23	0.0043	20	30	0.0354	21	26
内蒙古自治区	0.0006	25	27	0.0255	26	26	0.0116	27	14	0.0377	22	24
新疆维吾尔自治区	0.0006	30	26	0.0099	14	31	0.0100	23	20	0.0205	23	30

续表

地区	科技效益	2018 年排名	2021 年排名	经济效益	2018 年排名	2021 年排名	企业成长	2018 年排名	2021 年排名	产出效益	2018 年排名	2021 年排名
宁夏回族自治区	0.0005	29	28	0.0257	18	25	0.0069	25	27	0.0331	24	28
黑龙江省	0.0018	15	19	0.0294	29	21	0.0064	24	29	0.0376	25	25
海南省	0.0002	28	30	0.0510	31	3	0.0064	28	28	0.0576	26	13
云南省	0.0009	19	25	0.0162	28	30	0.0110	16	17	0.0282	27	29
贵州省	0.0009	26	24	0.0352	25	17	0.0109	22	18	0.0470	28	18
青海省	0.0003	27	29	0.0191	19	29	0	29	31	0.0194	29	31
甘肃省	0.0012	23	22	0.0400	30	14	0.0069	26	26	0.0481	30	17
西藏自治区	0	31	31	0.0321	24	20	0.0301	31	5	0.0622	31	12

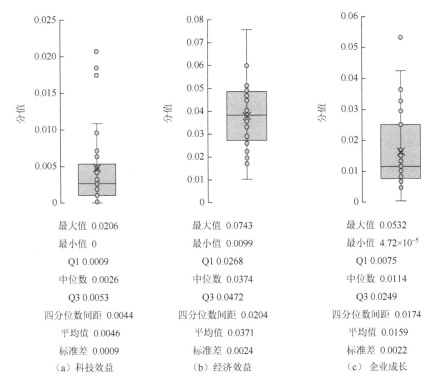

(a) 科技效益	(b) 经济效益	(c) 企业成长
最大值 0.0206	最大值 0.0743	最大值 0.0532
最小值 0	最小值 0.0099	最小值 4.72×10^{-5}
Q1 0.0009	Q1 0.0268	Q1 0.0075
中位数 0.0026	中位数 0.0374	中位数 0.0114
Q3 0.0053	Q3 0.0472	Q3 0.0249
四分位数间距 0.0044	四分位数间距 0.0204	四分位数间距 0.0174
平均值 0.0046	平均值 0.0371	平均值 0.0159
标准差 0.0009	标准差 0.0024	标准差 0.0022

图 4-20　31 个省级行政区域产出效益的 3 个二级指标的箱线图

据表 4-22～表 4-25，综合分析产出效益的 3 个指标可知，有些地区这 3 项指

标的排名差异较大，福建省在企业成长指标上排第 8，但在科技效益及经济效益 2
个指标上分别排第 18 及第 13，福建省可以进一步加强科技孵化器的建设，并活
跃技术市场的交易，促进科技成果的转化，以提升科技效益的排名。还可以通过
提高规模以上工业企业新产品的销售额及高新技术产业主营业务收入，从而提升
经济效益指标的排名。安徽省在经济效益指标上排在第 1 名，但在科技效益及企
业成长指标上却分别排第 10 及第 9，主要可以通过加强科技孵化器的建设，并促
进科技成果的转化，以提升科技效益的排名，另外，通过积极引导及扶持中小企
业到创业板等资本市场上市，并创造有益于创新的环境，使得区域内能出现企业
创新能力 1000 强的标杆企业和独角兽企业，从而带动区域创新价值链的发展，提
升企业成长指标的排名。

表 4-22　科技效益变化达到 4 位或 4 位以上的省区市

地区	科技效益	2018 年排名	2021 年排名	变化
广西壮族自治区	0.0029	24	15	+9
湖南省	0.0046	17	11	+6
江西省	0.0026	21	16	+5
四川省	0.0053	12	8	+4
陕西省	0.0062	11	7	+4
河北省	0.0046	16	12	+4
新疆维吾尔自治区	0.0006	30	26	+4
福建省	0.0019	14	18	-4
黑龙江省	0.0018	15	19	-4
天津市	0.0032	9	14	-5
云南省	0.0009	19	25	-6
辽宁省	0.0025	7	17	-10

表 4-23　经济效益变化达到 4 位或 4 位以上的省区市

地区	经济效益	2018 年排名	2021 年排名	变化
海南省	0.0510	31	3	+28
甘肃省	0.0400	30	14	+16
河北省	0.0477	20	7	+13
安徽省	0.0743	11	1	+10

续表

地区	经济效益	2018 年排名	2021 年排名	变化
湖北省	0.0502	12	4	+8
山西省	0.0334	27	19	+8
黑龙江省	0.0294	29	21	+8
贵州省	0.0352	25	17	+8
江西省	0.0472	15	8	+7
福建省	0.0401	17	13	+4
西藏自治区	0.0321	24	20	+4
山东省	0.0443	6	10	−4
天津市	0.0440	7	11	−4
湖南省	0.0401	8	12	−4
辽宁省	0.0218	23	28	−5
宁夏回族自治区	0.0257	18	25	−7
广东省	0.0461	1	9	−8
吉林省	0.0350	10	18	−8
青海省	0.0191	19	29	−10
上海市	0.0394	4	15	−11
重庆市	0.0374	5	16	−11
河南省	0.0268	13	24	−11
四川省	0.0252	16	27	−11
新疆维吾尔自治区	0.0099	14	31	−17

表 4-24　企业成长变化达到 4 位或 4 位以上的省区市

地区	企业成长	2018 年排名	2021 年排名	变化
西藏自治区	0.0301	31	5	+26
内蒙古自治区	0.0116	27	14	+13
江西省	0.0143	19	12	+7
吉林省	0.0075	30	24	+6
贵州省	0.0109	22	18	+4
湖南省	0.0083	17	21	−4
陕西省	0.0080	18	22	−4

续表

地区	企业成长	2018 年排名	2021 年排名	变化
黑龙江省	0.0064	24	29	−5
北京市	0.0253	1	7	−6
广西壮族自治区	0.0043	20	30	−10
山西省	0.0073	13	25	−12
天津市	0.0079	7	23	−16

表 4-25　产出效益变化达到 4 位或 4 位以上的省区市

地区	产出效益	2018 年排名	2021 年排名	变化
西藏自治区	0.0622	31	12	+ 19
海南省	0.0576	26	13	+ 13
甘肃省	0.0481	30	17	+ 13
贵州省	0.0470	28	18	+ 10
江西省	0.0640	18	10	+ 8
安徽省	0.0959	11	4	+ 7
河北省	0.0637	17	11	+ 6
北京市	0.0909	1	5	−4
宁夏回族自治区	0.0331	24	28	−4
广西壮族自治区	0.0354	21	26	−5
重庆市	0.0506	10	16	−6
四川省	0.0454	14	20	−6
陕西省	0.0435	16	22	−6
天津市	0.0551	7	14	−7
河南省	0.0464	12	19	−7
新疆维吾尔自治区	0.0205	23	30	−7
辽宁省	0.0346	13	27	−14

各地政府越来越重视创新、创业对地区经济发展及就业等民生的积极影响，成立了引导基金，从而用杠杆效应带动创投资金的投入，促进当地的创新、创业活动。这能够帮助政府更有效地制定政策，且有的放矢地投入引导基金；也能够帮助创投机构发现不同行业、不同地域的投资机会，同时用于判断不同行业、不同地域的投资热度，从而规避可能的泡沫风险；还能为创业者对创业地域、行业的选择提供参考，尽量减少其盲目或错判的成本，并且指导企业对创新领域

的探索和挖掘,为企业的投资、研发方向提供指导;又能够为学校提供新知识发现等学术活动的智慧平台,为大学生的专业配置及就业方向提供前瞻性的指导。

4.3　"三创"指数聚类分析

4.3.1　省区市"三创"发展的聚类分析

1. 聚类分析基本原理

聚类分析是直接比较样本中各指标(或样本)之间的"性质",将性质相近的归为一类,性质差别较大的归为不同类。聚类分析依分类对象的不同可分为两类:对观察样本(观测)的 Q 型聚类和对观察指标(变量)的 R 型聚类。R 型聚类是对观察指标进行分类处理,可用于了解指标间的关系,对指标进行分类;Q 型聚类是对观察样本的分类处理。因为本书的研究目的是对全国 31 个省区市进行聚类,所以将使用 Q 型聚类方法。

常用的聚类方法有:系统聚类法、动态聚类法(逐步聚类法)、有序样本聚类法以及模糊聚类法、图论聚类法等。本书采用系统聚类法。

系统聚类法是将类由多变到少的聚类分析法,由于样本之间和类之间的距离有多种定义,而这些不同距离定义又产生了不同的系统聚类法。有最短距离法、最长距离法、类间平均链锁法、类内平均链锁法、重心法、离差平方和法,此外还有最大似然估计法和 M 相似分析法等。这些方法的主要区别在于类间距离及新类与其他类之间的距离递推公式不同,一旦任意两类间的距离算出后,均按距离最小者合并。

2. 聚类分析结果

本书选取 2021 年全国 31 个省区市的"三创"指标数据,运用 SPSS 软件对各个省区市的数据按四类进行聚类分析,得出聚类表(表 4-26)。

表 4-26　31 个省区市聚类表

聚类	序号	省区市	距离
1	1	江苏省	0.022
	2	广东省	0.022
2	3	北京市	0.040
	4	上海市	0.025
	5	浙江省	0.030

续表

聚类	序号	省区市	距离
3	6	天津市	0.020
	7	河北省	0.017
	8	吉林省	0.029
	9	安徽省	0.035
	10	福建省	0.023
	11	江西省	0.020
	12	山东省	0.039
	13	河南省	0.018
	14	湖北省	0.021
	15	湖南省	0.011
	16	重庆市	0.019
	17	四川省	0.019
	18	陕西省	0.019
4	19	山西省	0.022
	20	内蒙古自治区	0.024
	21	辽宁省	0.033
	22	黑龙江省	0.026
	23	广西壮族自治区	0.017
	24	海南省	0.033
	25	贵州省	0.022
	26	云南省	0.023
	27	西藏自治区	0.043
	28	甘肃省	0.023
	29	青海省	0.033
	30	宁夏回族自治区	0.018
	31	新疆维吾尔自治区	0.029

类别1：共包含2个省，分别是江苏省、广东省。该类别的基本特征是除外部环境不如北京市、上海市等一线直辖市和以浙江省为代表的外向型省市外，资源投入、主体能力和产出效益均处于全国领先水平，区域"三创"能力水平最高。

类别2：共包含3个省市，分别是北京市、上海市、浙江省。该类别的基本特征是外部环境优越，资源投入、主体能力和产出效益良好，区域"三创"能力水平较高。自改革开放以来，北京市、上海市、浙江省对外开放程度较高，与国际发达区域合作交流较为充分，法治化和市场化程度较高，各方面发展比较均衡。

类别 3：共包含 13 个省市，分别是天津市、河北省、吉林省、安徽省、福建省、江西省、山东省、河南省、湖北省、湖南省、重庆市、四川省、陕西省。该类别的基本特征是外部环境和产出效益尚可，资源投入和主体能力较弱，区域"三创"能力水平一般。这类区域的产业基础与科技基础一般相对较好，市场经济发育相对充分，政策环境和法治化、规范化等外部环境发育相对成熟。

类别 4：共包含 13 个省区市，分别是山西省、内蒙古自治区、辽宁省、黑龙江省、广西壮族自治区、海南省、贵州省、云南省、西藏自治区、甘肃省、青海省、宁夏回族自治区、新疆维吾尔自治区。该类别的基本特征是外部环境较差和产出效益低，资源投入严重不足，主体能力较为低下，区域"三创"能力水平很低。导致这些区域落后的原因往往是市场经济发育还不够成熟，政策环境相对较差，科技资源相对欠缺，现代化的产业基础比较薄弱，对外开放水平相对较低。

表 4-27 是最终聚类中心结果。为检验以上 4 类省区市聚类的均值是否具有统计意义上的差异性，进行方差分析，结果见表 4-28。从表 4-28 中可以看出，15 个变量中任意一个变量的类间均方均不低于类内的误差均方值。从概率值来看，15 个变量使类间无差异的假设成立的概率均小于 0.01。这表明参与聚类分析的 15 个变量能很好地区分各类，类间的差异足够大。

表 4-27　最终聚类中心

最终聚类中心				
指标	1	2	3	4
政策环境	0.020 36	0.022 73	0.010 97	0.004 46
绿色发展	0.040 48	0.046 16	0.038 94	0.031 95
经济基础	0.033 26	0.027 07	0.012 61	0.005 19
对外开放	0.027 30	0.019 85	0.004 20	0.001 79
基础设施与条件	0.026 00	0.041 43	0.013 83	0.007 40
外部环境小计	0.147 40	0.157 24	0.080 55	0.050 79
人力资源	0.089 59	0.077 49	0.057 92	0.036 06
创投资源	0.013 47	0.008 34	0.002 28	0.000 66
科研投入	0.035 43	0.033 27	0.013 81	0.005 17

续表

最终聚类中心				
指标	1	2	3	4
教育投入	0.041 22	0.027 00	0.021 95	0.015 99
资源投入小计	0.179 71	0.146 10	0.095 96	0.057 88
知识创造	0.039 91	0.041 40	0.012 78	0.004 82
企业创新	0.093 07	0.061 31	0.036 52	0.029 06
创投能力	0.045 32	0.036 90	0.021 40	0.016 41
主体能力小计	0.178 30	0.139 61	0.070 70	0.050 29
科技效益	0.019 49	0.011 16	0.004 37	0.001 05
经济效益	0.047 88	0.048 81	0.041 67	0.028 28
企业成长	0.044 79	0.032 33	0.014 36	0.009 39
产出效益小计	0.112 16	0.092 30	0.060 40	0.038 72
合计	0.617 57	0.535 25	0.307 61	0.197 68

表 4-28　方差分析

指标	聚类		误差		F	显著性
	均方	自由度	均方	自由度		
政策环境	0	3	0	27	59.843	0
绿色发展	0	3	0	27	4.659	0.009
经济基础	0.001	3	0	27	56.205	0
对外开放	0.001	3	0	27	41.217	0
基础设施与条件	0.001	3	0	27	47.091	0
人力资源	0.003	3	0	27	16.606	0
创投资源	0	3	0	27	31.606	0
科研投入	0.001	3	0	27	53.405	0
教育投入	0	3	0	27	6.725	0.002
知识创造	0.002	3	0	27	24.604	0
企业创新	0.003	3	0	27	27.401	0
创投能力	0.001	3	0	27	11.351	0
科技效益	0	3	0	27	43.154	0
经济效益	0.001	3	0	27	4.964	0.007
企业成长	0.001	3	0	27	18.140	0

4.3.2 评价指标的聚类分析

本书选取 2021 年全国 31 个省区市的"三创"指标数据,运用 SPSS 软件对各个省区市的二级评价指标数据按四类进行聚类分析,得出聚类谱系图如图 4-21 所示。从图 4-21 中可以看出,在 15 个二级区域"三创"评价指标中,经济效益、绿色发展、教育投入和创投能力依次是区分不同区域"三创"事业发展类别度的代表性指标。其中绿色发展和经济效益是结果型指标,意味着领先区域的绿色化和高效性的经济转型升级走在前列,经济增长质量更高;教育投入和创投能力属于过程型指标,意味着"三创"事业总体发展领先的区域对教育和创投的投入明显高于后进区域,后进区域应该在这两个方面加大投入,推动经济向创新型高质量方向发展。

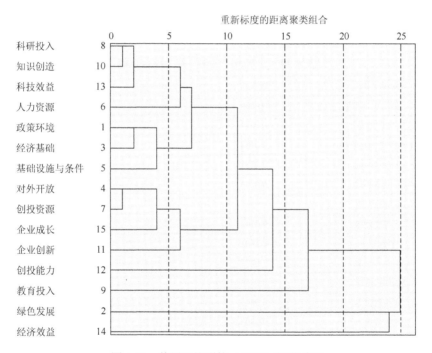

图 4-21 使用平均联接(组间)的谱系图

4.4 各省区市"三创"指数评估结果及其变化情况

4.4.1 北京市

2021 年,北京市地区生产总值为 40 269.6 亿元,同比增长 8.5%;人口数为

2189 万人,人均地区生产总值为 183 980 元;社会全要素生产率为 0.73%。高新技术产业主营收入为 5388.10 亿元,同比增长 1.17%,占地区生产总值比重为 13.38%。早期、创业、成长基金规模为 21 760.15 亿元,接受投资 1383.41 亿元。新增企业数 45 家,新增 IPO(initial public offerings,首次公开募股)企业 74 家。

2021 年,北京市"三创"能力综合排名位于全国第 2 位。一级指标中,外部环境排名位于第 2 位,作为国家首都,在基础设施条件、市场环境与社会服务基础方面表现优秀,虽地处华北地区,但是注重环境保护,对外开放程度高;资源投入排名第 2,北京拥有全国数量领先的高等院校,人力资源和创投资源数量充足,科研投入力度稳居前列;主体能力排名第 3,知识创造与企业创新表现优秀,创投能力还有一定的提升空间;产出效益排名第 5,科技效益与企业成长位居前列。

北京市"三创"能力综合指标见表 4-29,北京市变化达到 4 位或 4 位以上的指标见表 4-30。

表 4-29　北京市"三创"能力综合指标

指标名称	指标值	2018 年排名	2021 年排名
"三创"综合指数	0.6009	1	2
1 外部环境	0.1631	2	2
1.1 基础设施与条件	0.0454	1	2
1.2 政策环境	0.0231	15	2
1.3 经济基础	0.0293	5	3
1.4 绿色发展	0.0507	2	1
1.5 对外开放	0.0146	4	5
2 资源投入	0.1801	1	2
2.1 人力资源	0.0977	1	2
2.2 创投资源	0.0056	2	6
2.3 科研投入	0.0465	1	1
2.4 教育投入	0.0303	5	5
3 主体能力	0.1669	1	3
3.1 知识创造	0.0693	1	1
3.2 企业创新	0.0666	3	3
3.3 创投能力	0.0310	1	7
4 产出效益	0.0909	1	5
4.1 科技效益	0.0174	1	3
4.2 经济效益	0.0481	9	6
4.3 企业成长	0.0253	1	7

表 4-30 北京市变化达到 4 位或 4 位以上的指标

指标名称	指标值	2018 年排名	2021 年排名	变化
1.2 政策环境	0.0231	15	2	+13
2.2 创投资源	0.0056	2	6	−4
4 产出效益	0.0909	1	5	−4
3.3 创投能力	0.0310	1	7	−6
4.3 企业成长	0.0253	1	7	−6

对比 2018 年，北京市的综合指数排名从第 1 位，降至第 2 位，降幅微小，一级指标中产出效益从第 1 位降至第 5 位，可能是综合指数下降的主要原因。值得肯定的是，二级指标中政策环境从第 15 位大幅上升至第 2 位，表明北京市作为国家政治中心，在政策环境方面优势明显。创投资源、创投能力及企业成长分别下降 4 位、6 位、6 位，表明北京市企业创新能力和潜力相对有所下降。

从图 4-22 可以看出，北京市 "三创" 能力发展的资源投入良好，但产出效益较低。

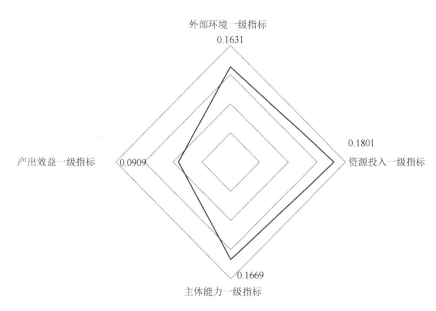

图 4-22 北京市 "三创" 能力雷达图

从图 4-23 可以看出，北京市 "三创" 能力发展的基础设施与条件及绿色发展较好，但对外开放还有进一步提升空间。

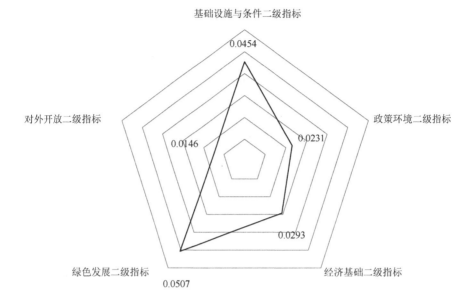

图 4-23 北京市"三创"外部环境雷达图

从图 4-24 可以看出,北京市"三创"能力发展的人力资源比较突出,但创投资源及教育投入相对偏低。

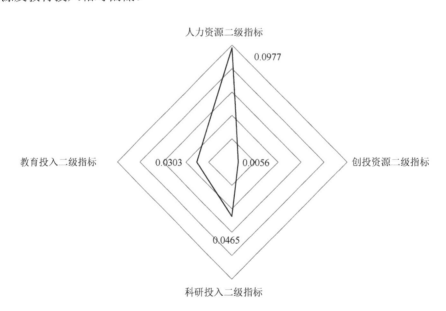

图 4-24 北京市"三创"资源投入雷达图

从图 4-25 可以看出，北京市"三创"能力发展的知识创造及企业创新能力较好，但创投能力较为不足。

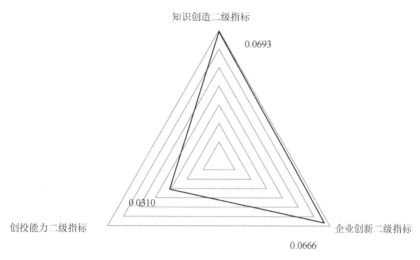

图 4-25　北京市"三创"主体能力雷达图

从图 4-26 可以看出，北京市"三创"能力发展的经济效益较为突出，但企业成长及科技效益相对偏低。

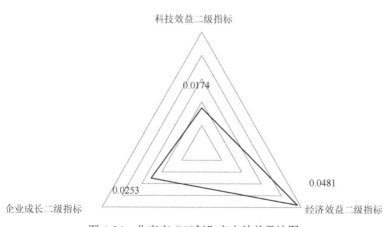

图 4-26　北京市"三创"产出效益雷达图

4.4.2　天津市

2021 年，天津市地区生产总值为 15 695 亿元，同比增长 6.6%；人口数为 1373 万人，人均地区生产总值为 113 732 元；社会全要素生产率为 1.12%。高新技术产业主营收入为 1296.45 亿元，同比增长 0.37%，占地区生产总值比重为 8.26%。早期、创业、成长基金规模为 1310.94 亿元，接受投资 1463.38 亿元。新增企业数 542 家，新增 IPO 企业 4 家。

　　2021 年，天津市"三创"能力综合排名位于全国第 9 位。一级指标中，外部环境排名第 7，天津市明确提出建立生态宜居的现代化城市的目标，其政策环境良好，政策效率高，基础设施与条件较好，在绿色发展方面较为重视，绿色发展指标排名第 3，但是经济基础以及对外开放方面仍有待提高；资源投入排名第 7，人力资源数量较充足，科研投入力度较强，创投资源处于中等位置，有一定提升空间，教育投入排名第 22，排名相对较低，需要加强重视和加大投入；主体能力排名第 9，知识创造和企业创新能力尚可，但创投能力有着较大的提升和进步空间；产出效益排名第 14，天津市科技创新成果丰硕，但转化能力有待加强，科技效益、经济效益尚可，但企业成长需要较大程度的提高。

　　天津市"三创"能力综合指标见表 4-31，天津市变化达到 4 位或 4 位以上的指标见表 4-32。

表 4-31　天津市"三创"能力综合指标

指标名称	指标值	2018 年排名	2021 年排名
"三创"综合指数	0.3314	7	9
1 外部环境	0.1023	6	7
1.1 基础设施与条件	0.0219	3	7
1.2 政策环境	0.0135	1	6
1.3 经济基础	0.0136	10	9
1.4 绿色发展	0.0474	3	3
1.5 对外开放	0.0058	9	9
2 资源投入	0.1018	7	7
2.1 人力资源	0.0635	3	8
2.2 创投资源	0.0025	12	10
2.3 科研投入	0.0183	7	7
2.4 教育投入	0.0174	13	22
3 主体能力	0.0723	7	9
3.1 知识创造	0.0130	11	11
3.2 企业创新	0.0451	7	8
3.3 创投能力	0.0142	11	25
4 产出效益	0.0551	7	14
4.1 科技效益	0.0032	9	14
4.2 经济效益	0.0440	7	11
4.3 企业成长	0.0079	7	23

表 4-32　天津市变化达到 4 位或 4 位以上的指标

指标名称	指标值	2018 年排名	2021 年排名	变化
1.1 基础设施与条件	0.0219	3	7	−4
4.2 经济效益	0.0440	7	11	−4
1.2 政策环境	0.0135	1	6	−5
2.1 人力资源	0.0635	3	8	−5
4.1 科技效益	0.0032	9	14	−5
4 产出效益	0.0551	7	14	−7
2.4 教育投入	0.0174	13	22	−9
3.3 创投能力	0.0142	11	25	−14
4.3 企业成长	0.0079	7	23	−16

　　对比 2018 年,天津市"三创"综合指数排名从第 7 位降至第 9 位,降幅微小,一级指标中产出效益从第 7 位下降至第 14 位,是天津市综合排名下降的可能原因。二级指标中企业成长从第 7 位下降至第 23 位,创投能力下降 14 位,教育投入下降 9 位,降幅明显,应提升本地企业的创新发展情况及对创投资源的投入情况。除此之外,基础设施与条件及经济效益也下降 4 位。

　　从图 4-27 可以看出,天津市"三创"能力发展的资源投入、外部环境较高,但产出效益相对较低。

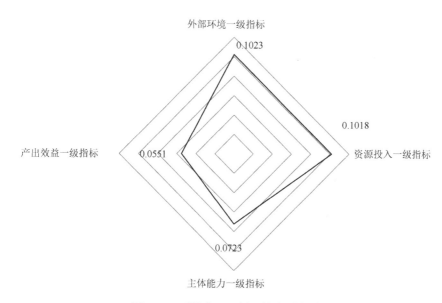

图 4-27　天津市"三创"能力雷达图

从图 4-28 可以看出,天津市"三创"能力发展的绿色发展较高,但对外开放相对较低。

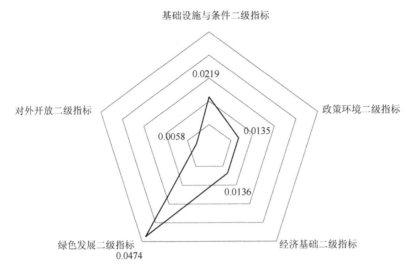

图 4-28　天津市"三创"外部环境雷达图

从图 4-29 可以看出,天津市"三创"能力发展的人力资源较为充足,但创投资源较为不足。

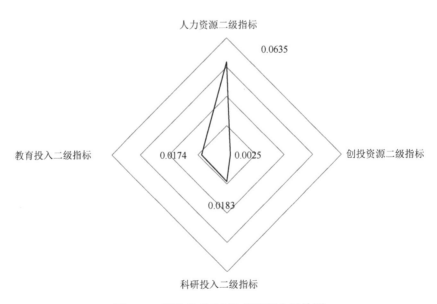

图 4-29　天津市"三创"资源投入雷达图

从图 4-30 可以看出,天津市"三创"能力发展的企业创新能力较高,但创投能力及知识创造较低。

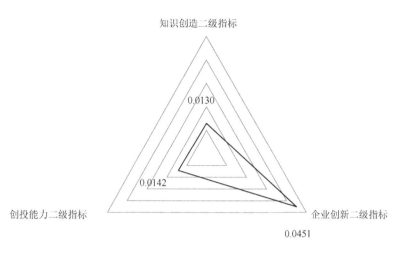

图 4-30　天津市"三创"主体能力雷达图

从图 4-31 可以看出,天津市"三创"能力发展的经济效益较高,但科技效益和企业成长较低。

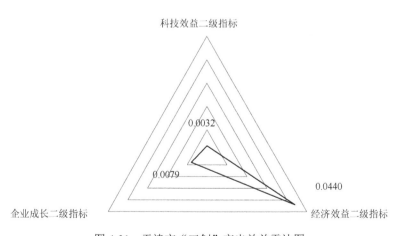

图 4-31　天津市"三创"产出效益雷达图

4.4.3　河北省

2021 年,河北省地区生产总值为 40 391.3 亿元,同比增长 6.5%;人口数为 7448 万人,人均地区生产总值为 54 172 元;社会全要素生产率为 1.26%。高新技术产业主营收入为 882.32 亿元，同比增长 0.23%，占地区生产总值比重为 2.18%。早期、创业、成长基金规模为 542.07 亿元，接受投资 256.39 亿元。新增企业数 1888 家，新增 IPO 企业 9 家。

2021 年，河北省"三创"能力综合排名位于全国第 15 位。一级指标中，外部环境排名位于第 18 位，横跨华北、东北两大地区，经济基础和对外开放处于中等水平，虽环抱首都，但是基础设施与条件、市场环境与社会服务以及政策环境方面均有待进一步提高；资源投入排名第 13，创投资源数量较为不足，需要加大，教育投入力度较大，优质高等院校较少，人力资源和科研投入力度仍有一定提升空间；主体能力排名第 18，知识创造、创投能力及企业创新均处于较低水平，还有较大的提升空间；产出效益排名第 11，企业成长处于中等水平，科技效益有待提高。

河北省"三创"能力综合指标见表 4-33，河北省变化达到 4 位或 4 位以上的指标见表 4-34。

表 4-33 河北省"三创"能力综合指标

指标名称	指标值	2018 年排名	2021 年排名
"三创"综合指数	0.2827	18	15
1 外部环境	0.0638	22	18
1.1 基础设施与条件	0.0146	20	10
1.2 政策环境	0.0083	25	18
1.3 经济基础	0.0089	16	17
1.4 绿色发展	0.0280	27	28
1.5 对外开放	0.0040	14	11
2 资源投入	0.0927	12	13
2.1 人力资源	0.0548	18	15
2.2 创投资源	0.0004	11	22
2.3 科研投入	0.0113	16	17
2.4 教育投入	0.0262	10	8
3 主体能力	0.0624	21	18
3.1 知识创造	0.0065	21	20
3.2 企业创新	0.0374	22	16
3.3 创投能力	0.0185	18	17
4 产出效益	0.0637	17	11
4.1 科技效益	0.0046	16	12
4.2 经济效益	0.0477	20	7
4.3 企业成长	0.0114	14	15

表 4-34　河北省变化达到 4 位或 4 位以上的指标

指标名称	指标值	2018 年排名	2021 年排名	变化
4.2 经济效益	0.0477	20	7	+13
1.1 基础设施与条件	0.0146	20	10	+ 10
1.2 政策环境	0.0083	25	18	+ 7
3.2 企业创新	0.0374	22	16	+6
4 产出效益	0.0637	17	11	+6
1 外部环境	0.0638	22	18	+4
4.1 科技效益	0.0046	16	12	+4
2.2 创投资源	0.0004	11	22	−11

　　对比 2018 年, 河北省 "三创" 综合指数排名从第 18 位上升至第 15 位, 上升幅度较为可观。值得注意的是, 一级指标中产出效益从第 17 位上升至第 11 位, 上升幅度较大, 二级指标中经济效益从第 20 位跃升至第 7 位, 河北省更加注重高新技术企业发展, 其经济效益比以前更加突出; 基础设施与条件、政策环境及外部环境分别上升 10 位、7 位、4 位, 说明河北省注重外部环境的建设, 在基础设施和新基建等方面有明显提升; 创投资源指标得分下降 11 位, 降幅明显, 仍有很大的改善空间。

　　从图 4-32 可以看出, 河北省 "三创" 能力发展的资源投入较为突出, 外部环境、产出效益及主体能力相对偏低。

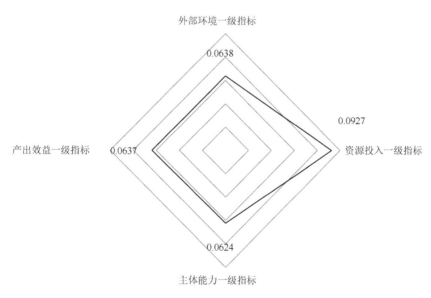

图 4-32　河北省 "三创" 能力雷达图

从图 4-33 可以看出，河北省"三创"能力发展的绿色发展较高，但对外开放较低。

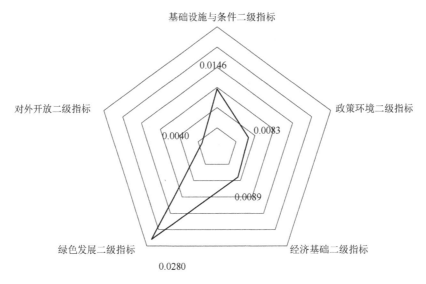

图 4-33　河北省"三创"外部环境雷达图

从图 4-34 可以看出，河北省"三创"能力发展的人力资源较为突出，但创投资源比较匮乏。

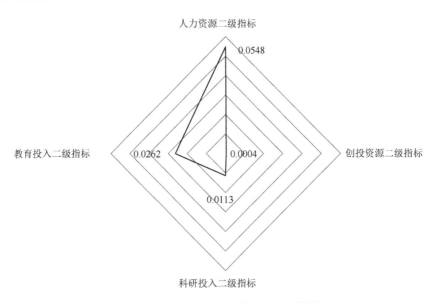

图 4-34　河北省"三创"资源投入雷达图

从图 4-35 可以看出,河北省"三创"能力发展的企业创新较高,但知识创造较低。

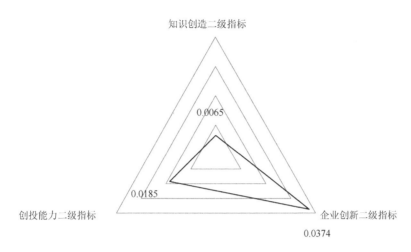

图 4-35　河北省"三创"主体能力雷达图

从图 4-36 可以看出,河北省"三创"能力发展的经济效益较高,但科技效益较低。

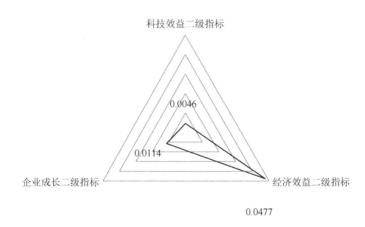

图 4-36　河北省"三创"产出效益雷达图

4.4.4　山西省

2021 年,山西省地区生产总值为 22 590.2 亿元,同比增长 9.1%;人口数为 3480 万人,人均地区生产总值为 64 821 元;社会全要素生产率为 0.96%。高新

技术产业主营收入为 361.92 亿元，同比增长 0.12%，占地区生产总值比重为
1.6%。早期、创业、成长基金规模为 98.79 亿元，接受投资 120.23 亿元。新增企
业数 1379 家，新增创业板企业 2 家。

2021 年，山西省"三创"能力综合排名位于全国第 27 位。一级指标中，地
处中国内陆，位于黄河中游东岸，其外部环境排名位于第 24 位，基础设施与条件、
绿色发展、对外开放和政策环境等多方面都有待提高，山西省目前正大力推广 PPP
模式加大对于各类基础设施的投资；资源投入排名第 20，人力资源数量处于中等
水平，创投资源、教育投入和科研投入力度有待加强；主体能力排名第 30，知识
创造、创投能力及企业创新均还有较大的提升空间；产出效益排名第 23，企业成
长、经济效益、科技效益都需要较大程度的提高。

山西省"三创"能力综合指标见表 4-35，山西省变化达到 4 位或 4 位以上
的指标见表 4-36。

表 4-35 山西省"三创"能力综合指标

指标名称	指标值	2018 年排名	2021 年排名
"三创"综合指数	0.1991	24	27
1 外部环境	0.0548	29	24
1.1 基础设施与条件	0.0079	11	22
1.2 政策环境	0.0058	29	21
1.3 经济基础	0.0075	28	20
1.4 绿色发展	0.0328	30	23
1.5 对外开放	0.0009	26	23
2 资源投入	0.0713	18	20
2.1 人力资源	0.0509	13	17
2.2 创投资源	0.0003	15	24
2.3 科研投入	0.0053	21	24
2.4 教育投入	0.0147	17	24
3 主体能力	0.0309	28	30
3.1 知识创造	0.0047	19	23
3.2 企业创新	0.0165	29	29
3.3 创投能力	0.0097	26	28
4 产出效益	0.0421	20	23
4.1 科技效益	0.0014	20	21
4.2 经济效益	0.0334	27	19
4.3 企业成长	0.0073	13	25

表 4-36　山西省变化达到 4 位或 4 位以上的指标

指标名称	指标值	2018 年排名	2021 年排名	变化
4.2 经济效益	0.0334	27	19	+8
1.2 政策环境	0.0058	29	21	+8
1.3 经济基础	0.0075	28	20	+8
1.4 绿色发展	0.0328	30	23	+7
1 外部环境	0.0548	29	24	+5
2.1 人力资源	0.0509	13	17	−4
3.1 知识创造	0.0047	19	23	−4
2.4 教育投入	0.0147	17	24	−7
2.2 创投资源	0.0003	15	24	−9
1.1 基础设施与条件	0.0079	11	22	−11
4.3 企业成长	0.0073	13	25	−12

　　对比 2018 年，山西省的 "三创" 综合指数排名从第 24 位降至第 27 位，降幅微小。2018 年表现较好的指标，如基础设施与条件、企业成长、教育投入等在 2021 年均较大幅度降低。人力资源、创投资源数量分别下降 4 位、9 位，虽然也有部分指标上升，如政策环境、经济基础、绿色发展分别上升 8 位、8 位、7 位，但总体而言山西省需全方面提高各项资源投入、主体能力，改善外部环境，提高产出效益。

　　从图 4-37 可以看出，山西省 "三创" 能力发展的资源投入较为突出，但主体能力较低。

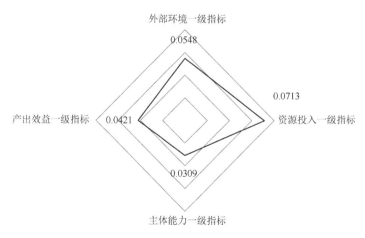

图 4-37　山西省 "三创" 能力雷达图

从图 4-38 可以看出，山西省"三创"能力发展的绿色发展较高，但对外开放较低。

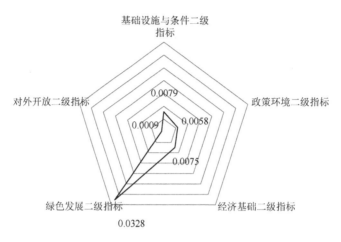

图 4-38　山西省"三创"外部环境雷达图

从图 4-39 可以看出，山西省"三创"能力发展的人力资源较高，科研投入不足，创投资源较低。

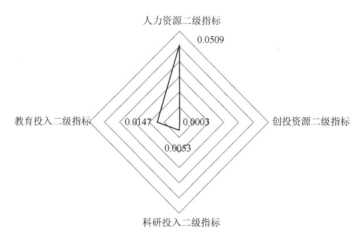

图 4-39　山西省"三创"资源投入雷达图

从图 4-40 可以看出，山西省"三创"能力发展的企业创新能力较为突出，但知识创造能力较为不足。

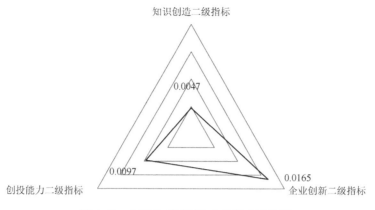

图 4-40　山西省"三创"主体能力雷达图

从图 4-41 可以看出，山西省"三创"能力发展的经济效益较为突出，但企业成长及科技效益较为不足。

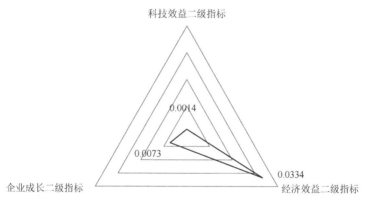

图 4-41　山西省"三创"产出效益雷达图

4.4.5　内蒙古自治区

2021 年，内蒙古自治区地区生产总值 20 514.2 亿元，同比增长 6.3%；人口数为 2400 万人，人均地区生产总值为 85 422 元；社会全要素生产率为 0.58%。高新技术产业主营收入为 94.5 亿元，同比增长 0.92%，占地区生产总值比重为 0.46%。早期、创业、成长基金规模为 81.74 亿元，接受投资 69.25 亿元。新增企业数 306 家，新增 IPO 企业 3 家。

2021 年，内蒙古自治区"三创"能力综合排名位于全国第 28 位。一级指标中，外部环境排名第 30，其地域辽阔，基础建设十分薄弱，近几年不断开拓融资渠道，扩大投资规模，基础设施与条件需要改善，经济基础排名中等，但是绿色发展、对外开放、政策环境等方面均处于较低水平，有较大的提高空间；资源投入排名第27，人力资源、创投资源、科研投入和教育投入力度均有待提高；主体能力排名第24，企业创新能力较好，排名第15，但知识创造、创投能力均较为落后，亟待提高；产出效益排名第24，企业成长能力排名中等，经济效益、科技效益均具有极大的提高空间。

内蒙古自治区"三创"能力综合指标见表4-37，内蒙古自治区变化达到4位或4位以上的指标见表4-38。

表 4-37 内蒙古自治区"三创"能力综合指标

指标名称	指标值	2018 年排名	2021 年排名
"三创"综合指数	0.1864	29	28
1 外部环境	0.0376	27	30
1.1 基础设施与条件	0.0087	16	21
1.2 政策环境	0.0025	28	29
1.3 经济基础	0.0106	21	15
1.4 绿色发展	0.0149	26	31
1.5 对外开放	0.0008	25	24
2 资源投入	0.0562	25	27
2.1 人力资源	0.0421	15	22
2.2 创投资源	0.0002	26	25
2.3 科研投入	0.0048	20	25
2.4 教育投入	0.0091	27	28
3 主体能力	0.0550	31	24
3.1 知识创造	0.0017	28	27
3.2 企业创新	0.0405	31	15
3.3 创投能力	0.0128	23	27
4 产出效益	0.0377	22	24
4.1 科技效益	0.0006	25	27
4.2 经济效益	0.0255	26	26
4.3 企业成长	0.0116	27	14

表 4-38　　内蒙古自治区变化达到 4 位或 4 位以上的指标

指标名称	指标值	2018 年排名	2021 年排名	变化
3.2 企业创新	0.0405	31	15	+16
4.3 企业成长	0.0116	27	14	+13
3 主体能力	0.0550	31	24	+7
1.3 经济基础	0.0106	21	15	+6
3.3 创投能力	0.0128	23	27	−4
1.1 基础设施与条件	0.0087	16	21	−5
1.4 绿色发展	0.0149	26	31	−5
2.3 科研投入	0.0048	20	25	−5
2.1 人力资源	0.0421	15	22	−7

对比 2018 年，内蒙古自治区"三创"综合指数从第 29 位降至第 28 位，降幅微小。值得注意的是，一级指标主体能力，二级指标中经济基础、企业创新及企业成长都有较为可观的上升，内蒙古自治区近年较为注重企业的发展，也反映到了其经济基础的提升上。但是创投能力、绿色发展、科研投入、基础设施与条件及人力资源均有所下降，可能与该区域财政支付水平下降有关，需要从源头上加以改善。

从图 4-42 可以看出，内蒙古自治区"三创"能力发展的主体能力、资源投入较高，外部环境及产出效益较低。

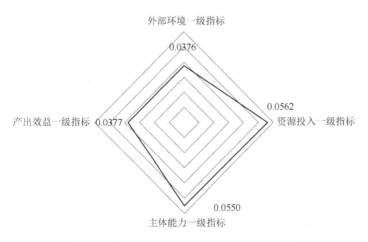

图 4-42　内蒙古自治区"三创"能力雷达图

从图 4-43 可以看出，内蒙古自治区"三创"能力发展的绿色发展、经济基础较为突出，政策环境、对外开放较为不足。

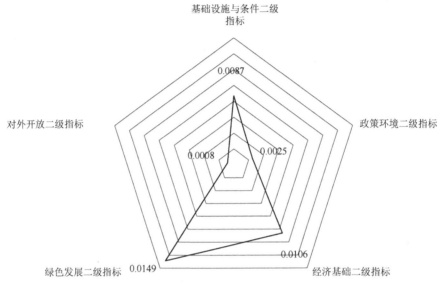

图 4-43　内蒙古自治区"三创"外部环境雷达图

从图 4-44 可以看出，内蒙古自治区"三创"能力发展的人力资源较为突出，但教育投入、科研投入及创投资源较为不足。

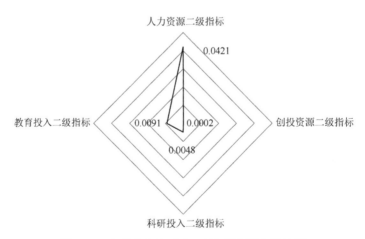

图 4-44　内蒙古自治区"三创"资源投入雷达图

从图 4-45 可以看出，内蒙古自治区"三创"能力发展的企业创新较为突出，但创投能力及知识创造较为不足。

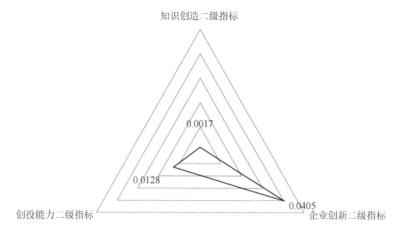

图 4-45　内蒙古自治区"三创"主体能力雷达图

从图 4-46 可以看出,内蒙古自治区"三创"能力发展的经济效益较为突出,但科技效益较为不足。

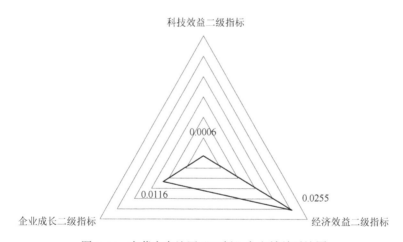

图 4-46　内蒙古自治区"三创"产出效益雷达图

4.4.6　辽宁省

2021 年,辽宁省地区生产总值为 27 584.1 亿元,同比增长 5.8%;人口数为 4229 万人,人均地区生产总值为 65 026 元;社会全要素生产率为 0.39%。高新技术产业主营收入 567.43 亿元,同比增长 0.47%,占地区生产总值比重为 2.06%。早期、创业、成长基金规模为 873.74 亿元,接受投资 11.17 亿元。新增企业数 744 家,新增 IPO 企业 5 家。

2021 年，辽宁省"三创"能力综合排名位于全国第 20 位。一级指标中，外部环境排名第 23，作为中国最北边的沿海省份，是中国重要的重工业基地，在振兴东北战略的推动下，政策环境及对外开放指标较好，但绿色发展方面还有待提高；资源投入排名第 17，人力资源数量较充足，科研投入力度有待提高，教育投入和创投资源较为缺乏；主体能力排名第 23，知识创造能力较强，创投能力与企业创新还有一定的提升空间；产出效益排名第 27，科技效益、企业成长排名中等，经济效益还需较大程度提高。

辽宁省"三创"能力综合指标见表 4-39，辽宁省变化达到 4 位或 4 位以上的指标见表 4-40。

表 4-39　辽宁省"三创"能力综合指标

指标名称	指标值	2018 年排名	2021 年排名
"三创"综合指数	0.2250	15	20
1 外部环境	0.0555	20	23
1.1 基础设施与条件	0.0115	6	16
1.2 政策环境	0.0099	27	15
1.3 经济基础	0.0083	18	19
1.4 绿色发展	0.0223	21	30
1.5 对外开放	0.0036	8	12
2 资源投入	0.0785	15	17
2.1 人力资源	0.0615	7	11
2.2 创投资源	0.0001	14	27
2.3 科研投入	0.0120	11	15
2.4 教育投入	0.0049	28	30
3 主体能力	0.0565	13	23
3.1 知识创造	0.0129	8	12
3.2 企业创新	0.0289	16	21
3.3 创投能力	0.0146	15	23
4 产出效益	0.0346	13	27
4.1 科技效益	0.0025	7	17
4.2 经济效益	0.0218	23	28
4.3 企业成长	0.0102	21	19

表 4-40　辽宁省变化达到 4 位或 4 位以上的指标

指标名称	指标值	2018 年排名	2021 年排名	变化
1.2 政策环境	0.0099	27	15	＋12
1.5 对外开放	0.0036	8	12	－4
2.1 人力资源	0.0615	7	11	－4

续表

指标名称	指标值	2018 年排名	2021 年排名	变化
2.3 科研投入	0.0120	11	15	−4
3.1 知识创造	0.0129	8	12	−4
"三创"综合指数	0.2250	15	20	−5
3.2 企业创新	0.0289	16	21	−5
4.2 经济效益	0.0218	23	28	−5
3.3 创投能力	0.0146	15	23	−8
1.4 绿色发展	0.0223	21	30	−9
3 主体能力	0.0565	13	23	−10
4.1 科技效益	0.0025	7	17	−10
1.1 基础设施与条件	0.0115	6	16	−10
2.2 创投资源	0.0001	14	27	−13
4 产出效益	0.0346	13	27	−14

对比 2018 年,辽宁省"三创"综合指数排名从第 15 位降至第 20 位。一级指标中主体能力和产出效益降幅明显,从第 13 位分别降至第 23 位、第 27 位。此外,二级指标中基础设施与条件、科技效益、绿色发展、创投资源以及创投能力下降幅度较大,这些指标的大幅下降是辽宁省综合排名下降的主因。除此之外,辽宁省多数指标有一定程度的下降。辽宁省应提升创新主体能力,提高企业科技、经济效益,重视基础设施等外部环境的建设。值得注意的是,政策环境上升 12 位,上升幅度较大,表明辽宁省对于政策环境较为重视。

从图 4-47 可以看出,辽宁省"三创"能力发展的资源投入、外部环境及主体能力较高,但产出效益较低。

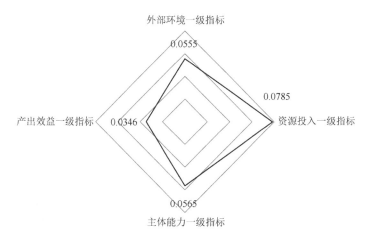

图 4-47 辽宁省"三创"能力雷达图

从图 4-48 可以看出，辽宁省"三创"能力发展的绿色发展较高，对外开放较低。

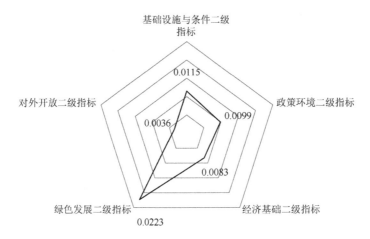

图 4-48　辽宁省"三创"外部环境雷达图

从图 4-49 可以看出，辽宁省"三创"能力发展的人力资源较高，但教育投入、科研投入及创投资源较低。

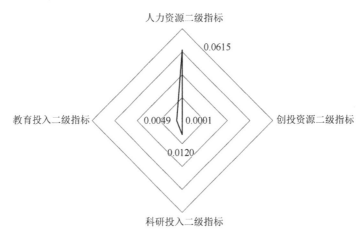

图 4-49　辽宁省"三创"资源投入雷达图

从图 4-50 可以看出，辽宁省"三创"能力发展的企业创新较高，但创投能力及知识创造较低。

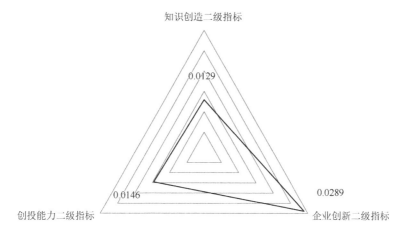

图 4-50 辽宁省 "三创" 主体能力雷达图

从图 4-51 可以看出,辽宁省 "三创" 能力发展的经济效益较高,但科技效益较低。

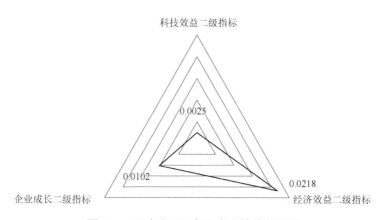

图 4-51 辽宁省 "三创" 产出效益雷达图

4.4.7 吉林省

2021 年,吉林省地区生产总值为 13 235.5 亿元,同比增长 6.6%;人口数为 2375 万人,人均地区生产总值为 55 450 元;社会全要素生产率为 0.74%。高新技术产业主营收入为 162.98 亿元,同比增长 0.05%,占地区生产总值比重为 1.23%。早期、创业、成长基金规模为 446.89 亿元,接受投资 58.39 亿元。新增企业数 185 家,新增 IPO 企业 6 家。

2021 年,吉林省 "三创" 能力综合排名位于全国第 19 位。一级指标中,外部环境排名第22，地处中国东北地区中部，较为注重环境保护，基础设施与条件、对外开放、政策环境等方面仍有待提高；资源投入排名第19，人力资源数量较充足，创投资源、教育投入和科研投入力度均有待提高；主体能力排名第19，创投能力排名靠前，知识创造处于中等水平，企业创新较为落后，有较大提高空间，需要利用新型技术推动老工业基地的全面振兴；产出效益排名第21，经济效益、科技效益与企业成长有非常大的提升空间。

吉林省"三创"能力综合指标见表4-41，吉林省变化达到4位或4位以上的指标见表4-42。

表 4-41　吉林省"三创"能力综合指标

指标名称	指标值	2018 年排名	2021 年排名
"三创"综合指数	0.2363	19	19
1 外部环境	0.0562	12	22
1.1 基础设施与条件	0.0095	14	20
1.2 政策环境	0.0039	16	26
1.3 经济基础	0.0042	24	26
1.4 绿色发展	0.0379	6	16
1.5 对外开放	0.0008	23	26
2 资源投入	0.0755	21	19
2.1 人力资源	0.0611	12	12
2.2 创投资源	0.0001	20	26
2.3 科研投入	0.0068	23	19
2.4 教育投入	0.0075	25	29
3 主体能力	0.0611	20	19
3.1 知识创造	0.0099	14	17
3.2 企业创新	0.0210	26	27
3.3 创投能力	0.0302	22	8
4 产出效益	0.0436	19	21
4.1 科技效益	0.0010	22	23
4.2 经济效益	0.0350	10	18
4.3 企业成长	0.0075	30	24

表 4-42　吉林省变化达到 4 位或 4 位以上的指标

指标名称	指标值	2018 年排名	2021 年排名	变化
3.3 创投能力	0.0302	22	8	+14
4.3 企业成长	0.0075	30	24	+6
2.3 科研投入	0.0068	23	19	+4
2.4 教育投入	0.0075	25	29	-4
2.2 创投资源	0.0001	20	26	-6
1.1 基础设施与条件	0.0095	14	20	-6
4.2 经济效益	0.0350	10	18	-8
1.2 政策环境	0.0039	16	26	-10
1 外部环境	0.0562	12	22	-10
1.4 绿色发展	0.0379	6	16	-10

对比 2018 年,吉林省"三创"综合指数排名保持不变,均是第 19 位。一级指标中外部环境下降 10 位。值得注意的是,二级指标中创投能力从第 22 位跃升至第 8 位,企业成长、科研投入分别上升 6 位、4 位,表明吉林省注重企业"三创"主体能力的提升以及科研方面的投入。但是教育投入下降 4 位,创投资源下降 6 位,基础设施与条件、经济效益、政策环境均有所下降。尤其是政策环境与绿色发展下降 10 位,吉林省作为东北工业老区,不能不重视环境的改善,应该在相关方面有所改变。

从图 4-52 可以看出,吉林省"三创"能力发展的资源投入、主体能力及外部环境较高,但产出效益较低。

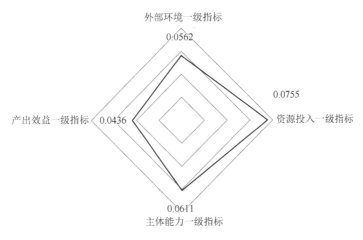

图 4-52　吉林省"三创"能力雷达图

　　从图 4-53 可以看出,辽宁省"三创"能力发展的绿色发展较高,而对外开放、政策环境及经济基础较低。

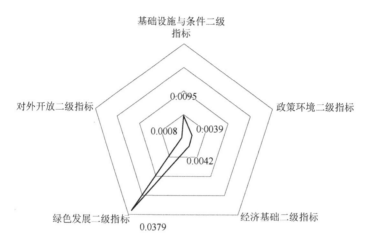

图 4-53　吉林省"三创"外部环境雷达图

　　从图 4-54 可以看出,辽宁省"三创"能力发展的人力资源较高,但教育投入、科研投入及创投资源较低。

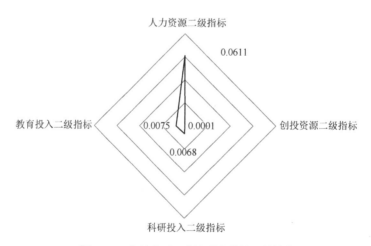

图 4-54　吉林省"三创"资源投入雷达图

　　从图 4-55 可以看出,辽宁省"三创"能力发展的创投能力较高,但知识创造及企业创新较低。

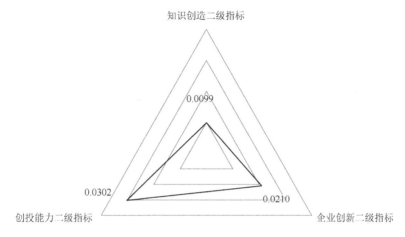

图 4-55 吉林省 "三创" 主体能力雷达图

从图 4-56 可以看出,辽宁省 "三创" 能力发展的经济效益较高,但企业成长及科技效益较低。

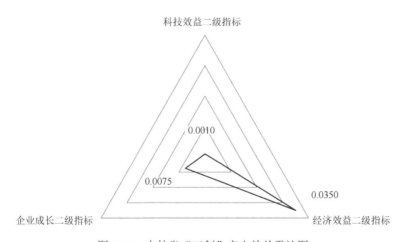

图 4-56 吉林省 "三创" 产出效益雷达图

4.4.8 黑龙江省

2021 年,黑龙江省地区生产总值为 14 879.2 亿元,同比增长 6.1%;人口数为 3125 万人,人均地区生产总值为 47 266 元;社会全要素生产率为 0.48%。高新技术产业主营收入为 263.2 亿元,同比增长 0.55%,占地区生产总值比重为 1.77%。早期、创业、成长基金规模为 38.55 亿元,接受投资 18.55 亿元。新增企业数 523 家,新增 IPO 企业 1 家。

　　2021 年，黑龙江省"三创"能力综合排名位于全国第 26 位。一级指标中，外部环境排名第 27，作为东北老工业区，其外部环境、基础设施与条件、政策环境、经济基础、绿色发展以及对外开放等方面有待提高；资源投入排名第 23，人力资源数量较充足，但创投资源缺乏，教育投入和科研投入力度不足；主体能力排名第 25，知识创造能力较强，创投能力及企业创新还有一定的提升空间；产出效益排名第 25，科技效益处于中等水平，经济效益与企业成长有较大提升空间。

　　黑龙江省"三创"能力综合指标见表 4-43，黑龙江省变化达到 4 位或 4 位以上的指标见表 4-44。

表 4-43　黑龙江省"三创"能力综合指标

指标名称	指标值	2018 年排名	2021 年排名
"三创"综合指数	0.2001	21	26
1 外部环境	0.0434	18	27
1.1 基础设施与条件	0.0064	24	28
1.2 政策环境	0.0039	8	24
1.3 经济基础	0.0033	25	28
1.4 绿色发展	0.0288	9	27
1.5 对外开放	0.0010	24	22
2 资源投入	0.0671	24	23
2.1 人力资源	0.0573	11	14
2.2 创投资源	0.0001	30	28
2.3 科研投入	0.0066	22	20
2.4 教育投入	0.0031	29	31
3 主体能力	0.0520	23	25
3.1 知识创造	0.0104	15	15
3.2 企业创新	0.0271	30	25
3.3 创投能力	0.0145	20	24
4 产出效益	0.0376	25	25
4.1 科技效益	0.0018	15	19
4.2 经济效益	0.0294	29	21
4.3 企业成长	0.0064	24	29

表 4-44　黑龙江省变化达到 4 位或 4 位以上的指标

指标名称	指标值	2018 年排名	2021 年排名	变化
4.2 经济效益	0.0294	29	21	+8
3.2 企业创新	0.0271	30	25	+5
3.3 创投能力	0.0145	20	24	-4
4.1 科技效益	0.0018	15	19	-4
1.1 基础设施与条件	0.0064	24	28	-4
"三创"综合指数	0.2001	21	26	-5
4.3 企业成长	0.0064	24	29	-5
1 外部环境	0.0434	18	27	-9
1.2 政策环境	0.0039	8	24	-16
1.4 绿色发展	0.0288	9	27	-18

对比 2018 年,黑龙江省"三创"综合指数排名从第 21 位降至第 26 位。一级指标中外部环境降幅明显,是"三创"综合指数排名下降的主因。外部环境下属的二级指标表现均不佳,尤其是政策环境与绿色发展,分别下降 16 位、18 位,降幅较大,黑龙江省需要依据该类指标,发展绿色经济。此外,创投能力、科技效益下降 4 位、企业成长下降 5 位,说明黑龙江省企业效益不足,需要提升。基础设施与条件下降 4 位,表明黑龙江省需要在基础设施与新基建等方面进一步加大投入,与时俱进。而企业创新、经济效益分别上升 5 位、8 位,表明黑龙江省的企业具有创新发展的潜质。

从图 4-57 可以看出,黑龙江省"三创"能力发展的资源投入较为突出,但产出效益较低。

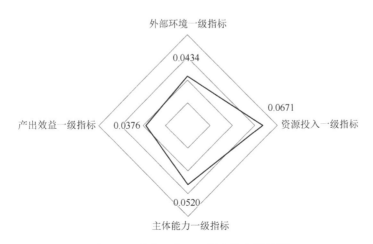

图 4-57　黑龙江省"三创"能力雷达图

从图 4-58 可以看出，黑龙江省"三创"能力发展的绿色发展较高，但对外开放较低。

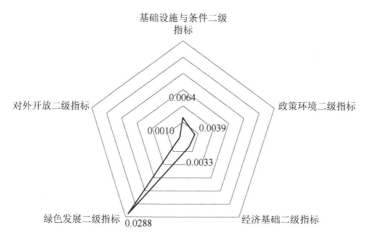

图 4-58　黑龙江省"三创"外部环境雷达图

从图 4-59 可以看出，黑龙江省"三创"能力发展的人力资源远远超出其他三项。

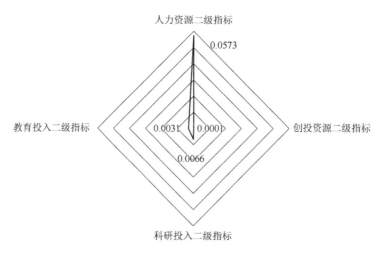

图 4-59　黑龙江省"三创"资源投入雷达图

从图 4-60 可以看出，黑龙江省"三创"能力发展的企业创新较高，但创投能力及知识创造较低。

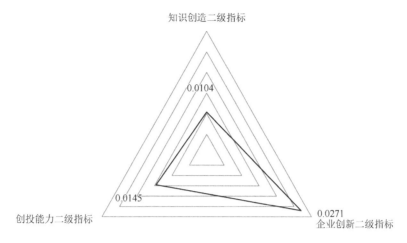

图 4-60　黑龙江省"三创"主体能力雷达图

从图 4-61 可以看出，黑龙江省"三创"能力发展的经济效益较高，但企业成长及科技效益较低。

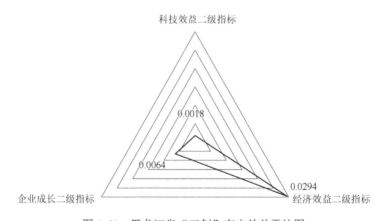

图 4-61　黑龙江省"三创"产出效益雷达图

4.4.9　上海市

2021 年，上海市地区生产总值为 43 214.9 亿元，同比增长 8.1%；人口数为 2489 万人，人均地区生产总值为 173 630 元；社会全要素生产率为 0.93%。高新技术产业主营收入为 1810.84 亿元，同比增长 0.13%，占地区生产总值比重为 4.19%。早期、创业、成长基金规模为 19 064.33 亿元，接受投资 3042.27 亿元。新增企业数 505 家，新增 IPO 企业 75 家。

2021 年，上海市"三创"能力综合排名位于全国第 5 位。一级指标中，外部环境排名第 1，作为国际经济、金融、贸易、航运、科技创新中心，其基础设施与条件、市场环境与社会服务基础好，对外开放程度高，政策制度环境好，政策效率高，但在绿色发展和经济基础上仍有一定的提高空间；资源投入排名第 6，人力资源和创投资源数量充足，拥有众多高校和科研机构，科研投入力度稳居前列，教育投入力度有待加强；主体能力排名第 5，上海开展各类创新创业计划，知识创造与创投能力较强，企业创新还有一定的提升空间；产出效益排名第 7，科技效益与企业成长排名前列，但是经济效益方面仍有较大的提高空间。

上海市"三创"能力综合指标见表 4-45，上海市变化达到 4 位或 4 位以上的指标见表 4-46。

表 4-45　上海市"三创"能力综合指标

指标名称	指标值	2018 年排名	2021 年排名
"三创"综合指数	0.4856	3	5
1 外部环境	0.1712	1	1
1.1 基础设施与条件	0.0488	2	1
1.2 政策环境	0.0242	3	1
1.3 经济基础	0.0279	6	4
1.4 绿色发展	0.0450	7	4
1.5 对外开放	0.0252	2	2
2 资源投入	0.1208	4	6
2.1 人力资源	0.0680	2	5
2.2 创投资源	0.0077	3	5
2.3 科研投入	0.0272	4	4
2.4 教育投入	0.0179	19	19
3 主体能力	0.1194	3	5
3.1 知识创造	0.0301	3	4
3.2 企业创新	0.0549	6	5
3.3 创投能力	0.0344	2	4
4 产出效益	0.0742	4	7
4.1 科技效益	0.0053	8	9
4.2 经济效益	0.0394	4	15
4.3 企业成长	0.0294	6	6

表 4-46　上海市变化达到 4 位或 4 位以上的指标

指标名称	指标值	2018 年排名	2021 年排名	变化
4.2 经济效益	0.0394	4	15	−11

对比 2018 年，上海市的 "三创" 综合指数排名从第 3 位降至第 5 位，降幅微小。一级指标中产出效益从第 4 位降至第 7 位，其中二级指标经济效益从第 4 位大幅降低至第 15 位，是综合排名下降的主要原因。综合来看上海市各指标表现均在前列，个别指标如教育投入需要继续提高。

从图 4-62 可以看出，上海市 "三创" 能力发展的外部环境较高，但产出效益较低。

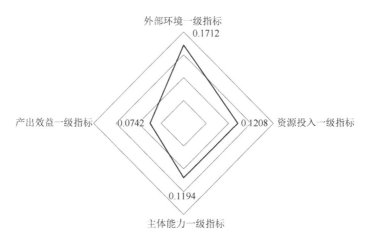

图 4-62 上海市 "三创" 能力雷达图

从图 4-63 可以看出，上海市 "三创" 能力发展的基础设施与条件较高，但对外开放及政策环境较低。

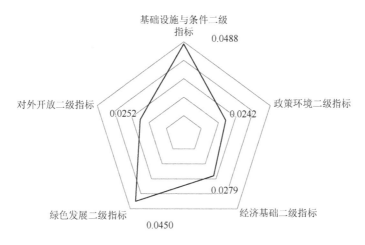

图 4-63 上海市 "三创" 外部环境雷达图

从图 4-64 可以看出，上海市"三创"能力发展的人力资源较高，但教育投入、科研投入及创投资源较为不足。

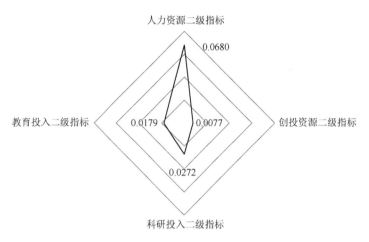

图 4-64　上海市"三创"资源投入雷达图

从图 4-65 可以看出，上海市"三创"能力发展的企业创新较为突出，但创投能力及知识创造较为不足。

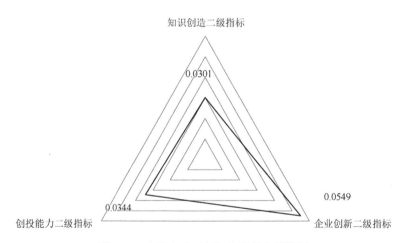

图 4-65　上海市"三创"主体能力雷达图

从图 4-66 可以看出，上海市"三创"能力发展的企业成长与经济效益较高，但科技效益较低。

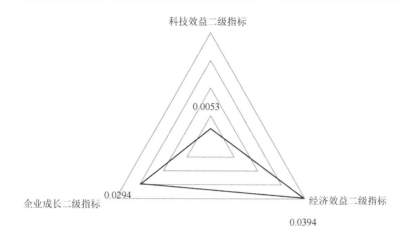

图 4-66 上海市"三创"产出效益雷达图

4.4.10 江苏省

2021 年，江苏省地区生产总值为 116 364.2 亿元，同比增长 8.6%；人口数为 8505 万人，人均地区生产总值为 137 039 元；社会全要素生产率为 0.75%。高新技术产业主营收入为 12 471.13 亿元，同比增长 0.07%，占地区生产总值比重为 10.72%。早期、创业、成长基金规模为 6384.46 亿元，接受投资 5947.98 亿元。新增企业数 6113 家，新增 IPO 企业 96 家。

2021 年，江苏省"三创"能力综合排名位于全国第 3 位。一级指标中，外部环境排名第 4，江苏省位于大陆东部沿海中心，作为中国经济最活跃的省份之一，其经济基础好，对外开放程度高，政策环境好，政策效率较高，基础设施与条件较好，绿色发展方面仍有一定的提高空间；资源投入排名第 3，江苏省拥有众多高等院校，教育投入和科研投入力度稳居前列，人力资源和创投资源数量充足；主体能力排名第 2，知识创造、企业创新、创投能力较强；产出效益排名第 3，经济效益好，科技效益及企业成长位居前列。

江苏省"三创"能力综合指标见表 4-47，江苏省变化达到 4 位或 4 位以上的指标见表 4-48。

表 4-47 江苏省"三创"能力综合指标

指标名称	指标值	2018 年排名	2021 年排名
"三创"综合指数	0.5757	4	3
1 外部环境	0.1468	4	4
1.1 基础设施与条件	0.0299	8	4

续表

指标名称	指标值	2018 年排名	2021 年排名
1.2 政策环境	0.0206	4	4
1.3 经济基础	0.0356	2	1
1.4 绿色发展	0.0415	22	9
1.5 对外开放	0.0191	3	4
2 资源投入	0.1571	5	3
2.1 人力资源	0.0780	5	4
2.2 创投资源	0.0121	9	2
2.3 科研投入	0.0331	3	3
2.4 教育投入	0.0339	2	3
3 主体能力	0.1675	4	2
3.1 知识创造	0.0408	2	2
3.2 企业创新	0.0815	2	2
3.3 创投能力	0.0452	5	3
4 产出效益	0.1044	2	3
4.1 科技效益	0.0183	2	2
4.2 经济效益	0.0496	2	5
4.3 企业成长	0.0364	3	3

表 4-48　江苏省变化达到 4 位或 4 位以上的指标

指标名称	指标值	2018 年排名	2021 年排名	变化
1.4 绿色发展	0.0415	22	9	+13
2.2 创投资源	0.0121	9	2	+7
1.1 基础设施与条件	0.0299	8	4	+4

对比 2018 年，江苏省"三创"综合指数排名从第 4 位升至第 3 位。江苏省各项指标均名列前茅，发展情况较好。值得注意的是，二级指标中，绿色发展排名从第 22 位跃升至第 9 位，表明江苏省近年注重环境保护与可持续发展，且在这方面仍有一定的上升空间。创投资源、基础设施与条件分别上升 7 位、4 位，表现较好，表明江苏省在资源投入、基础建设等方面发展较好。

从图 4-67 可以看出，江苏省"三创"能力发展的主体能力分值较高，但产出效益分值相对较低。

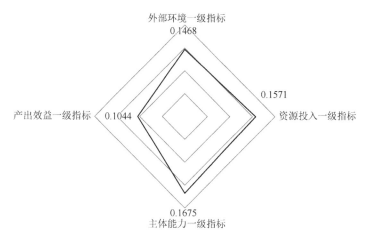

图 4-67　江苏省"三创"能力雷达图

从图 4-68 可以看出,江苏省"三创"能力发展的绿色发展、经济基础较高,但对外开放及政策环境相对较低。

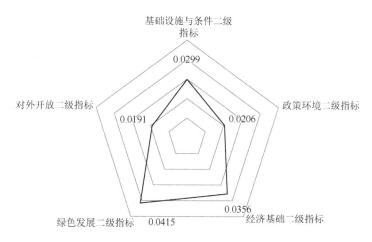

图 4-68　江苏省"三创"外部环境雷达图

从图 4-69 可以看出,江苏省"三创"能力发展的人力资源较高,但创投资源相对较低。

从图 4-70 可以看出,江苏省"三创"能力发展的企业创新较高,但创投能力及知识创造相对较低。

从图 4-71 可以看出,江苏省"三创"能力发展的企业成长与经济效益较高,但科技效益较低。

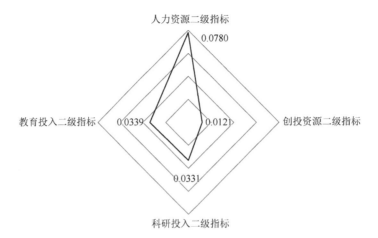

图 4-69　江苏省"三创"资源投入雷达图

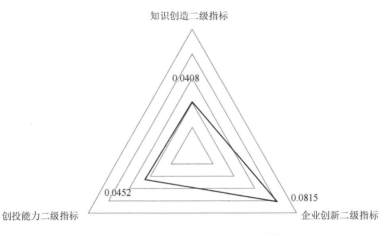

图 4-70　江苏省"三创"主体能力雷达图

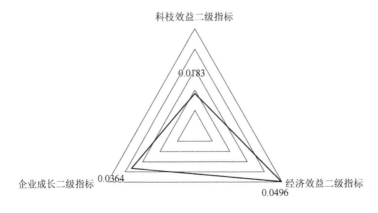

图 4-71　江苏省"三创"产出效益雷达图

4.4.11　浙江省

2021 年, 浙江省地区生产总值为 73 515.8 亿元, 同比增长 8.5%; 人口数为 6540 万人, 人均地区生产总值为 113 032 元; 社会全要素生产率为 0.81%。高新技术产业主营收入为 7229.49 亿元, 同比增长 0.27%, 占地区生产总值比重为 9.83%。早期、创业、成长基金规模为 10 236.54 亿元, 接受投资 4990.34 亿元。新增企业数 5774 家, 新增 IPO 企业 99 家。

2021 年, 浙江省 "三创" 能力综合排名位于全国第 4 位。一级指标中, 外部环境排名第 5, 作为中国经济最活跃的省份之一, 浙江省基础设施与条件、市场环境与社会服务基础好, 地处沿海, 对外开放程度高, 政策环境好、政策效率高, 绿色发展水平也较高; 资源投入排名第 5, 人力资源和创投资源数量较充足, 教育投入稳居前列; 主体能力排名第 4, 知识创造、创投能力以及企业创新均处于较高水平, 形成了 "国有经济" 主导下的 "民营经济" 发展带动经济起飞的浙江模式; 产出效益排名第 2, 经济效益、科技效益与企业成长位居前列, 人均居民可支配收入连续多年位居首位。

浙江省 "三创" 能力综合指标见表 4-49, 浙江省变化达到 4 位或 4 位以上的指标见表 4-50。

表 4-49　浙江省 "三创" 能力综合指标

指标名称	指标值	2018 年排名	2021 年排名
"三创" 综合指数	0.5193	5	4
1 外部环境	0.1375	5	5
1.1 基础设施与条件	0.0300	4	3
1.2 政策环境	0.0210	2	3
1.3 经济基础	0.0240	4	5
1.4 绿色发展	0.0427	20	7
1.5 对外开放	0.0198	5	3
2 资源投入	0.1374	6	5
2.1 人力资源	0.0668	8	6
2.2 创投资源	0.0117	5	3
2.3 科研投入	0.0261	6	5
2.4 教育投入	0.0328	3	4

续表

指标名称	指标值	2018 年排名	2021 年排名
3 主体能力	0.1326	5	4
3.1 知识创造	0.0248	5	5
3.2 企业创新	0.0624	5	4
3.3 创投能力	0.0454	4	2
4 产出效益	0.1119	5	2
4.1 科技效益	0.0108	6	4
4.2 经济效益	0.0589	3	2
4.3 企业成长	0.0422	4	2

表 4-50　浙江省变化达到 4 位或 4 位以上的指标

指标名称	指标值	2018 年排名	2021 年排名	变化
1.4 绿色发展	0.0427	20	7	+ 13

对比 2018 年，浙江省"三创"综合指数排名从第 5 位升至第 4 位。浙江省各项指标均名列前茅，发展情况较好。值得注意的是，二级指标中，绿色发展排名从第 20 位跃升至第 7 位，表明浙江省近年注重环境保护与可持续发展，且在这方面仍有一定的上升空间。

从图 4-72 可以看出，浙江省"三创"能力发展的外部环境、资源投入、主体能力及产出效益均较高。

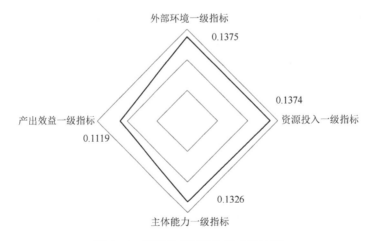

图 4-72　浙江省"三创"能力雷达图

从图 4-73 可以看出,浙江省"三创"能力发展的绿色发展较高,但对外开放及政策环境相对较低。

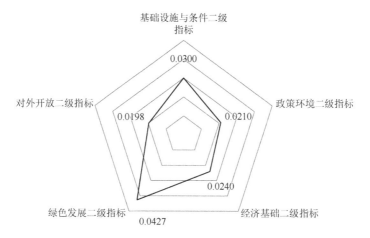

图 4-73 浙江省"三创"外部环境雷达图

从图 4-74 可以看出,浙江省"三创"能力发展的人力资源较高,但创投资源相对较低。

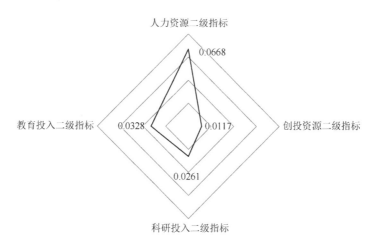

图 4-74 浙江省"三创"资源投入雷达图

从图 4-75 可以看出,浙江省"三创"能力发展的企业创新较高,但知识创造较低。

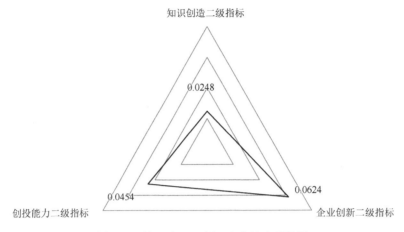

图 4-75　浙江省"三创"主体能力雷达图

从图 4-76 可以看出，浙江省"三创"能力发展的经济效益及企业成长较高，但科技效益相对较低。

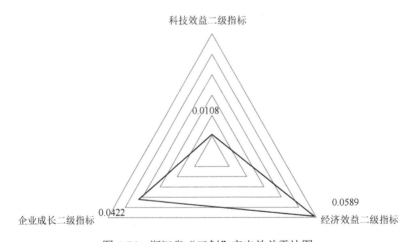

图 4-76　浙江省"三创"产出效益雷达图

4.4.12　安徽省

2021 年，安徽省地区生产总值为 42 959.2 亿元，同比增长 8.3%；人口数为 6113 万人，人均地区生产总值为 70 321 元；社会全要素生产率为 1.27%。高新技术产业主营收入为 31 820.57 亿元，同比增长 12.12%，占地区生产总值比重为 74.07%。早期、创业、成长基金规模为 2769.54 亿元，接受投资 1323.18 亿元。新增企业数 1433 家，新增创业板上市企业 18 家。

2021 年，安徽省"三创"能力综合排名位于全国第 8 位，处于前列。一级指标中，外部环境排名第 13，政策环境较好，政策效率较高，对外开放程度较高，由于安徽省处于华东地区非沿海位置，但与领先地区仍有一定的差距，经济基础与绿色发展方面有待提高，基础设施与条件仍有一定的提升空间；资源投入排名第 15，创投资源数量较充足，拥有中国科学技术大学等顶尖高校，科研投入力度较强，教育投入尚可，受地区位置影响，人力资源水平有待提高；主体能力排名第 11，知识创造与创投能力较强，企业创新能力还有一定的提升空间；产出效益排名第 4，经济效益名列前茅，科技效益和企业成长方面发展较好。

安徽省"三创"能力综合指标见表 4-51，安徽省变化达到 4 位或 4 位以上的指标见表 4-52。

表 4-51 安徽省"三创"能力综合指标

指标名称	指标值	2018 年排名	2021 年排名
"三创"综合指数	0.3335	11	8
1 外部环境	0.0792	13	13
1.1 基础设施与条件	0.0111	29	17
1.2 政策环境	0.0127	9	10
1.3 经济基础	0.0117	15	14
1.4 绿色发展	0.0393	18	14
1.5 对外开放	0.0043	10	10
2 资源投入	0.0871	13	15
2.1 人力资源	0.0475	21	20
2.2 创投资源	0.0026	8	9
2.3 科研投入	0.0152	12	10
2.4 教育投入	0.0218	21	14
3 主体能力	0.0712	8	11
3.1 知识创造	0.0127	12	13
3.2 企业创新	0.0347	8	17
3.3 创投能力	0.0238	12	14
4 产出效益	0.0959	11	4
4.1 科技效益	0.0048	13	10
4.2 经济效益	0.0743	11	1
4.3 企业成长	0.0168	10	9

表 4-52　安徽省变化达到 4 位或 4 位以上的指标

指标名称	指标值	2018 年排名	2021 年排名	变化
1.1 基础设施与条件	0.0111	29	17	＋12
4.2 经济效益	0.0743	11	1	＋10
2.4 教育投入	0.0218	21	14	＋7
4 产出效益	0.0959	11	4	＋7
1.4 绿色发展	0.0393	18	14	＋4
3.2 企业创新	0.0347	8	17	－9

对比 2018 年，安徽省"三创"综合指数排名从第 11 位升至第 8 位，位居前列。一级指标中，产出效益从第 11 位升至第 4 位，增幅明显，其中二级指标经济效益排第 1 位。值得注意的是，二级指标中，基础设施与条件从第 29 位跃升至第 17 位，教育投入从第 21 位大幅升至第 14 位，表明安徽省在 2021 年重视各项投入及外部环境建设，产出效益也得到明显提高。但是企业创新下降 9 位，安徽省需要更加注重企业的创新能力发展。

从图 4-77 可以看出，安徽省"三创"能力发展的产出效益及资源投入较高，但外部环境及主体能力较低。

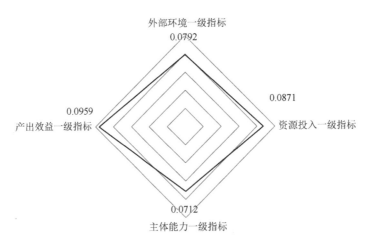

图 4-77　安徽省"三创"能力雷达图

从图 4-78 可以看出，安徽省"三创"能力发展的绿色发展较高，但对外开放较低。

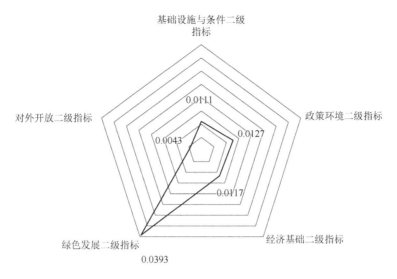

图 4-78　安徽省"三创"外部环境雷达图

从图 4-79 可以看出，安徽省"三创"能力发展的人力资源较高，但创投资源较低。

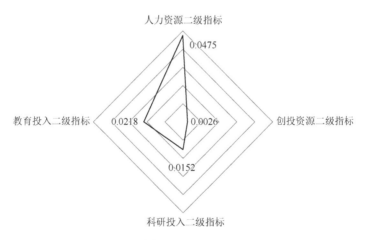

图 4-79　安徽省"三创"资源投入雷达图

从图 4-80 可以看出，安徽省"三创"能力发展的企业创新较高，但知识创造较低。

从图 4-81 可以看出，安徽省"三创"能力发展的经济效益较高，但企业成长及科技效益较低。

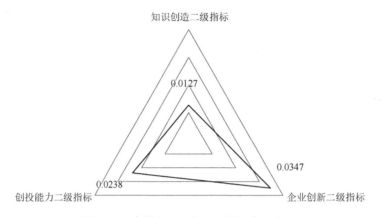

图 4-80　安徽省"三创"主体能力雷达图

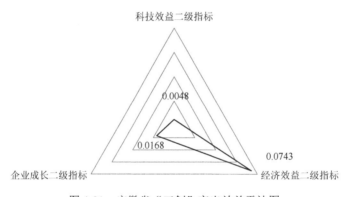

图 4-81　安徽省"三创"产出效益雷达图

4.4.13　福建省

2021 年，福建省地区生产总值为 48 810.4 亿元，同比增长 8.00%；人口数为 4161 万人，人均地区生产总值为 105 818 元；社会全要素生产率为 1.17%。高新技术产业主营收入为 3142.99 亿元，同比增长 0.39%，占地区生产总值比重为 6.44%。早期、创业、成长基金规模为 2734.85 亿元，接受投资 1651.12 亿元。新增企业数 1260 家，新增 IPO 企业 16 家。

2021 年，福建省"三创"能力综合排名位于全国第 7 位。一级指标中，外部环境排名第 6，基础设施与条件较好，作为沿海省份，其对外开放程度高，较注重绿色发展，但是政策环境方面还有提升空间；资源投入排名第 12，教育投入力度较大，创投资源较丰富，人力资源以及科研投入力度需要加大；主体能力排名第 14，创投能力较强，知识创造与企业创新还有较大的提升空间；产出效益排名第 9，企业成长能力较强，科技效益与经济效益有待提高。

福建省"三创"能力综合指标见表 4-53，福建省变化达到 4 位或 4 位以上的指标见表 4-54。

表 4-53　福建省"三创"能力综合指标

指标名称	指标值	2018 年排名	2021 年排名
"三创"综合指数	0.3352	9	7
1 外部环境	0.1071	8	6
1.1 基础设施与条件	0.0232	7	5
1.2 政策环境	0.0119	11	12
1.3 经济基础	0.0203	9	7
1.4 绿色发展	0.0441	10	6
1.5 对外开放	0.0075	7	8
2 资源投入	0.0946	11	12
2.1 人力资源	0.0481	17	19
2.2 创投资源	0.0040	13	8
2.3 科研投入	0.0135	15	13
2.4 教育投入	0.0290	8	7
3 主体能力	0.0666	11	14
3.1 知识创造	0.0088	20	19
3.2 企业创新	0.0302	15	19
3.3 创投能力	0.0276	6	10
4 产出效益	0.0670	9	9
4.1 科技效益	0.0019	14	18
4.2 经济效益	0.0401	17	13
4.3 企业成长	0.0250	8	8

表 4-54　福建省变化达到 4 位或 4 位以上的指标

指标名称	指标值	2018 年排名	2021 年排名	变化
2.2 创投资源	0.0040	13	8	+5
1.4 绿色发展	0.0441	10	6	+4
4.2 经济效益	0.0401	17	13	+4
3.2 企业创新	0.0302	15	19	−4
3.3 创投能力	0.0276	6	10	−4
4.1 科技效益	0.0019	14	18	−4

对比 2018 年，福建省"三创"综合指数排名从第 9 位升至第 7 位，各项指标表现均较好，排名波动小。创投资源、绿色发展及经济效益分别上升 5 位、4 位、4 位，说明福建省重视资源投入及可持续经济发展。但企业创新、创投能力及科技效益均下降 4 位，福建省应更加重视本省企业的创新发展。

从图 4-82 可以看出，福建省"三创"能力发展的外部环境及资源投入较高，但产出效益及主体能力较低。

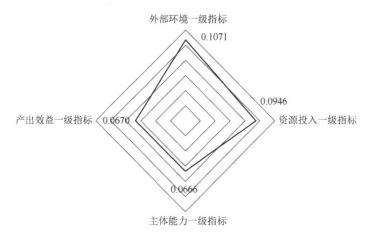

图 4-82　福建省"三创"能力雷达图

从图 4-83 可以看出，福建省"三创"能力发展的绿色发展较高，但对外开放较低。

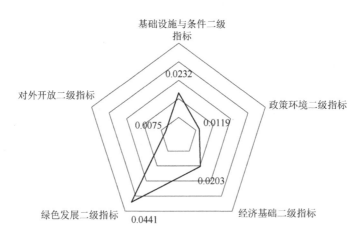

图 4-83　福建省"三创"外部环境雷达图

　　从图 4-84 可以看出,福建省"三创"能力发展的人力资源较高,但创投资源较低。

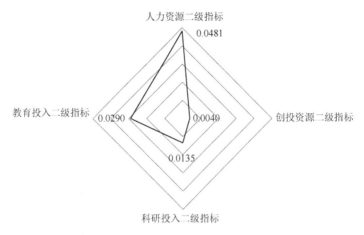

图 4-84　福建省"三创"资源投入雷达图

　　从图 4-85 可以看出,福建省"三创"能力发展的企业创新及创投能力较高,但知识创造较低。

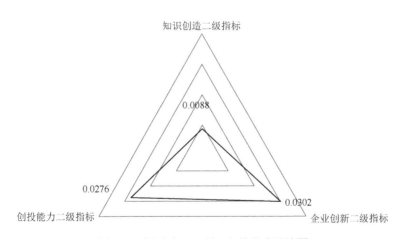

图 4-85　福建省"三创"主体能力雷达图

　　从图 4-86 可以看出,福建省"三创"能力发展的经济效益较高,但科技效益较低。

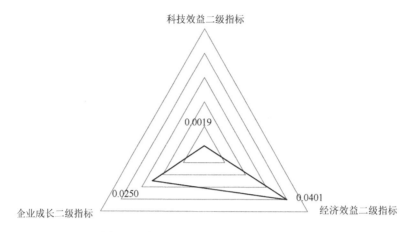

图 4-86　福建省"三创"产出效益雷达图

4.4.14　江西省

2021 年，江西省地区生产总值为 29 619.7 亿元，同比增长 8.8%；人口数为 4517 万人，人均地区生产总值为 65 560 元；社会全要素生产率为 1.12%。高新技术产业主营收入为 2830.73 亿元，同比增长 0.21%，占地区生产总值比重为 9.56%。早期、创业、成长基金规模为 1702.63 亿元，接受投资 689.64 亿元。新增企业数 1472 家，新增 IPO 企业 7 家。

2021 年，江西省"三创"能力综合排名位于全国第 14 位。一级指标中，外部环境排名第 17，地处中国东南部，是长江经济带的重要组成部分，绿色发展水平排名中等，政策环境、基础设施与条件和对外开放方面均有待提高；资源投入排名第 16，高校数量较少，教育投入及创投资源数量均处于中上水平，科研投入及人力资源有较大的提升空间；主体能力排名第 13，企业创新能力较强，创投能力及知识创造还有一定的提升空间；产出效益排名第 10，经济效益及企业成长排名靠前，科技效益有待提高。

江西省"三创"能力综合指标见表 4-55，江西省变化达到 4 位或 4 位以上的指标见表 4-56。

表 4-55　江西省"三创"能力综合指标

指标名称	指标值	2018 年排名	2021 年排名
"三创"综合指数	0.2834	17	14
1 外部环境	0.0666	17	17
1.1 基础设施与条件	0.0075	18	25
1.2 政策环境	0.0090	13	17

续表

指标名称	指标值	2018 年排名	2021 年排名
1.3 经济基础	0.0088	19	18
1.4 绿色发展	0.0390	19	15
1.5 对外开放	0.0023	18	18
2 资源投入	0.0858	19	16
2.1 人力资源	0.0482	23	18
2.2 创投资源	0.0022	23	11
2.3 科研投入	0.0093	18	18
2.4 教育投入	0.0261	14	9
3 主体能力	0.0669	16	13
3.1 知识创造	0.0052	31	21
3.2 企业创新	0.0453	14	7
3.3 创投能力	0.0164	9	21
4 产出效益	0.0640	18	10
4.1 科技效益	0.0026	21	16
4.2 经济效益	0.0472	15	8
4.3 企业成长	0.0143	19	12

表 4-56　江西省变化达到 4 位或 4 位以上的指标

指标名称	指标值	2018 年排名	2021 年排名	变化
2.2 创投资源	0.0022	23	11	+ 12
3.1 知识创造	0.0052	31	21	+ 10
4 产出效益	0.0640	18	10	+ 8
3.2 企业创新	0.0453	14	7	+ 7
4.2 经济效益	0.0472	15	8	+ 7
4.3 企业成长	0.0143	19	12	+ 7
2.1 人力资源	0.0482	23	18	+ 5
2.4 教育投入	0.0261	14	9	+ 5
4.1 科技效益	0.0026	21	16	+ 5
1.4 绿色发展	0.0390	19	15	+ 4
1.2 政策环境	0.0090	13	17	−4
1.1 基础设施与条件	0.0075	18	25	−7
3.3 创投能力	0.0164	9	21	−12

对比 2018 年，江西省"三创"综合指数排名从第 17 位升至第 14 位。一级指

标中，产出效益有了明显的提高，其二级指标科技效益、经济效益及企业成长均有了明显提升，是综合排名提升的主因。其他各项指标也发展较好，各项二级指标的排名大都有所提升。较少指标排名降低，如政策环境下降 4 名，值得注意的是，基础设施与条件下降 7 位，说明该省在新基建等方面的投入需要进一步加强；创投能力下降 12 名，表明在创投产业培育和创业企业发展方面需要加强重视。

从图 4-87 可以看出，江西省"三创"能力发展的资源投入较高，但产出效益相对较低。

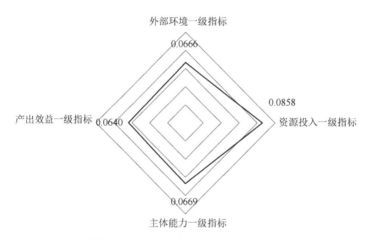

图 4-87　江西省"三创"能力雷达图

从图 4-88 可以看出，江西省"三创"能力发展的绿色发展较高，但对外开放相对较低。

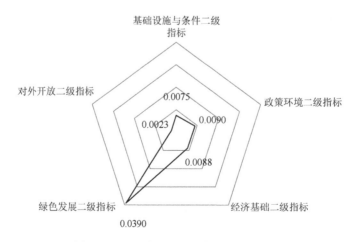

图 4-88　江西省"三创"外部环境雷达图

从图4-89可以看出,江西省"三创"能力发展的人力资源较高,但创投资源相对较低。

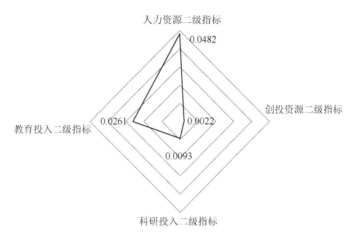

图4-89 江西省"三创"资源投入雷达图

从图4-90可以看出,江西省"三创"能力发展的企业创新较高,但创投能力及知识创造相对较低。

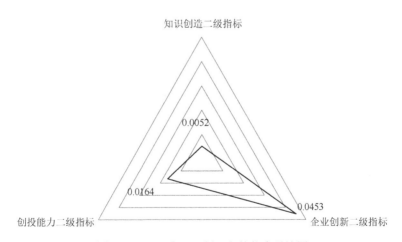

图4-90 江西省"三创"主体能力雷达图

从图4-91可以看出,江西省"三创"能力发展的经济效益较高,但企业成长及科技效益相对较低。

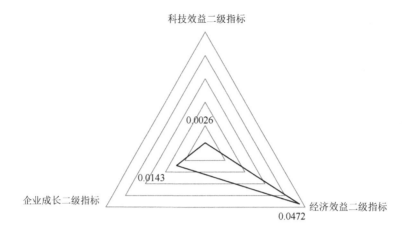

图 4-91 江西省"三创"产出效益雷达图

4.4.15 山东省

2021 年，山东省地区生产总值为 83 095.9 亿元，同比增长 8.3%；人口数为 10 170 万人，人均地区生产总值为 81 727 元；社会全要素生产率为 0.37%。高新技术产业主营收入 3787.36 亿元，同比增长 0.56%，占地区生产总值比重为 4.56%。早期、创业、成长基金规模为 2139.80 亿元，接受投资 3639.27 亿元。新增企业数 3429 家，新增 IPO 企业 38 家。

2021 年，山东省"三创"能力综合排名位于全国第 6 位。一级指标中，外部环境排名第 8，作为中国经济大省，其经济基础好，位于东部沿海，对外开放程度高，基础设施与条件以及政策环境方面均较为良好，绿色发展水平需要大幅提高；资源投入排名第 4，教育投入和科研投入力度大，人力资源和创投资源充足；主体能力排名第 6，山东省大力推进大众创业、万众创新，形成了"换位思考、主动服务、有求必应、无需不扰、结果评价"的良好环境，知识创造、创投能力方面均处于较高水平，企业创新能力有一定的提升空间；产出效益排名第 6，科技效益与企业成长较好，经济效益有一定的提升空间。

山东省"三创"能力综合指标见表 4-57，山东省变化达到 4 位或 4 位以上的指标见表 4-58。

表 4-57 山东省"三创"能力综合指标

指标名称	指标值	2018 年排名	2021 年排名
"三创"综合指数	0.4297	6	6
1 外部环境	0.0995	7	8

续表

指标名称	指标值	2018 年排名	2021 年排名
1.1 基础设施与条件	0.0170	19	8
1.2 政策环境	0.0134	10	7
1.3 经济基础	0.0208	3	6
1.4 绿色发展	0.0352	25	20
1.5 对外开放	0.0130	6	6
2 资源投入	0.1455	3	4
2.1 人力资源	0.0783	9	3
2.2 创投资源	0.0095	4	4
2.3 科研投入	0.0212	5	6
2.4 教育投入	0.0365	1	2
3 主体能力	0.0983	6	6
3.1 知识创造	0.0206	6	6
3.2 企业创新	0.0446	4	9
3.3 创投能力	0.0330	7	6
4 产出效益	0.0864	6	6
4.1 科技效益	0.0096	4	5
4.2 经济效益	0.0443	6	10
4.3 企业成长	0.0325	5	4

表 4-58　山东省变化达到 4 位或 4 位以上的指标

指标名称	指标值	2018 年排名	2021 年排名	变化
1.1 基础设施与条件	0.0170	19	8	+11
2.1 人力资源	0.0783	9	3	+6
1.4 绿色发展	0.0352	25	20	+5
4.2 经济效益	0.0443	6	10	−4
3.2 企业创新	0.0446	4	9	−5

对比 2018 年，山东省的"三创"综合指数排名保持不变，均是第 6 位。一

级指标变化不明显。值得注意的是，二级指标中，基础设施与条件从第 19 位跃升至第 8 位，表明山东省注重本省的基础设施的建设，人力资源及绿色发展分别上升 6 位、5 位，表明经济发展的质量有所提高。经济效益、企业创新下降 4 位、5 位，表明产业创新方面需要进一步加大力度提质增效。

从图 4-92 可以看出，山东省"三创"能力发展的资源投入较高，但产出效益相对偏低。

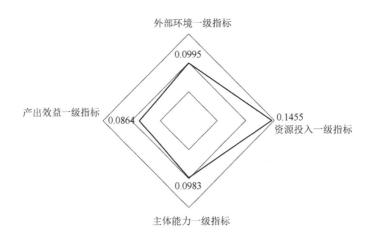

图 4-92　山东省"三创"能力雷达图

从图 4-93 可以看出，山东省"三创"能力发展的绿色发展较高，但对外开放及政策环境相对偏低。

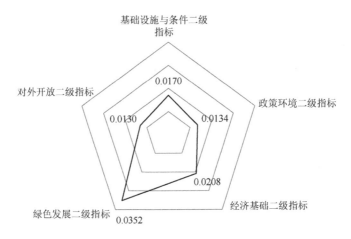

图 4-93　山东省"三创"外部环境雷达图

从图 4-94 可以看出,山东省"三创"能力发展的人力资源较高,但创投资源相对偏低。

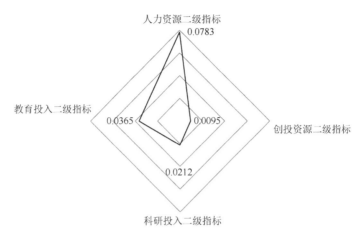

图 4-94 山东省"三创"资源投入雷达图

从图 4-95 可以看出,山东省"三创"能力发展的企业创新较高,但知识创造较低。

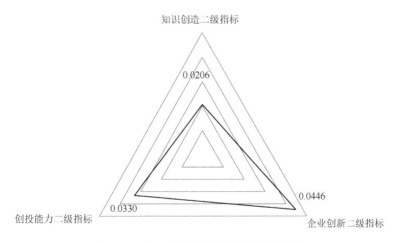

图 4-95 山东省"三创"主体能力雷达图

从图 4-96 可以看出,山东省"三创"能力发展的经济效益较高,但科技效益相对偏低。

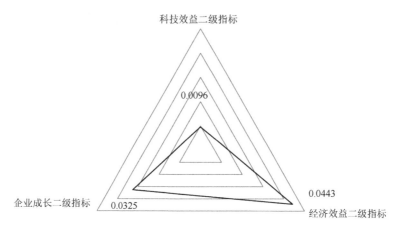

图 4-96　山东省"三创"产出效益雷达图

4.4.16　河南省

2021 年，河南省地区生产总值为 58 887.4 亿元，同比增长 6.3%；人口数为 9883 万人，人均地区生产总值为 59 410 元；社会全要素生产率为 0.56%。高新技术产业主营收入为 3067.35 亿元，同比增长 0.05%，占地区生产总值比重为 5.21%。早期、创业、成长基金规模为 788.56 亿元，接受投资 770.78 亿元。新增企业数 1876 家，新增 IPO 企业 12 家。

2021 年，河南省"三创"能力综合排名位于全国第 13 位。一级指标中，外部环境排名第 11，作为中国主要的经济大省，其经济基础较好，绿色发展能力较好，对外开放和政策环境方面有待提高；资源投入排名第 8，教育投入水平较高，人力资源处于中上水平，创投资源能力相对偏低；主体能力排名第 21，创投能力偏弱，知识创造能力有提升空间，企业创新能力相对较低；产出效益排名第 19，企业成长与科技效益较好，经济效益水平需要提高。

河南省"三创"能力综合指标见表 4-59，河南省变化达到 4 位或 4 位以上的指标见表 4-60。

表 4-59　河南省"三创"能力综合指标

指标名称	指标值	2018 年排名	2021 年排名
"三创"综合指数	0.2880	16	13
1 外部环境	0.0807	15	11
1.1 基础设施与条件	0.0127	27	12
1.2 政策环境	0.0106	17	14

指标名称	指标值	2018 年排名	2021 年排名
1.3 经济基础	0.0128	7	11
1.4 绿色发展	0.0414	23	10
1.5 对外开放	0.0031	12	15
2 资源投入	0.1017	14	8
2.1 人力资源	0.0623	16	10
2.2 创投资源	0.0014	17	16
2.3 科研投入	0.0127	17	14
2.4 教育投入	0.0254	7	10
3 主体能力	0.0592	17	21
3.1 知识创造	0.0101	17	16
3.2 企业创新	0.0289	17	22
3.3 创投能力	0.0202	14	16
4 产出效益	0.0464	12	19
4.1 科技效益	0.0042	10	13
4.2 经济效益	0.0268	13	24
4.3 企业成长	0.0154	11	10

表 4-60　河南省变化达到 4 位或 4 位以上的指标

指标名称	指标值	2018 年排名	2021 年排名	变化
1.1 基础设施与条件	0.0127	27	12	+ 15
1.4 绿色发展	0.0414	23	10	+ 13
2 资源投入	0.1017	14	8	+ 6
2.1 人力资源	0.0623	16	10	+ 6
1 外部环境	0.0807	15	11	+ 4
1.3 经济基础	0.0128	7	11	−4
3 主体能力	0.0592	17	21	−4
3.2 企业创新	0.0289	17	22	−5
4 产出效益	0.0464	12	19	−7
4.2 经济效益	0.0268	13	24	−11

对比 2018 年，河南省"三创"综合指数从第 16 位提升至第 13 位，小幅提

升，一级指标中，外部环境和资源投入排名提升，可能是综合指数提升的主要原因。一级指标中主体能力、产出效益有所下降，企业创新下降 5 位，且经济效益下降 11 位，降幅较大。不过值得肯定的是，二级指标中，基础设施与条件、资源投入、人力资源及绿色发展有显著改善，表明河南省正不断完善基础设施与条件、优化政策环境，持续提升环境保护水平。

从图 4-97 可以看出，河南省"三创"能力发展的资源投入较高，但产出效益较低。

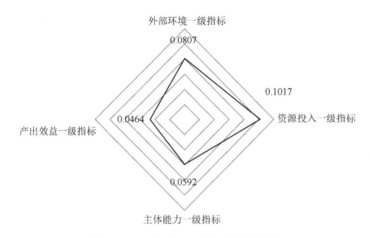

图 4-97　河南省"三创"能力雷达图

从图 4-98 可以看出，河南省"三创"能力发展的绿色发展较高，但对外开放较低。

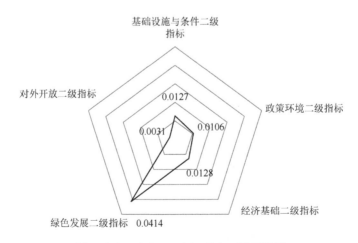

图 4-98　河南省"三创"外部环境雷达图

从图 4-99 可以看出,河南省"三创"能力发展的人力资源较高,但创投资源较低。

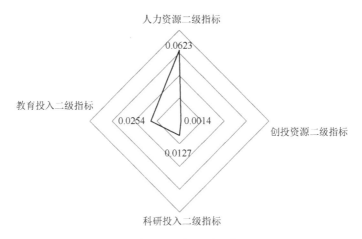

图 4-99　河南省"三创"资源投入雷达图

从图 4-100 可以看出,河南省"三创"能力发展的企业创新较高,但知识创造较低。

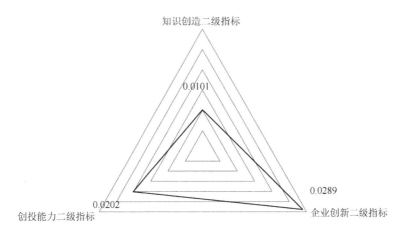

图 4-100　河南省"三创"主体能力雷达图

从图 4-101 可以看出,河南省"三创"能力发展的经济效益较高,但科技效益较低。

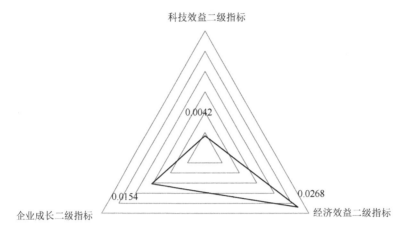

图 4-101　河南省"三创"产出效益雷达图

4.4.17　湖北省

2021 年，湖北省地区生产总值为 50 012.9 亿元，同比增长 12.9%；人口数为 5830 万人，人均地区生产总值为 86 416 元；社会全要素生产率为 0.97%。高新技术产业主营收入为 2185.92 亿元，同比增长 0.13%，占地区生产总值比重为 4.37%。早期、创业、成长基金规模为 2585.78 亿元，接受投资 786.42 亿元。新增企业数 1084 家，新增 IPO 企业 14 家。

2021 年，湖北省"三创"能力综合排名位于全国第 12 位。一级指标中，外部环境排名第 14，位居华中腹地，经济基础较好，基础设施与条件较好，政策环境方面有待提高，对外开放程度有待提高，绿色发展能力相对较低；资源投入排名第 10，人力资源数量较为充足，作为中国重要的科教基地，科研投入力度较大，教育投入和创投资源方面有较大提升空间；主体能力排名第 17，高校数量和毕业生人数位居全国前列，知识创造能力较强，企业创新水平相对较低；产出效益排名第 8，科技效益和经济效益较高，企业成长能力较强。

湖北省"三创"能力综合指标见表 4-61，湖北省变化达到 4 位或 4 位以上的指标见表 4-62。

表 4-61　湖北省"三创"能力综合指标

指标名称	指标值	2018 年排名	2021 年排名
"三创"综合指数	0.3076	8	12
1 外部环境	0.0748	10	14
1.1 基础设施与条件	0.0153	13	9

指标名称	指标值	2018 年排名	2021 年排名
1.2 政策环境	0.0117	12	13
1.3 经济基础	0.0155	8	8
1.4 绿色发展	0.0293	11	26
1.5 对外开放	0.0031	17	16
2 资源投入	0.0984	9	10
2.1 人力资源	0.0651	10	7
2.2 创投资源	0.0014	7	15
2.3 科研投入	0.0156	8	9
2.4 教育投入	0.0163	23	23
3 主体能力	0.0638	9	17
3.1 知识创造	0.0200	9	8
3.2 企业创新	0.0290	11	20
3.3 创投能力	0.0148	10	22
4 产出效益	0.0705	8	8
4.1 科技效益	0.0071	5	6
4.2 经济效益	0.0502	12	4
4.3 企业成长	0.0132	12	13

表 4-62　湖北省变化达到 4 位或 4 位以上的指标

指标名称	指标值	2018 年排名	2021 年排名	变化
4.2 经济效益	0.0502	12	4	+8
1.1 基础设施与条件	0.0153	13	9	+4
"三创"综合指数	0.3076	8	12	-4
1 外部环境	0.0748	10	14	-4
2.2 创投资源	0.0014	7	15	-8
3 主体能力	0.0638	9	17	-8
3.2 企业创新	0.0290	11	20	-9
3.3 创投能力	0.0148	10	22	-12
1.4 绿色发展	0.0293	11	26	-15

　　对比 2018 年,湖北省"三创"综合指数排名从第 8 位降至第 12 位。一级指标中,外部环境下降 4 位,主体能力从第 9 位降至第 17 位,降幅较大,是综合指数排名下降的主因。绿色发展、企业创新、创投能力及创投资源下降明显,分别

下降 15 位、9 位、12 位及 8 位,说明湖北省应更加注重企业发展及绿色创新能力的提升。值得注意的是,二级指标经济效益从第 12 位升至第 4 位,企业经济发展较好,未来应辐射影响到企业的创新能力;基础设施与条件上升 4 位,表明湖北省在数字化新基建等方面有所提升,对未来产业发展比较有利。

从图 4-102 可以看出,湖北省"三创"能力发展资源投入较高,但主体能力偏低。

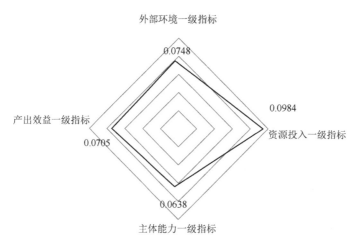

图 4-102　湖北省"三创"能力雷达图

从图 4-103 可以看出,湖北省"三创"能力发展的绿色发展较高,但对外开放较低。

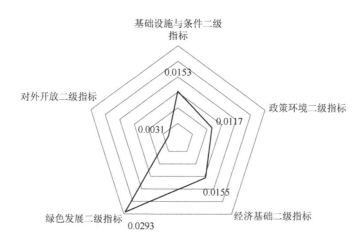

图 4-103　湖北省"三创"外部环境雷达图

从图 4-104 可以看出，湖北省"三创"能力发展的人力资源较高，但创投资源较低。

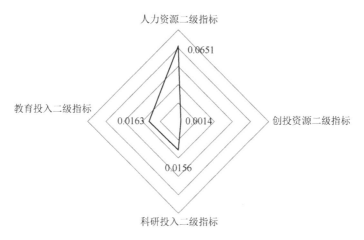

图 4-104　湖北省"三创"资源投入雷达图

从图 4-105 可以看出，湖北省"三创"能力发展的企业创新较高，但创投能力偏低。

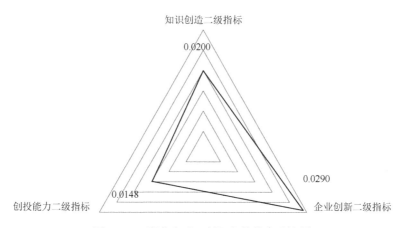

图 4-105　湖北省"三创"主体能力雷达图

从图 4-106 可以看出，湖北省"三创"能力发展的经济效益较高，但企业成长及科技效益偏低。

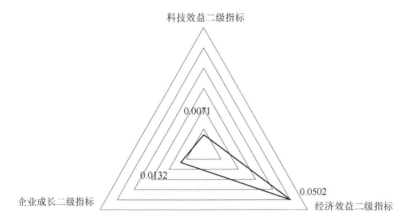

图 4-106　湖北省"三创"产出效益雷达图

4.4.18　湖南省

2021 年，湖南省地区生产总值为 46 063.1 亿元，同比增长 7.9%；人口数为 6622 万人，人均地区生产总值为 69 440 元；社会全要素生产率为 0.51%。高新技术产业主营收入为 2045.07 亿元，同比增长 0.37%，占地区生产总值比重为 4.44%。早期、创业、成长基金规模为 656.80 亿元，接受投资 608.13 亿元。新增企业数 1062 家，新增 IPO 企业 14 家。

2021 年，湖南省"三创"能力综合排名位于全国第 11 位。一级指标中，外部环境排名第 10，注重绿色发展，经济基础处于中上水平，基础设施与条件、对外开放方面有待提高；资源投入排名第 14，科研投入力度居中上水平，教育投入处于中等偏下水平，需要加强相关资源的引入力度；主体能力排名第 8，知识创造与企业创新能力较强，创投能力还有一定的提升空间；产出效益排名第 15，经济效益和科技效益较好，企业成长居中下水平。

湖南省"三创"能力综合指标见表 4-63，湖南省变化达到 4 位或 4 位以上的指标见表 4-64。

表 4-63　湖南省"三创"能力综合指标

指标名称	指标值	2018 年排名	2021 年排名
"三创"综合指数	0.3078	14	11
1 外部环境	0.0824	11	10
1.1 基础设施与条件	0.0115	17	15
1.2 政策环境	0.0131	18	8

指标名称	指标值	2018 年排名	2021 年排名
1.3 经济基础	0.0122	11	12
1.4 绿色发展	0.0421	8	8
1.5 对外开放	0.0035	16	13
2 资源投入	0.0911	17	14
2.1 人力资源	0.0545	20	16
2.2 创投资源	0.0017	24	13
2.3 科研投入	0.0147	13	11
2.4 教育投入	0.0202	18	18
3 主体能力	0.0813	14	8
3.1 知识创造	0.0138	13	10
3.2 企业创新	0.0432	13	11
3.3 创投能力	0.0244	16	13
4 产出效益	0.0530	15	15
4.1 科技效益	0.0046	17	11
4.2 经济效益	0.0401	8	12
4.3 企业成长	0.0083	17	21

表 4-64　湖南省变化达到 4 位或 4 位以上的指标

指标名称	指标值	2018 年排名	2021 年排名	变化
2.2 创投资源	0.0017	24	13	+11
1.2 政策环境	0.0131	18	8	+10
3 主体能力	0.0813	14	8	+6
4.1 科技效益	0.0046	17	11	+6
2.1 人力资源	0.0545	20	16	+4
4.2 经济效益	0.0401	8	12	−4
4.3 企业成长	0.0083	17	21	−4

对比 2018 年,湖南省的"三创"综合指数从第 14 位提升至第 11 位。一级指标中,外部环境、资源投入和主体能力排名均有所提升。值得肯定的是,二级指

标中，政策环境从第 18 位提升至第 8 位，人力资源从第 20 位提升至第 16 位，创投资源从第 24 位提升至第 13 位，表明湖南省加大资源投入成果显著。经济效益、企业成长下降 4 位，下降幅度较小。

从图 4-107 可以看出，湖南省"三创"能力发展的外部环境相对较高，但产出效益相对较低。

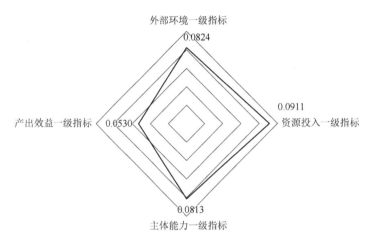

图 4-107　湖南省"三创"能力雷达图

从图 4-108 可以看出，湖南省"三创"能力发展的绿色发展较高，但对外开放相对较低。

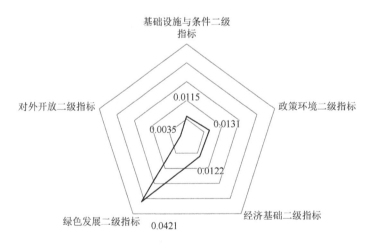

图 4-108　湖南省"三创"外部环境雷达图

　　从图 4-109 可以看出,湖南省"三创"能力发展的人力资源较高,但创投资源相对较低。

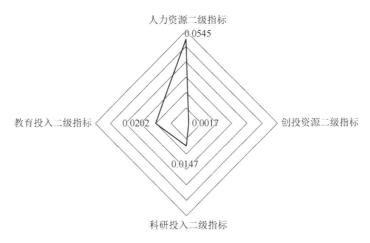

图 4-109　湖南省"三创"资源投入雷达图

　　从图 4-110 可以看出,湖南省"三创"能力发展的企业创新较高,但知识创造相对较低。

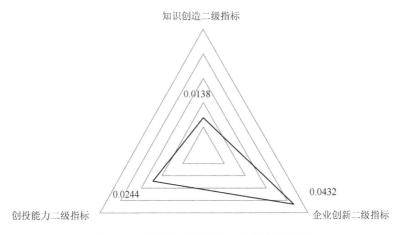

图 4-110　湖南省"三创"主体能力雷达图

　　从图 4-111 可以看出,湖南省"三创"能力发展的经济效益较高,但企业成长及科技效益较低。

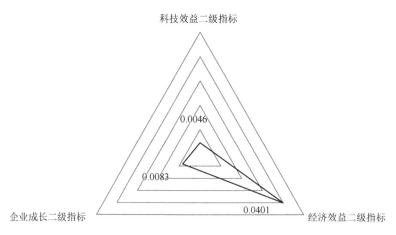

图 4-111   湖南省"三创"产出效益雷达图

4.4.19   广东省

2021 年，广东省地区生产总值为 124 369.7 亿元，同比增长 8.0%；人口数为 12 684 万人，人均地区生产总值为 98 285 元；社会全要素生产率为 0.60%。高新技术产业主营收入为 2459.18 亿元，同比增长 −0.89%，占地区生产总值比重为 1.98%。早期、创业、成长基金规模为 19 064.33 亿元，接受投资 6007.57 亿元。新增企业数 7824 家，新增创业板企业 106 家。

2021 年，广东省"三创"能力综合排名位于全国第 1 位。一级指标中，外部环境排名第 3，作为粤港澳大湾区的重要组成部分，广东省拥有众多优良港口资源，其经济基础与对外开放程度遥遥领先，绿色发展方面相对偏弱，亟须加大力度解决绿色发展问题；资源投入排名第 1，高等院校数量居于全国前列，人力资源和创投资源较为充足，科研投入力度稳居前列；主体能力排名第 1，企业创新能力极强，知识创造与创投能力均处于国内前列；产出效益排名第 1，经济效益和科技效益较好，企业成长能力位居前列。

广东省"三创"能力综合指标见表 4-65，广东省变化达到 4 位或 4 位以上的指标见表 4-66。

表 4-65   广东省"三创"能力综合指标

指标名称	指标值	2018 年排名	2021 年排名
"三创"综合指数	0.6594	2	1
1 外部环境	0.1480	3	3

续表

指标名称	指标值	2018 年排名	2021 年排名
1.1 基础设施与条件	0.0221	15	6
1.2 政策环境	0.0202	5	5
1.3 经济基础	0.0309	1	2
1.4 绿色发展	0.0394	28	13
1.5 对外开放	0.0355	1	1
2 资源投入	0.2023	2	1
2.1 人力资源	0.1012	4	1
2.2 创投资源	0.0148	1	1
2.3 科研投入	0.0378	2	2
2.4 教育投入	0.0485	4	1
3 主体能力	0.1891	2	1
3.1 知识创造	0.0390	4	3
3.2 企业创新	0.1047	1	1
3.3 创投能力	0.0454	3	1
4 产出效益	0.1200	3	1
4.1 科技效益	0.0206	3	1
4.2 经济效益	0.0461	9	9
4.3 企业成长	0.0532	2	1

表 4-66　广东省变化达到 4 位或 4 位以上的指标

指标名称	指标值	2018 年排名	2021 年排名	变化
1.4 绿色发展	0.0394	28	13	+15
1.1 基础设施与条件	0.0221	15	6	+9
4.2 经济效益	0.0461	1	9	-8

对比 2018 年，广东省的"三创"综合指数从第 2 位升至第 1 位。一级指标中，资源投入从第 2 位升至第 1 位，产出效益从第 3 位升至第 1 位，可能是综合指数提升的主要原因。值得肯定的是，二级指标中，绿色发展从第 28 位

大幅上升至第 13 位，表明广东省在环境保护方面有显著改善，但仍较为落后，有待持续提升。经济效益从第 1 位降至第 9 位，表明广东省在经济效益发展方面略显不足。

从图 4-112 可以看出，广东省"三创"能力发展的资源投入、主体能力较高，但产出效益相对较低。

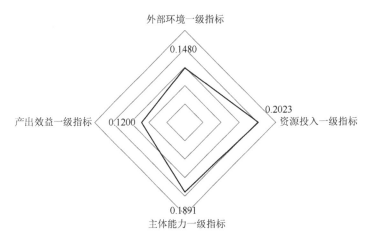

图 4-112　广东省"三创"能力雷达图

从图 4-113 可以看出，广东省"三创"能力发展的绿色发展、对外开放及经济基础较高，但基础设施与条件及政策环境相对较低。

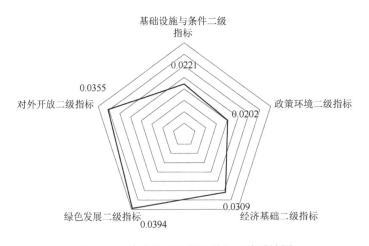

图 4-113　广东省"三创"外部环境雷达图

从图 4-114 可以看出，广东省"三创"能力发展的人力资源较高，但创投资源相对较低。

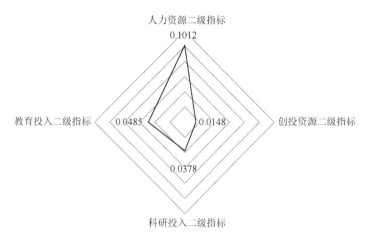

图 4-114　广东省"三创"资源投入雷达图

从图 4-115 可以看出，广东省"三创"主体能力发展的企业创新较高，但创投能力及知识创造相对较低。

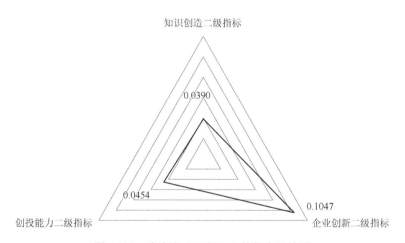

图 4-115　广东省"三创"主体能力雷达图

从图 4-116 可以看出，广东省"三创"能力发展的企业成长、经济效益较高，但科技效益相对较低。

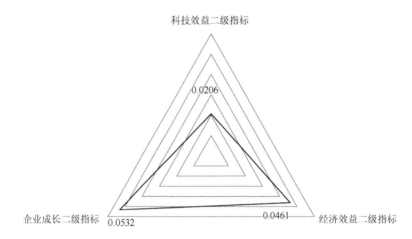

图 4-116　广东省"三创"产出效益雷达图

4.4.20　广西壮族自治区

2021 年，广西壮族自治区地区生产总值为 24 740.9 亿元，同比增长 8.2%；人口数为 5037 万人，人均地区生产总值为 49 206 元；社会全要素生产率为 0.66%。高新技术产业主营收入为 239.17 亿元，同比增长 0.43%，占地区生产总值比重为 0.96%。早期、创业、成长基金规模 71.97 亿元，接受投资 454.77 亿元。新增企业数 966 家，新增 IPO 企业 3 家。

2021 年，广西壮族自治区"三创"能力综合排名位于全国第 21 位。一级指标中，外部环境排名第 19，作为中国唯一沿海的自治区，其政策环境、基础设施与条件以及对外开放方面较差，还存在很大的提升空间；资源投入排名第 22，教育投入力度较大，但高等院校和毕业生数量极少，人力资源、创投资源偏弱，科研投入力度尤为不足；主体能力排名第 22，创投能力相对较强，知识创造与企业创新均处于中等偏下水平，都还有一定的提升空间；产出效益排名第 26，科技效益相对不错，经济效益与企业成长排名靠后。

广西壮族自治区"三创"能力综合指标见表 4-67，广西壮族自治区变化达到 4 位或 4 位以上的指标见表 4-68。

表 4-67　广西壮族自治区"三创"能力综合指标

指标名称	指标值	2018 年排名	2021 年排名
"三创"综合指数	0.2240	20	21
1 外部环境	0.0632	16	19
1.1 基础设施与条件	0.0075	26	24
1.2 政策环境	0.0069	7	19

续表

指标名称	指标值	2018 年排名	2021 年排名
1.3 经济基础	0.0056	17	23
1.4 绿色发展	0.0404	14	12
1.5 对外开放	0.0028	22	17
2 资源投入	0.0672	23	22
2.1 人力资源	0.0391	28	24
2.2 创投资源	0.0008	25	18
2.3 科研投入	0.0037	26	29
2.4 教育投入	0.0235	9	13
3 主体能力	0.0581	19	22
3.1 知识创造	0.0041	16	24
3.2 企业创新	0.0277	20	24
3.3 创投能力	0.0264	27	11
4 产出效益	0.0354	21	26
4.1 科技效益	0.0029	24	15
4.2 经济效益	0.0282	21	23
4.3 企业成长	0.0043	20	30

表 4-68　广西壮族自治区变化达到 4 位或 4 位以上的指标

指标名称	指标值	2018 年排名	2021 年排名	变化
3.3 创投能力	0.0264	27	11	+16
4.1 科技效益	0.0029	24	15	+9
2.2 创投资源	0.0008	25	18	+7
1.5 对外开放	0.0028	22	17	+5
2.1 人力资源	0.0391	28	24	+4
2.4 教育投入	0.0235	9	13	−4
3.2 企业创新	0.0277	20	24	−4
4 产出效益	0.0354	21	26	−5
1.3 经济基础	0.0056	17	23	−6
3.1 知识创造	0.0041	16	24	−8
4.3 企业成长	0.0043	20	30	−10
1.2 政策环境	0.0069	7	19	−12

对比 2018 年，广西壮族自治区的"三创"综合指数从第 20 位降至第 21 位，降幅微小。创投能力上升 16 位，科技效益上升 9 位，创投资源上升 7 位，说明广

西壮族自治区创新创投活动比较活跃。一级指标中，外部环境从第 16 位降至第 19 位，主体能力从第 19 位降至第 22 位，产出效益从第 21 位降至第 26 位，可能是综合指数下降的主要原因。值得关注的是，二级指标中，企业成长从第 20 位大幅下降至第 30 位，政策环境下降 12 位，知识创造下降 8 位，降幅均较大。

从图 4-117 可以看出，广西壮族自治区"三创"能力发展的资源投入较高，但产出效益较低。

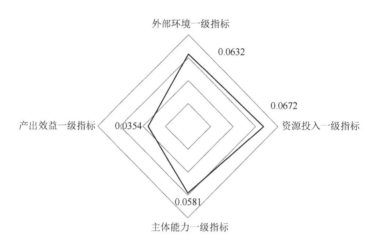

图 4-117　广西壮族自治区"三创"能力雷达图

从图 4-118 可以看出，广西壮族自治区"三创"能力发展的绿色发展较高，但对外开放较低。

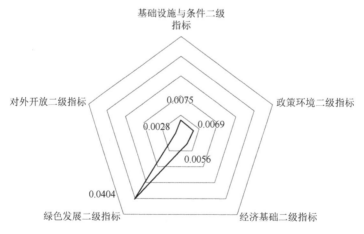

图 4-118　广西壮族自治区"三创"外部环境雷达图

从图 4-119 可以看出,广西壮族自治区"三创"能力发展的人力资源较高,但创投资源及科研投入较低。

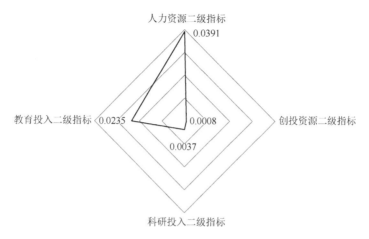

图 4-119　广西壮族自治区"三创"资源投入雷达图

从图 4-120 可以看出,广西壮族自治区"三创"能力发展的创投能力及企业创新较高,但知识创造较低。

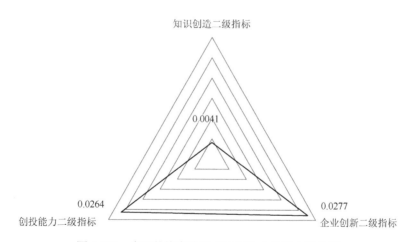

图 4-120　广西壮族自治区"三创"主体能力雷达图

从图 4-121 可以看出,广西壮族自治区"三创"能力发展的经济效益较高,但企业成长及科技效益较低。

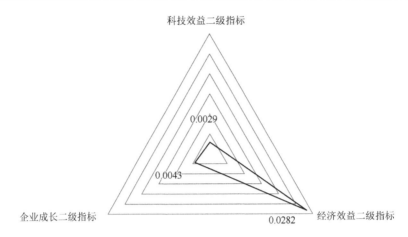

图 4-121　广西壮族自治区"三创"产出效益雷达图

4.4.21　海南省

2021 年，海南省地区生产总值为 6475.2 亿元，同比增长 11.2%；人口数为 1020 万人，人均地区生产总值为 63 707 元；社会全要素生产率为 1.21%。高新技术产业主营收入为 32.24 亿元，同比增长 1.26%，占地区生产总值比重为 0.50%。早期、创业、成长基金规模为 96.82 亿元，接受投资 534.14 亿元。新增企业数 70 家，新增 IPO 企业 1 家。

2021 年，海南省"三创"能力综合排名位于全国第 18 位。一级指标中，外部环境排名第 16，海南省处于中国最南端，是中国重要的省级经济特区，对外开放程度较高，环境保护工作执行较为出色，基础设施与条件较差，经济基础、政策环境等方面发展缓慢；资源投入排名第 28，高校及研究机构极少，人力资源比较匮乏，科研投入和教育投入力度较为不足；主体能力排名第 20，企业创新相对较强，创投能力方面亟待提高，知识创造严重不足；产出效益排名第 13，经济效益非常突出，科技效益与企业成长存在非常大的提升空间。

海南省"三创"能力综合指标见表 4-69，海南省变化达到 4 位或 4 位以上的指标见表 4-70。

表 4-69　海南省"三创"能力综合指标

指标名称	指标值	2018 年排名	2021 年排名
"三创"综合指数	0.2401	23	18
1 外部环境	0.0729	23	16
1.1 基础设施与条件	0.0067	21	27

指标名称	指标值	2018 年排名	2021 年排名
1.2 政策环境	0.0052	24	22
1.3 经济基础	0.0042	27	25
1.4 绿色发展	0.0476	4	2
1.5 对外开放	0.0092	21	7
2 资源投入	0.0489	29	28
2.1 人力资源	0.0273	27	27
2.2 创投资源	0.0043	29	7
2.3 科研投入	0.0040	31	28
2.4 教育投入	0.0133	24	25
3 主体能力	0.0608	22	20
3.1 知识创造	0.0015	25	29
3.2 企业创新	0.0417	19	12
3.3 创投能力	0.0176	30	18
4 产出效益	0.0576	26	13
4.1 科技效益	0.0002	28	30
4.2 经济效益	0.0510	31	3
4.3 企业成长	0.0064	28	28

表 4-70　海南省变化达到 4 位或 4 位以上的指标

指标名称	指标值	2018 年排名	2021 年排名	变化
4.2 经济效益	0.0510	31	3	+28
2.2 创投资源	0.0043	29	7	+22
1.5 对外开放	0.0092	21	7	+14
4 产出效益	0.0576	26	13	+13
3.3 创投能力	0.0176	30	18	+12
1 外部环境	0.0729	23	16	+7
3.2 企业创新	0.0417	19	12	+7
"三创"综合指数	0.2401	23	18	+5
3.1 知识创造	0.0015	25	29	−4
1.1 基础设施与条件	0.0067	21	27	−6

对比 2018 年，海南省的"三创"综合指数从第 23 位提升至第 18 位，进步较大。一级指标中，产出效益从第 26 位提升至第 13 位，外部环境从第 23 位提升至

第16位，是综合指数提升的主要原因。值得注意的是，二级指标中，经济效益从第31位大幅上升至第3位，创投资源、对外开放及创投能力分别上升22位、14位、12位，表明近年来海南省全岛建设自由贸易试验区后创投事业、开放程度及创新能力都有了较大程度的提升。知识创造下降4位，说明海南省在知识创造方面的后劲略显不足。

从图4-122可以看出，海南省"三创"能力发展的外部环境较高，但产出效益及资源投入较低。

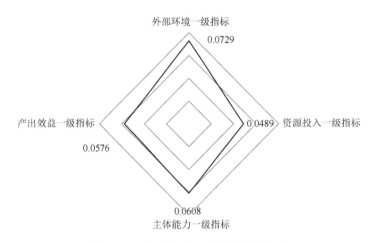

图4-122　海南省"三创"能力雷达图

从图4-123可以看出，海南省"三创"能力发展的绿色发展较高，但经济基础及政策环境相对较低。

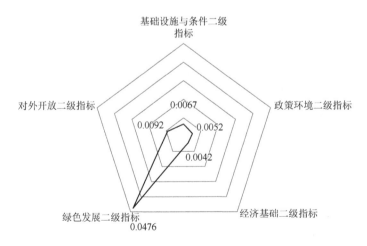

图4-123　海南省"三创"外部环境雷达图

从图 4-124 可以看出,海南省"三创"能力发展的人力资源较高,但创投资源及科研投入方面相对较低。

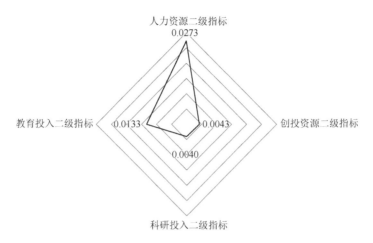

图 4-124　海南省"三创"资源投入雷达图

从图 4-125 可以看出,海南省"三创"能力发展的企业创新较高,但知识创造相对较低。

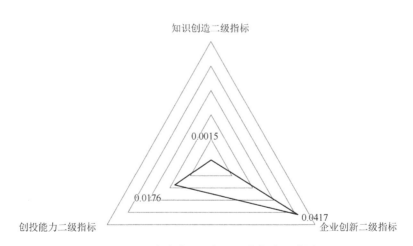

图 4-125　海南省"三创"主体能力雷达图

从图 4-126 可以看出,海南省"三创"能力发展的经济效益较高,但科技效益及企业成长相对较低。

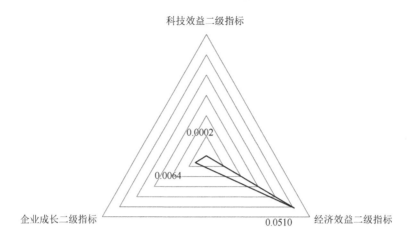

图 4-126　海南省"三创"产出效益雷达图

4.4.22　重庆市

2021 年，重庆市地区生产总值为 27 894 亿元，同比增长 8.3%；人口数为 3212 万人，人均地区生产总值为 86 879 元；社会全要素生产率为 0.66%。高新技术产业主营收入为 1923.35 亿元，同比增长 0.12%，占地区生产总值比重为 6.90%。早期、创业、成长基金规模为 854.95 亿元，接受投资 520.97 亿元。新增企业数 376 家，新增 IPO 企业 5 家。

2021 年，重庆市"三创"能力综合排名位于全国第 17 位。一级指标中，外部环境排名第 9，对外开放相较于其他方面相对薄弱，有待提高。政策环境、经济基础、绿色发展方面做得较好，重庆市政府也在加快推进实施基础设施建设提升战略行动，将农村小康路、高速铁路、高速公路、干线公路作为重点，为"三创"工作的开展提供了良好的政策、制度、环境基础；资源投入排名第 18，人力资源仍需加强，教育投入力度需要加大，一方面通过吸引外来人才，另一方面加强教育投入力度培养本地中坚力量，促进重庆市整体人才库的构建与完善；主体能力排名第 16，企业创新能力较强，知识创造与创投能力可再加强；产出效益排名第 16，相对偏低，尤其是经济效益下滑明显，科技效益也显弱势，需要进一步提质增效。

重庆市"三创"能力综合指标见表 4-71，重庆市变化达到 4 位或 4 位以上的指标见表 4-72。

表 4-71　重庆市"三创"能力综合指标

指标名称	指标值	2018 年排名	2021 年排名
"三创"综合指数	0.2734	12	17
1 外部环境	0.0826	9	9

指标名称	指标值	2018 年排名	2021 年排名
1.1 基础设施与条件	0.0119	22	14
1.2 政策环境	0.0127	6	9
1.3 经济基础	0.0117	13	13
1.4 绿色发展	0.0442	5	5
1.5 对外开放	0.0020	13	19
2 资源投入	0.0759	16	18
2.1 人力资源	0.0454	19	21
2.2 创投资源	0.0008	10	19
2.3 科研投入	0.0118	14	16
2.4 教育投入	0.0179	26	20
3 主体能力	0.0644	15	16
3.1 知识创造	0.0094	18	18
3.2 企业创新	0.0415	10	13
3.3 创投能力	0.0134	17	26
4 产出效益	0.0506	10	16
4.1 科技效益	0.0017	18	20
4.2 经济效益	0.0374	5	16
4.3 企业成长	0.0114	15	16

表 4-72　重庆市变化达到 4 位或 4 位以上的指标

指标名称	指标值	2018 年排名	2021 年排名	变化
1.1 基础设施与条件	0.0119	22	14	＋8
2.4 教育投入	0.0179	26	20	＋6
"三创"综合指数	0.2734	12	17	−5
1.5 对外开放	0.0020	13	19	−6
4 产出效益	0.0506	10	16	−6
2.2 创投资源	0.0008	10	19	−9
3.3 创投能力	0.0134	17	26	−9
4.2 经济效益	0.0374	5	16	−11

对比 2018 年，重庆市的"三创"综合指数有所下降，从第 12 位降至第 17 位。一级指标中产出效益从第 10 位降至第 16 位，可能是综合指数下降的主要原因。值得注意的是，二级指标中经济效益下滑明显，从第 5 位大幅下降至第 16 位，对外开

放、创投资源及创投能力分别下降 6 位、9 位、9 位，表明重庆市经济效益优势有所弱化，对外开放程度不足，且不够重视企业的创新能力发展。值得注意的是，基础设施与条件及教育投入分别上升 8 位、6 位，表明重庆市对于资源投入的重视，以及建设良好外部环境的重视。

　　从图 4-127 可看出，重庆市"三创"活动的外部环境较高，但产出效益及主体能力相对较低。

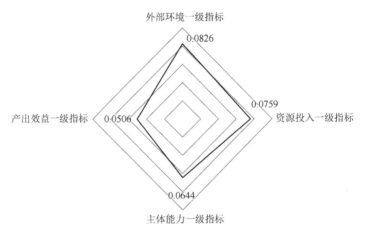

图 4-127　重庆市"三创"能力雷达图

　　从图 4-128 可看出，重庆市"三创"能力发展的绿色发展较高，但对外开放、经济基础、基础设施与条件相对较低。

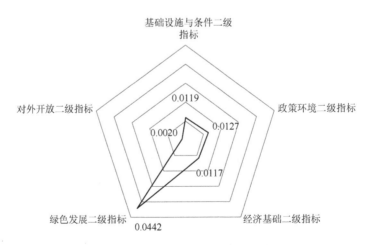

图 4-128　重庆市"三创"外部环境雷达图

从图 4-129 可看出,重庆市"三创"能力发展的人力资源优势较高,但科研投入、创投资源较低。

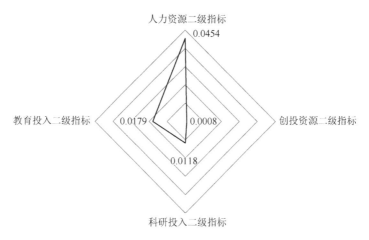

图 4-129　重庆市"三创"资源投入雷达图

从图 4-130 可看出,重庆市"三创"能力发展的企业创新较高,但知识创造和创投能力较低。

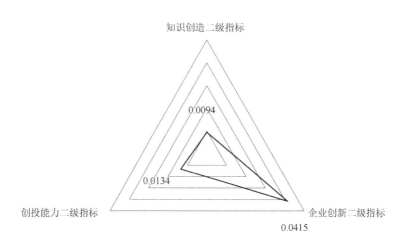

图 4-130　重庆市"三创"主体能力雷达图

从图 4-131 可看出,重庆市"三创"能力发展的经济效益较高,但科技效益相对较低。

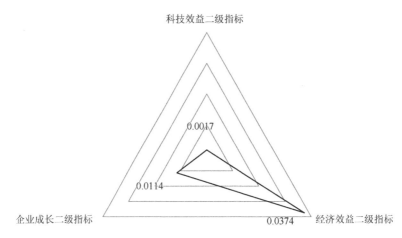

图 4-131　重庆市"三创"产出效益雷达图

4.4.23　四川省

2021 年，四川省地区生产总值为 53 850.8 亿元，同比增长 8.2%；人口数为 8372 万人，人均地区生产总值为 64 326 元；社会全要素生产率为 0.53%。高新技术产业主营收入为 2418.34 亿元，同比增长 0.34%，占地区生产总值比重为 4.49%。早期、创业、成长基金规模为 1414.79 亿元，接受投资 876.56 亿元。新增企业数 1173 家，新增 IPO 企业 24 家。

2021 年，四川省"三创"能力综合排名位于全国第 10 位。一级指标中，外部环境排名第 12，经济基础、政策环境和基础设施与条件较为不错，绿色发展、对外开放有待提高；资源投入排名第 9，人力资源、科研投入较为出色，创投资源相对充足，教育投入略显不足；主体能力排名第 7，企业创新、知识创造、创投能力发展均衡，较为出色；产出效益排名第 20，经济总量位居全国第六，西部第一，人均地区生产总值超过 4000 美元，企业成长较快，科技效益较好但经济效益近年来表现较差，需要进一步推动区域产业转型升级、提质增效。

四川省"三创"能力综合指标见表 4-73，四川省变化达到 4 位或 4 位以上的指标见表 4-74。

表 4-73　四川省"三创"能力综合指标

指标名称	指标值	2018 年排名	2021 年排名
"三创"综合指数	0.3100	10	10
1 外部环境	0.0792	14	12
1.1 基础设施与条件	0.0133	25	11
1.2 政策环境	0.0121	20	11

指标名称	指标值	2018 年排名	2021 年排名
1.3 经济基础	0.0130	12	10
1.4 绿色发展	0.0373	12	18
1.5 对外开放	0.0035	11	14
2 资源投入	0.1014	8	9
2.1 人力资源	0.0634	14	9
2.2 创投资源	0.0019	6	12
2.3 科研投入	0.0156	9	8
2.4 教育投入	0.0204	12	17
3 主体能力	0.0840	10	7
3.1 知识创造	0.0160	10	9
3.2 企业创新	0.0433	12	10
3.3 创投能力	0.0248	8	12
4 产出效益	0.0454	14	20
4.1 科技效益	0.0053	12	8
4.2 经济效益	0.0252	16	27
4.3 企业成长	0.0149	9	11

表 4-74　四川省变化达到 4 位或 4 位以上的指标

指标名称	指标值	2018 年排名	2021 年排名	变化
1.1 基础设施与条件	0.0133	25	11	+ 14
1.2 政策环境	0.0121	20	11	+ 9
2.1 人力资源	0.0634	14	9	+ 5
4.1 科技效益	0.0053	12	8	+ 4
3.3.创投能力	0.0248	8	12	− 4
2.4 教育投入	0.0204	12	17	− 5
1.4 绿色发展	0.0373	12	18	− 6
2.2 创投资源	0.0019	6	12	− 6
4 产出效益	0.0454	14	20	− 6
4.2 经济效益	0.0252	16	27	− 11

　　对比 2018 年,四川省的"三创"综合指数稳定,保持在第 10 位。一级指标中外部环境和主体能力有所提升,资源投入和产出效益有所下降,总体保持平稳。在经济效率方面不具备优势,对于企业创新能力的发展以及绿色经济的发展仍需

重视。基础设施与条件、政策环境分别上升 14 位、9 位，人力资源、科技效益分别上升 5 位、4 位，说明四川省基础设施建设及政策环境趋于好转，人力及科技优势得到提升。值得注意的是，二级指标中经济效益从第 16 位下滑至第 27 位，绿色发展以及创投资源均下降 6 位，创投能力、教育投入分别下降 4 位、5 位，表明四川省产业质量方面有所下滑，需要进一步优化产业结构，提质增效。

从图 4-132 可以看出，四川省"三创"能力发展的资源投入较高，但产出效益较低。

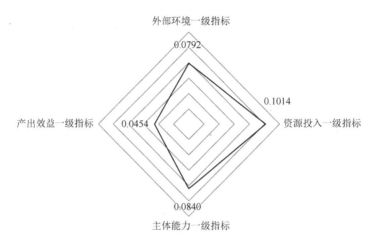

图 4-132 四川省"三创"能力雷达图

从图 4-133 可以看出，四川省"三创"能力发展的绿色发展较高，但对外开放较低。

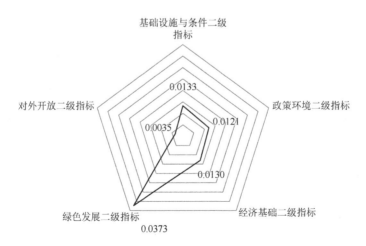

图 4-133 四川省"三创"外部环境雷达图

从图 4-134 可以看出，四川省"三创"能力发展的人力资源较高，但创投资源相对较低。

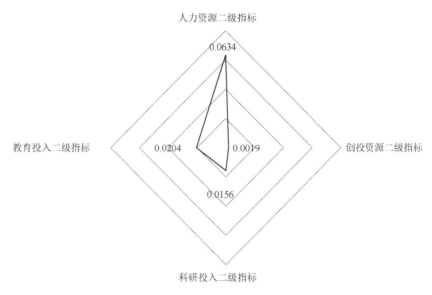

图 4-134　四川省"三创"资源投入雷达图

从图 4-135 可以看出，四川省"三创"能力发展的企业创新较高，但知识创造能力相对较低。

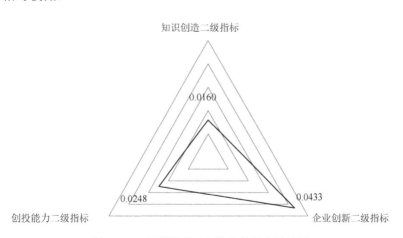

图 4-135　四川省"三创"主体能力雷达图

从图 4-136 可以看出，四川省"三创"产出效益发展中的经济效益相对较高，但科技效益相对较低。

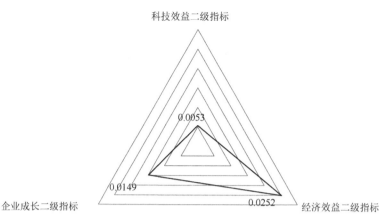

图 4-136　四川省"三创"产出效益雷达图

4.4.24　贵州省

2021 年，贵州省地区生产总值为 19 586.4 亿元，同比增长 8.1%；人口数为 3852 万人，人均地区生产总值为 50 808 元；社会全要素生产率为 1.26%。高新技术产业主营收入为 250.06 亿元，同比增长 0.02%，占地区生产总值比重为 1.28%。早期、创业、成长基金规模为 1220.42 亿元，接受投资 984.58 亿元。新增企业数 608 家，新增 IPO 企业 3 家。

2021 年，贵州省"三创"能力综合排名位于全国第 23 位。一级指标中，外部环境排名第 20，绿色发展、基础设施与条件和政策环境有待提升，经济基础较弱，对外开放程度较低；资源投入排名第 24，贵州省教育投入力度相对较大，创投资源相对较好，但由于经济水平相对薄弱，企业规模效应尚未显现，人力资源和科研投入相对较低；主体能力排名第 27，创投能力相对尚可，企业创新、知识创造较弱；产出效益排名第 18，经济效益和企业成长相对尚可，科技效益相对较弱。

贵州省"三创"能力综合指标见表 4-75，贵州省变化达到 4 位或 4 位以上的指标见表 4-76。

表 4-75　贵州省"三创"能力综合指标

指标名称	指标值	2018 年排名	2021 年排名
"三创"综合指数	0.2165	22	23
1 外部环境	0.0599	19	20
1.1 基础设施与条件	0.0106	23	18
1.2 政策环境	0.0063	14	20
1.3 经济基础	0.0046	14	24

指标名称	指标值	2018 年排名	2021 年排名
1.4 绿色发展	0.0377	15	17
1.5 对外开放	0.0007	29	27
2 资源投入	0.0623	26	24
2.1 人力资源	0.0271	30	29
2.2 创投资源	0.0015	28	14
2.3 科研投入	0.0041	28	27
2.4 教育投入	0.0296	6	6
3 主体能力	0.0473	29	27
3.1 知识创造	0.0026	30	26
3.2 企业创新	0.0216	23	26
3.3 创投能力	0.0231	19	15
4 产出效益	0.0470	28	18
4.1 科技效益	0.0009	26	24
4.2 经济效益	0.0352	25	17
4.3 企业成长	0.0109	22	18

表 4-76　贵州省变化达到 4 位或 4 位以上的指标

指标名称	指标值	2018 年排名	2021 年排名	变化
2.2 创投资源	0.0015	28	14	+14
4 产出效益	0.0470	28	18	+10
4.2 经济效益	0.0352	25	17	+8
1.1 基础设施与条件	0.0106	23	18	+5
3.1 知识创造	0.0026	30	26	+4
3.3 创投能力	0.0231	19	15	+4
4.3 企业成长	0.0109	22	18	+4
1.2 政策环境	0.0063	14	20	−6
1.3 经济基础	0.0046	14	24	−10

对比 2018 年,贵州省"三创"综合指数从第 22 位,降至第 23 位,降幅微小,一级指标中产出效益提升显著,从第 28 位提升至第 18 位。二级指标中,创投资源、经济效益、基础设施与条件分别上升 14 位、8 位、5 位,知识创造、创投能力及企业成长均上升 4 位,说明贵州省"三创"资源投入以及绩效较为良好,政策环境从第 14 位下降至第 20 位,经济基础从第 14 位大幅下降至第 24 位,表明贵州省仍需注重改善政策制度环境,提高政府效率,促进区域经济快速发展。

从图 4-137 可以看出，贵州省"三创"能力发展的资源投入、外部环境较高，但产出效益相对较低。

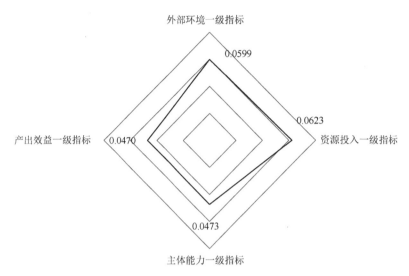

图 4-137　贵州省"三创"能力雷达图

从图 4-138 可以看出，贵州省"三创"能力发展的绿色发展相对较高，但对外开放相对较低。

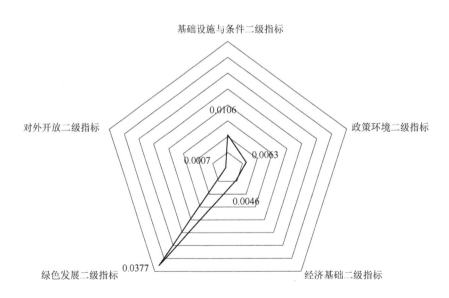

图 4-138　贵州省"三创"外部环境雷达图

从图 4-139 可以看出，贵州省"三创"能力发展的人力资源、教育投入较高，但创投资源、科研投入相对较低。

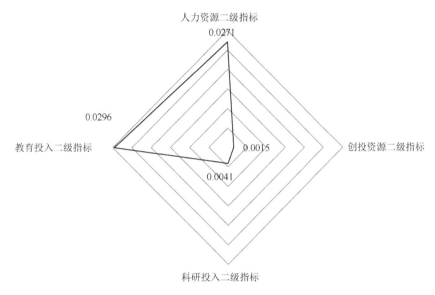

图 4-139　贵州省"三创"资源投入雷达图

从图 4-140 可以看出，贵州省"三创"主体能力发展的创投能力、企业创新较高，但知识创造较低。

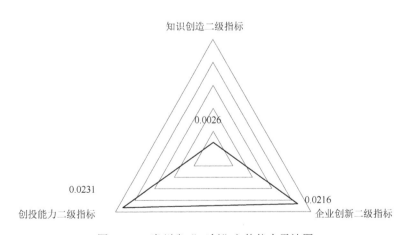

图 4-140　贵州省"三创"主体能力雷达图

从图 4-141 可以看出，贵州省"三创"能力发展的经济效益较高，但企业成长及科技效益较低。

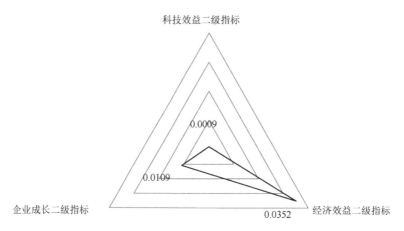

图 4-141　贵州省"三创"产出效益雷达图

4.4.25　云南省

2021年，云南省地区生产总值为 27 146.8 亿元，同比增长 7.3%；人口数为 4690 万人，人均地区生产总值为 57 686 元；社会全要素生产率为 0.64%。高新技术产业主营收入为 159.74 亿元，同比增长–0.60%，占地区生产总值比重为 0.59%。早期、创业、成长基金规模为 108.64 亿元，接受投资 225.5 亿元。新增企业数 168 家，新增 IPO 企业 3 家。

2021年，云南省"三创"能力综合排名位于全国第 22 位。一级指标中，外部环境排名第 21，地处中国西南边陲，西部与缅甸接壤，南部和老挝、越南毗邻，是中国通往东南亚、南亚的门户和窗口，对外开放程度相对尚可，经济基础条件一般，注重绿色发展，政策环境和基础设施与条件有待提高；资源投入排名第 21，教育投入力度较大，创投资源、人力资源和科研投入相对较为薄弱；主体能力排名第 15，创投能力较强，企业创新、知识创造相对较弱；产出效益排名第 29，企业成长能力相对尚可，经济效益和科技效益有较大提升空间。

云南省"三创"能力综合指标见表 4-77，云南省变化达到 4 位或 4 位以上的指标见表 4-78。

表 4-77　云南省"三创"能力综合指标

指标名称	指标值	2018 年排名	2021 年排名
"三创"综合指数	0.2200	25	22
1 外部环境	0.0566	24	21
1.1 基础设施与条件	0.0069	30	26
1.2 政策环境	0.0039	21	27

续表

指标名称	指标值	2018 年排名	2021 年排名
1.3 经济基础	0.0071	20	21
1.4 绿色发展	0.0368	17	19
1.5 对外开放	0.0019	19	20
2 资源投入	0.0695	27	21
2.1 人力资源	0.0419	25	23
2.2 创投资源	0.0004	22	21
2.3 科研投入	0.0056	24	23
2.4 教育投入	0.0216	20	15
3 主体能力	0.0657	24	15
3.1 知识创造	0.0038	24	25
3.2 企业创新	0.0287	25	23
3.3 创投能力	0.0332	29	5
4 产出效益	0.0282	27	29
4.1 科技效益	0.0009	19	25
4.2 经济效益	0.0162	28	30
4.3 企业成长	0.0110	16	17

表 4-78   云南省变化达到 4 位或 4 位以上的指标

指标名称	指标值	2018 年排名	2021 年排名	变化
3.3 创投能力	0.0332	29	5	+24
3 主体能力	0.0657	24	15	+9
1.1 基础设施与条件	0.0069	30	26	+4
2 资源投入	0.0695	27	21	+6
2.4 教育投入	0.0216	20	15	+5
1.2 政策环境	0.0039	21	27	-6
4.1 科技效益	0.0009	19	25	-6

对比 2018 年,云南省的"三创"综合指数从第 25 位,提升至第 22 位。一级指标中,资源投入从第 27 位提升至 21 位,主体能力从第 24 位提升至第 15 位,可能是综合指数提升的主要原因。二级指标中,创投能力从第 29 位大幅上升至第 5 位,表明云南省创投能力方面的潜力和优势提升较为显著。基础设施与条件上升 4 位,教育投入上升 5 位,说明云南省重视基础建设以及教育相关的投入。政策环境及科技效益均下降 6 位,需要给予足够的重视。

从图 4-142 可以看出，云南省"三创"能力发展的主体能力及资源投入较高，但产出效益较低。

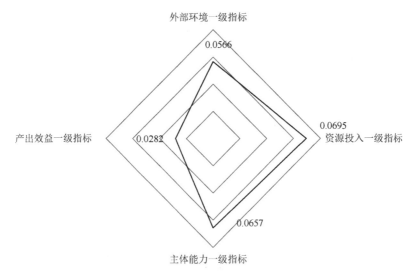

图 4-142　云南省"三创"能力雷达图

从图 4-143 可以看出，云南省"三创"能力发展的绿色发展较高，但对外开放相对较低。

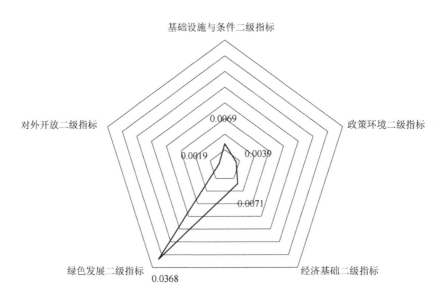

图 4-143　云南省"三创"外部环境雷达图

　　从图 4-144 可以看出,云南省"三创"能力发展的人力资源较高,但创投资源及科研投入相对较低。

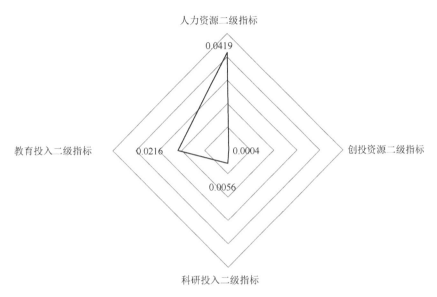

图 4-144　云南省"三创"资源投入雷达图

　　从图 4-145 可以看出,云南省"三创"能力发展的创投能力及企业创新较高,但知识创造较低。

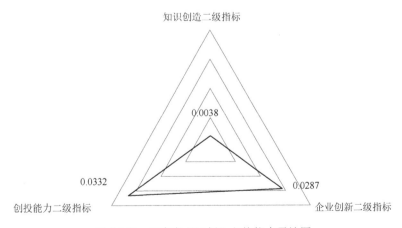

图 4-145　云南省"三创"主体能力雷达图

　　从图 4-146 可以看出,云南省"三创"能力发展的经济效益较高,但科技效益相对较低。

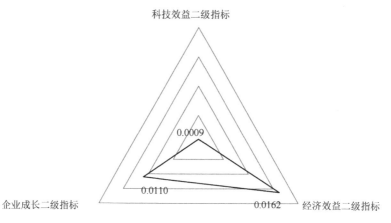

图 4-146　云南省"三创"产出效益雷达图

4.4.26　西藏自治区

2021 年，西藏自治区地区生产总值为 2080.2 亿元，同比增长 6.7%；人口数为 366 万人，人均地区生产总值为 56 831 元；社会全要素生产率为 0.86%。高新技术产业主营收入为 0 亿元，同比增长 0，占地区生产总值比重为 0。早期、创业、成长基金规模为 42.02 亿元，接受投资 0 亿元。新增企业数 19 家，新增 IPO 企业 1 家。

2021 年，西藏自治区"三创"能力综合排名位于全国第 24 位。一级指标中，外部环境排名第 28，绿色发展方面表现相对不错，基础设施与条件较为薄弱，对外开放程度较低，政策环境、经济基础方面还有很大提升空间；资源投入排名第 30，教育投入力度较大，创投资源不足，人才吸引力较低，人力资源和科研投入相对较低；主体能力排名第 10，企业创新能力强，创投能力尚可，知识创造还有较大的提升空间；产出效益排名第 12，企业成长能力较强，经济效益有进步但相对偏低，科技效益有较大提升空间。

西藏自治区"三创"能力综合指标见表 4-79，西藏自治区变化达到 4 位与 4 位以上的指标见表 4-80。

表 4-79　西藏自治区"三创"能力综合指标

指标名称	指标值	2018 年排名	2021 年排名
"三创"综合指数	0.2146	31	24
1 外部环境	0.0403	31	28
1.1 基础设施与条件	0.0022	31	31
1.2 政策环境	0.0020	31	30
1.3 经济基础	0.0024	23	30

指标名称	指标值	2018 年排名	2021 年排名
1.4 绿色发展	0.0333	1	22
1.5 对外开放	0.0004	30	29
2 资源投入	0.0402	28	30
2.1 人力资源	0.0117	31	31
2.2 创投资源	0	18	31
2.3 科研投入	0.0031	30	30
2.4 教育投入	0.0254	16	11
3 主体能力	0.0719	18	10
3.1 知识创造	0.0006	27	31
3.2 企业创新	0.0544	9	6
3.3 创投能力	0.0169	24	19
4 产出效益	0.0622	31	12
4.1 科技效益	0	31	31
4.2 经济效益	0.0321	24	20
4.3 企业成长	0.0301	31	5

表 4-80　西藏自治区变化达到 4 位或 4 位以上的指标

指标名称	指标值	2018 年排名	2021 年排名	变化
4.3 企业成长	0.0301	31	5	+26
4 产出效益	0.0622	31	12	+19
3 主体能力	0.0719	18	10	+8
"三创"综合指数	0.2146	31	24	+7
2.4 教育投入	0.0254	16	11	+5
3.3 创投能力	0.0169	24	19	+5
4.2 经济效益	0.0321	24	20	+4
3.1 知识创造	0.0006	27	31	−4
1.3 经济基础	0.0024	23	30	−7
2.2 创投资源	0	18	31	−13
1.4 绿色发展	0.0333	1	22	−21

对比 2018 年，西藏自治区的"三创"综合指数从第 31 位，提升至第 24 位，增幅较大，一级指标中产出效益从第 31 位提升至第 12 位，主体能力从第 18 位提升至第 10 位，可能是综合指数提升的主要原因。值得肯定的是，二级指标中企业成长从第 31 位大幅上升至第 5 位，表明西藏自治区企业具有显著的成长能力。此外，教育投入、创投能力及经济效益等方面都有所提升。不过，西藏自治区的绿色发展及

创投资源分别下降 21 位、13 位，降幅明显，西藏自治区应该注重加强环境保护以及创投资源投入。

从图 4-147 可以看出，西藏自治区"三创"能力发展的产出效益、主体能力较高，但外部环境、资源投入相对较低。

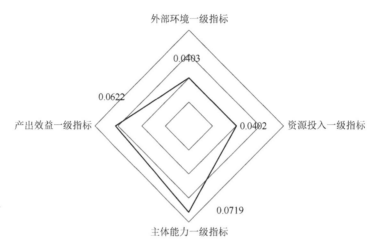

图 4-147　西藏自治区"三创"能力雷达图

从图 4-148 可以看出，西藏自治区"三创"能力发展的绿色发展较高，但对外开放、基础设施与条件及政策环境较低。

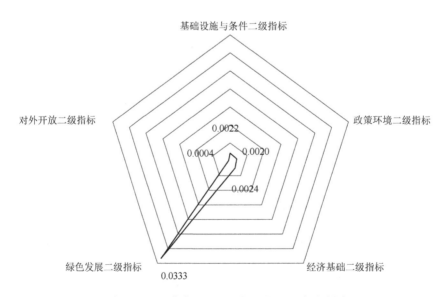

图 4-148　西藏自治区"三创"外部环境雷达图

从图 4-149 可以看出，西藏自治区"三创"能力发展的教育投入较高，但创投资源及科研投入相对较低。

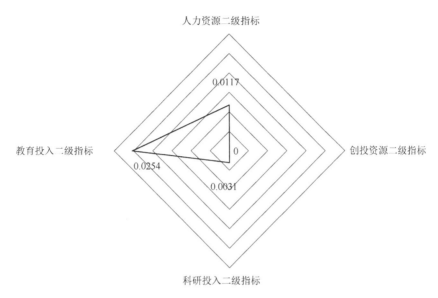

图 4-149　西藏自治区"三创"资源投入雷达图

从图 4-150 可以看出，西藏自治区"三创"能力发展的企业创新较高，但知识创造较低。

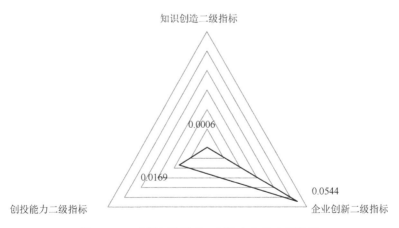

图 4-150　西藏自治区"三创"主体能力雷达图

从图 4-151 可以看出，西藏自治区"三创"能力发展的经济效益及企业成长较突出，但科技效益严重不足。

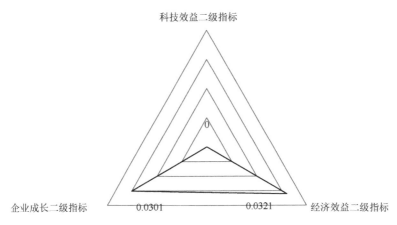

图 4-151　西藏自治区"三创"产出效益雷达图

4.4.27　陕西省

2021 年,陕西省地区生产总值为 29 801 亿元,同比增长 6.5%;人口数为 3954 万人,人均地区生产总值为 75 360 元;社会全要素生产率为 0.36%。高新技术产业主营收入为 1008.21 亿元,同比增长 0.83%,占地区生产总值的比重为 3.38%。早期、创业、成长基金规模为 1332.79 亿元,接受投资 330.29 亿元。新增企业数 364 家,新增创业板、中小板、新三板上市企业 8 家。

2021 年,陕西省"三创"能力综合排名位于全国第 16 位。一级指标中,外部环境排名第 15,地处西北内陆地区,注重绿色发展,基础设施与条件较好,对外开放程度较低,政策环境、经济基础方面仍有提升空间;资源投入排名第 11,高校、研究机构实力位居各省前列,人力资源和科研投入相对较好,创投资源有进步但仍显不足,教育投入水平还有提高空间;主体能力排名第 12,科研院所对企业支撑与拉动作用较强,知识创造能力强,但创投能力有待提高,企业自主创新能力还有一定的提升空间;产出效益排名第 22,科技效益较强,经济效益与企业成长尚有较大提升空间。

陕西省"三创"能力综合指标见表 4-81,陕西省变化达到 4 位或 4 位以上的指标见表 4-82。

表 4-81　陕西省"三创"能力综合指标

指标名称	指标值	2018 年排名	2021 年排名
"三创"综合指数	0.2801	13	16
1 外部环境	0.0729	21	15
1.1 基础设施与条件	0.0103	10	19
1.2 政策环境	0.0097	19	16

指标名称	指标值	2018 年排名	2021 年排名
1.3 经济基础	0.0104	22	16
1.4 绿色发展	0.0411	13	11
1.5 对外开放	0.0015	20	21
2 资源投入	0.0959	10	11
2.1 人力资源	0.0606	6	13
2.2 创投资源	0.0010	21	17
2.3 科研投入	0.0136	10	12
2.4 教育投入	0.0208	15	16
3 主体能力	0.0677	12	12
3.1 知识创造	0.0202	7	7
3.2 企业创新	0.0306	18	18
3.3 创投能力	0.0168	13	20
4 产出效益	0.0435	16	22
4.1 科技效益	0.0062	11	7
4.2 经济效益	0.0293	22	22
4.3 企业成长	0.0080	18	22

表 4-82　陕西省变化达到 4 位或 4 位以上的指标

指标名称	指标值	2018 年排名	2021 年排名	变化
1 外部环境	0.0729	21	15	+6
1.3 经济基础	0.0104	22	16	+6
2.2 创投资源	0.0010	21	17	+4
4.1 科技效益	0.0062	11	7	+4
4.3 企业成长	0.0080	18	22	-4
4 产出效益	0.0435	16	22	-6
2.1 人力资源	0.0606	6	13	-7
3.3 创投能力	0.0168	13	20	-7
1.1 基础设施与条件	0.0103	10	19	-9

对比 2018 年,陕西省的"三创"综合指数从第 13 位降至第 16 位,降幅微小,一级指标中产出效益从第 16 位降至第 22 位,可能是综合指数下降的主要原因。值得肯定的是,二级指标中政策环境、经济基础和绿色发展均有所提升,外部环境从第 21 位升至第 15 位,表明陕西省的外部环境持续改善,政府效率持续提高,经济基础不断发展,环境保护有所提升。但是陕西省的基础设施与条件、人力资源以及

创投能力均有所下降，陕西省应更加关注企业的主体能力及效益的发展提升。

从图 4-152 可以看出，陕西省"三创"能力发展的资源投入较高。但产出效益较低。

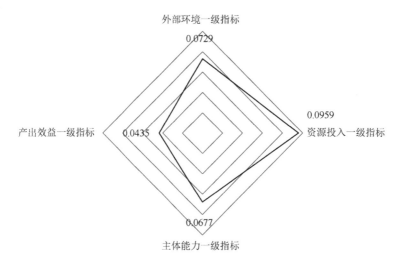

图 4-152 陕西省"三创"能力雷达图

从图 4-153 可以看出，陕西省"三创"能力发展的绿色发展较高，但对外开放较低。

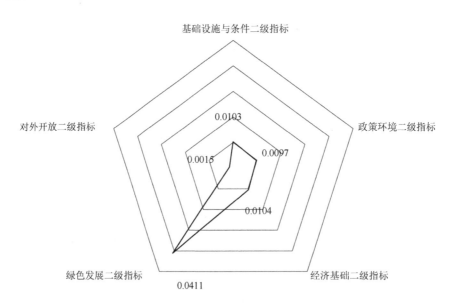

图 4-153 陕西省"三创"外部环境雷达图

从图 4-154 可以看出，陕西省"三创"能力发展的人力资源较高，但创投资源及科研投入相对较低。

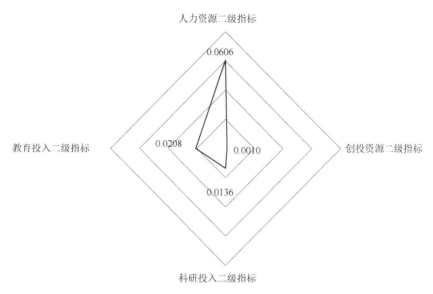

图 4-154　陕西省"三创"资源投入雷达图

从图 4-155 可以看出，陕西省"三创"能力发展的企业创新较高，但创投能力较低。

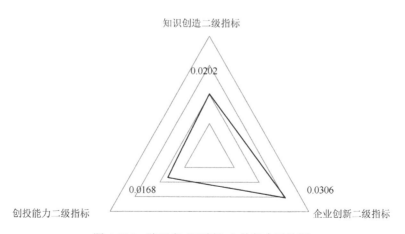

图 4-155　陕西省"三创"主体能力雷达图

从图 4-156 可以看出，陕西省"三创"能力发展的经济效益较高，但科技效益、企业成长较低。

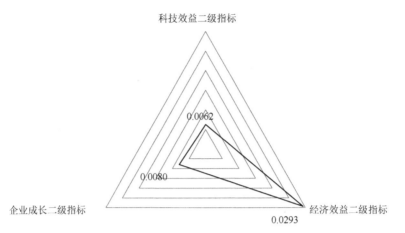

图 4-156　陕西省"三创"产出效益雷达图

4.4.28　甘肃省

2021 年，甘肃省地区生产总值为 10 243.3 亿元，同比增长 6.9%；人口数为 2490 万人，人均地区生产总值为 41 046 元；社会全要素生产率为 1.32%。高新技术产业主营收入为 126.38 亿元，同比增长 0.55%，占地区生产总值比重为 1.23%。早期、创业、成长基金规模为 269.22 亿元，接受投资 257.45 亿元。新增企业数 310 家，新增 IPO 企业 1 家。

2021 年，甘肃省"三创"能力综合排名位于全国第 25 位。一级指标中，外部环境排名第 26，地处西北地区，注重绿色发展，对外开放程度较低，政策环境和基础设施与条件方面仍有提升空间，经济基础比较薄弱；资源投入排名第 26，创投资源、科研投入不足，教育投入水平还有提高空间，人才吸引度较低，人力资源不足；主体能力排名第 26，创投能力较强，企业创新水平亟须提升；产出效益排名第 17，经济效益相对较好，科技效益和企业成长尚有较大提升空间。

甘肃省"三创"能力综合指标见表 4-83，甘肃省变化达到 4 位或 4 位以上的指标见表 4-84。

表 4-83　甘肃省"三创"能力综合指标

指标名称	指标值	2018 年排名	2021 年排名
"三创"综合指数	0.2031	26	25
1 外部环境	0.0479	28	26
1.1 基础设施与条件	0.0076	28	23
1.2 政策环境	0.0039	26	25
1.3 经济基础	0.0015	31	31

续表

指标名称	指标值	2018 年排名	2021 年排名
1.4 绿色发展	0.0343	16	21
1.5 对外开放	0.0006	28	28
2 资源投入	0.0572	20	26
2.1 人力资源	0.0332	22	26
2.2 创投资源	0.0005	16	20
2.3 科研投入	0.0058	19	22
2.4 教育投入	0.0177	22	21
3 主体能力	0.0499	30	26
3.1 知识创造	0.0050	22	22
3.2 企业创新	0.0152	28	31
3.3 创投能力	0.0298	25	9
4 产出效益	0.0481	30	17
4.1 科技效益	0.0012	23	22
4.2 经济效益	0.0400	30	14
4.3 企业成长	0.0069	26	26

表 4-84　甘肃省变化达到 4 位或 4 位以上的指标

指标名称	指标值	2018 年排名	2021 年排名	变化
3.3 创投能力	0.0298	25	9	＋16
4.2 经济效益	0.0400	30	14	＋16
4 产出效益	0.0481	30	17	＋13
1.1 基础设施与条件	0.0076	28	23	＋5
3 主体能力	0.0499	30	26	＋4
2.1 人力资源	0.0332	22	26	−4
2.2 创投资源	0.0005	16	20	−4
1.4 绿色发展	0.0343	16	21	−5
2 资源投入	0.0572	20	26	−6

　　对比 2018 年,甘肃省的"三创"综合指数从第 26 位,提升至第 25 位,总体保持稳定。一级指标中产出效益从第 30 位提升至第 17 位,表明产业质量有所上升,资源投入从第 20 位降至第 26 位,人力资源与创投资源均下降 4 位,表明"三创"投入相对下滑。二级指标中创投能力从第 25 位提升至第 9 位,经济效益从第 30 位提升至第 14 位,基础设施与条件从第 28 位提升至第 23 位,表明甘肃省创投能力、经济效益和产业基础设施条件明显改善。此外,绿色发展下降 5 位,说明甘肃省应关注环境治理问题。

从图 4-157 可以看出，甘肃省"三创"能力发展的资源投入较高，但外部环境较低。

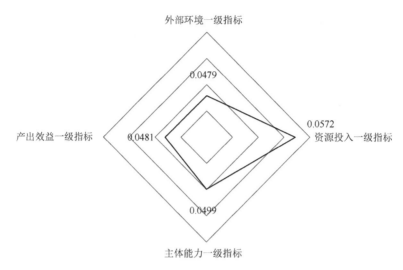

图 4-157 甘肃省"三创"能力雷达图

从图 4-158 可以看出，甘肃省"三创"能力发展的绿色发展较高，但对外开放及经济基础相对较低。

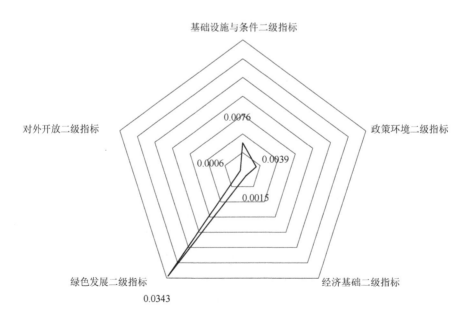

图 4-158 甘肃省"三创"外部环境雷达图

从图 4-159 可以看出，甘肃省"三创"能力发展的人力资源较高，但创投资源、科研投入较低。

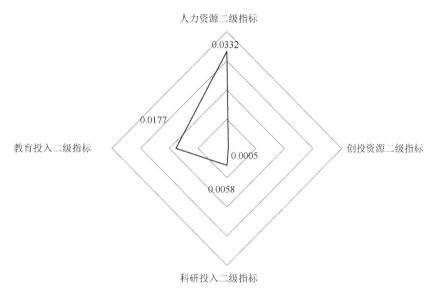

图 4-159　甘肃省"三创"资源投入雷达图

从图 4-160 可以看出，甘肃省"三创"能力发展的创投能力较高，但企业创新及知识创造较低。

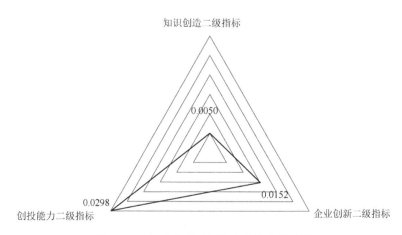

图 4-160　甘肃省"三创"主体能力雷达图

从图 4-161 可以看出，甘肃省"三创"能力发展的经济效益较高，但企业成长和科技效益较低。

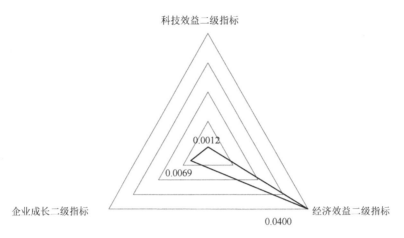

图 4-161　甘肃省"三创"产出效益雷达图

4.4.29　青海省

2021 年，青海省地区生产总值为 3346.6 亿元，同比增长 5.7%；人口数为 594 万人，人均地区生产总值为 56 398 元；社会全要素生产率为 0.99%。高新技术产业主营收入为 45.91 亿元，同比增长–0.12%，占地区生产总值比重 1.37%。早期、创业、成长基金规模为 0 亿元，接受投资 19.47 亿元。新增企业数 53 家，新增 IPO 企业 0 家。

2021 年，青海省"三创"能力综合排名位于全国第 31 位。一级指标中，外部环境排名第 29，绿色发展较差，多部门联合打出"组合拳"，青海省环境治理工作持续推进，地处西北内陆，对外开放程度低，政策环境方面有待提高；资源投入排名第 31，创投资源、人力资源、科研投入、教育投入相对薄弱，人力资源整体质量比较低，人才匮乏，教育投资水平低，人才培养机构较少；主体能力排名第 28，企业创新强，知识创造与创投能力还有很大的提升空间；产出效益排名第 31，经济效益、科技效益与企业成长较为薄弱，经济发展仍处在以劳动力、土地、矿产资源等初级要素为主要推动力的"要素推动阶段"。

青海省"三创"能力综合指标见表 4-85，青海省变化达到 4 位或 4 位以上的指标见表 4-86。

表 4-85　青海省"三创"能力综合指标

指标名称	指标值	2018 年排名	2021 年排名
"三创"综合指数	0.1307	30	31
1 外部环境	0.0402	26	29

指标名称	指标值	2018 年排名	2021 年排名
1.1 基础设施与条件	0.0048	5	29
1.2 政策环境	0	23	31
1.3 经济基础	0.0027	29	29
1.4 绿色发展	0.0327	24	24
1.5 对外开放	0	31	31
2 资源投入	0.0289	31	31
2.1 人力资源	0.0147	29	30
2.2 创投资源	0	27	29
2.3 科研投入	0.0043	29	26
2.4 教育投入	0.0099	31	27
3 主体能力	0.0422	26	28
3.1 知识创造	0.0014	29	30
3.2 企业创新	0.0406	21	14
3.3 创投能力	0.0002	31	31
4 产出效益	0.0194	29	31
4.1 科技效益	0.0003	27	29
4.2 经济效益	0.0191	19	29
4.3 企业成长	0	29	31

表 4-86 青海省变化达到 4 位或 4 位以上的指标

指标名称	指标值	2018 年排名	2021 年排名	变化
3.2 企业创新	0.0406	21	14	+7
2.4 教育投入	0.0099	31	27	+4
1.2 政策环境	0	23	31	−8
4.2 经济效益	0.0191	19	29	−10
1.1 基础设施与条件	0.0048	5	29	−24

对比 2018 年,青海省的"三创"综合指数从第 30 位,降至第 31 位,一级指标中外部环境、产出效益、主体能力均有所下降,可能是综合指数下降的主要原因。二级指标中企业创新及教育投入分别上升 7 位、4 位,表明青海省正加强企业创新发展,同时加大人才培养力度。值得注意的是,二级指标基础设施与条件从第 5 位大幅下降至第 29 位,政策环境从第 23 位下降至第 31 位,经济效益从第 19 位下降至第 29 位,表明青海省基础设施与条件、政策环境与经济效益有待改善。

从图 4-162 可以看出，青海省"三创"能力发展的主体能力、外部环境较突出，但产出效益、资源投入相对较低。

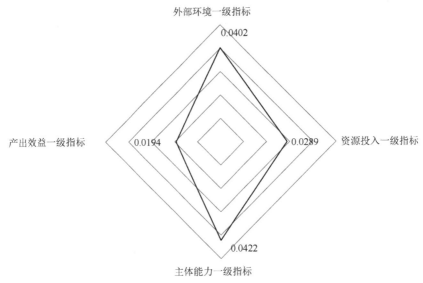

图 4-162 青海省"三创"能力雷达图

从图 4-163 可以看出，青海省"三创"能力发展的绿色发展较高，但对外开放及政策环境相对较低。

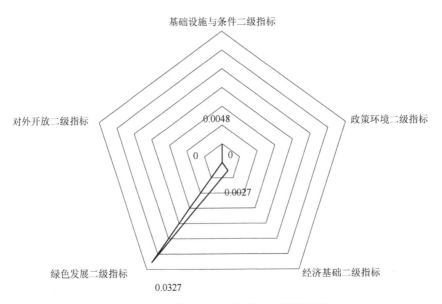

图 4-163 青海省"三创"外部环境雷达图

从图 4-164 可以看出, 青海省 "三创" 能力发展的人力资源较高, 但创投资源及科研投入相对较低。

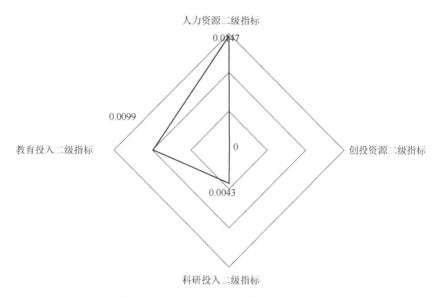

图 4-164 青海省 "三创" 资源投入雷达图

从图 4-165 可以看出, 青海省 "三创" 能力发展的企业创新较高, 但创投能力及知识创造相对较低。

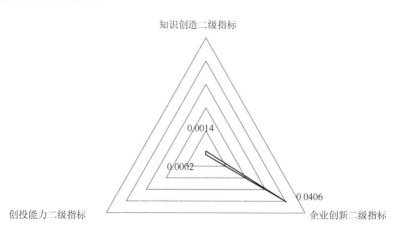

图 4-165 青海省 "三创" 主体能力雷达图

从图 4-166 可以看出, 青海省 "三创" 能力发展的经济效益较高, 但科技效益及企业成长相对较低。

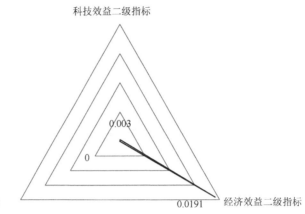

图 4-166　青海省"三创"产出效益雷达图

4.4.30　宁夏回族自治区

2021 年，宁夏回族自治区地区生产总值为 4522.3 亿元，同比增长 6.7%；人口数为 725 万人，人均地区生产总值为 62 549 元；社会全要素生产率 0.76%。高新技术产业主营收入为 171.22 亿元，同比增长 0.30%，占地区生产总值比重为 3.78%。早期、创业、成长基金规模为 228.32 亿元，接受投资 28.34 亿元。新增企业数 142 家，新增 IPO 企业 1 家。

2021 年，宁夏回族自治区"三创"能力综合排名位于全国第 29 位。一级指标中，外部环境排名第 25，地处西北内陆地区，基础设施与条件较好，经济基础相对薄弱，政策环境方面相对较差，对外开放程度较低，在绿色发展方面有一定进步，但仍有上升空间；资源投入排名第 29，高等院校、研究院等实力相对薄弱，人力资源不够充足，创投资源稀缺，教育与科研投入力度仍有待提升；主体能力排名第 31，知识创造、创投能力、企业创新还有较大的提升空间；产出效益排名第 28，经济效益一般，企业成长、科技效益有待提高。

宁夏回族自治区"三创"能力综合指标见表 4-87，宁夏回族自治区变化达到 4 位或 4 位以上的指标见表 4-88。

表 4-87　宁夏回族自治区"三创"能力综合指标

指标名称	指标值	2018 年排名	2021 年排名
"三创"综合指数	0.1568	28	29
1 外部环境	0.0511	25	25
1.1 基础设施与条件	0.0122	12	13

续表

指标名称	指标值	2018 年排名	2021 年排名
1.2 政策环境	0.0046	22	23
1.3 经济基础	0.0038	26	27
1.4 绿色发展	0.0301	31	25
1.5 对外开放	0.0004	27	30
2 资源投入	0.0434	30	29
2.1 人力资源	0.0272	24	28
2.2 创投资源	0	31	30
2.3 科研投入	0.0060	27	21
2.4 教育投入	0.0102	30	26
3 主体能力	0.0293	25	31
3.1 知识创造	0.0015	23	28
3.2 企业创新	0.0184	27	28
3.3 创投能力	0.0093	28	29
4 产出效益	0.0331	24	28
4.1 科技效益	0.0005	29	28
4.2 经济效益	0.0257	18	25
4.3 企业成长	0.0069	25	27

表 4-88　宁夏回族自治区变化达到 4 位或 4 位以上的指标

指标名称	指标值	2018 年排名	2021 年排名	变化
1.4 绿色发展	0.0301	31	25	+6
2.3 科研投入	0.0060	27	21	+6
2.4 教育投入	0.0102	30	26	+4
2.1 人力资源	0.0272	24	28	−4
4 产出效益	0.0331	24	28	−4
3.1 知识创造	0.0015	23	28	−5
3 主体能力	0.0293	25	31	−6
4.2 经济效益	0.0257	18	25	−7

　　对比 2018 年,宁夏回族自治区的"三创"综合指数从第 28 位,降至第 29 位,降幅微小,一级指标中,主体能力从第 25 位降至第 31 位,产出效益从第 24 位下降至第 28 位,可能是综合指数下降的主要原因。二级指标中,教育投入从第 30 位上升至第 26 位,科研投入从第 27 位提升至第 21 位,绿色发展上升 6 位,表明宁夏回族自治区加大资源投入,注重科研投入和教育投入及环境保护,并取

得显著成果。但是人力资源、知识创造分别下降 4 位、5 位，表明宁夏回族自治区的区域发展的后劲稍显不足。此外，经济效益下降 7 位，降幅明显，宁夏回族自治区需要进一步促进区域内产业转型升级，提质增效。

从图 4-167 可以看出，宁夏回族自治区"三创"能力发展的外部环境及资源投入较高，但产出效益及主体能力较低。

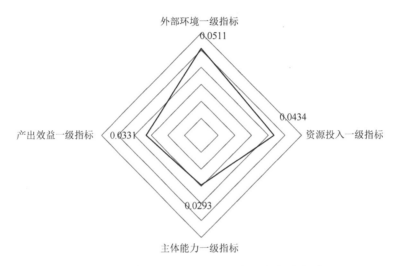

图 4-167　宁夏回族自治区"三创"能力雷达图

从图 4-168 可以看出，宁夏回族自治区"三创"能力发展的绿色发展较高，但对外开放较低。

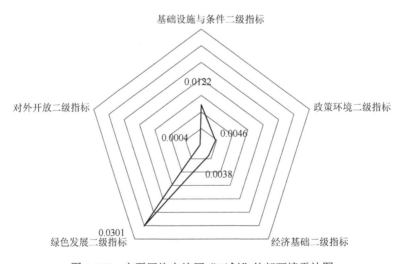

图 4-168　宁夏回族自治区"三创"外部环境雷达图

从图 4-169 可以看出,宁夏回族自治区"三创"能力发展的人力资源较高,但科研投入与创投资源相对较低。

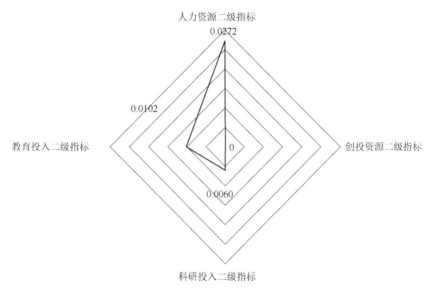

图 4-169　宁夏回族自治区"三创"资源投入雷达图

从图 4-170 可以看出,宁夏回族自治区"三创"能力发展的企业创新较高,但知识创造相对较低。

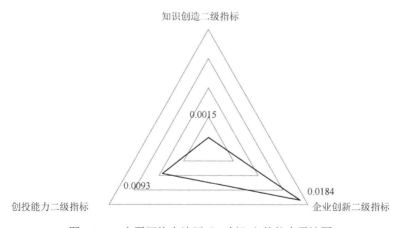

图 4-170　宁夏回族自治区"三创"主体能力雷达图

从图 4-171 可以看出,宁夏回族自治区"三创"能力发展的经济效益较高,但科技效益较低。

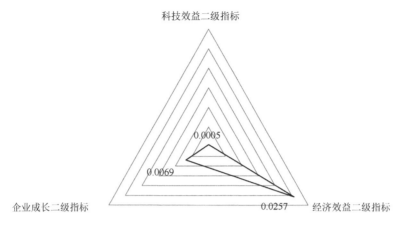

图 4-171　宁夏回族自治区"三创"产出效益雷达图

4.4.31　新疆维吾尔自治区

2021 年，新疆维吾尔自治区地区生产总值为 15 983.6 亿元，同比增长 7.0%；人口数为 2589 万人，人均地区生产总值为 61 725 元；社会全要素生产率为 0.51%。高新技术产业主营收入为 7.77 亿元，同比增长–0.20%，占地区生产总值比重为 0.05%。早期、创业、成长基金规模为 649.36 亿元，接受投资 151.27 亿元。新增企业数 449 家，新增 IPO 企业 1 家。

2021 年，新疆维吾尔自治区"三创"能力综合排名位于全国第 30 位。一级指标中，外部环境排名第 31，经济基础尚可，基础设施与条件差，对外开放程度相对不错，但政策环境、绿色发展等方面还需提升；资源投入排名第 25，教育投入较大、创投资源相对充足，人力资源相对匮乏，科研投入力度有待提升；主体能力排名第 29，知识创造能力较强，创投能力与企业创新还有很大的提升空间；产出效益排名第 30，企业成长情况较好，科技效益相对较低，经济效益有待提高。

新疆维吾尔自治区"三创"能力综合指标见表 4-89，新疆维吾尔自治区变化达到 4 位或 4 位以上的指标见表 4-90。

表 4-89　新疆维吾尔自治区"三创"能力综合指标

指标名称	指标值	2018 年排名	2021 年排名
"三创"综合指数	0.1535	28	30
1 外部环境	0.0369	30	31
1.1 基础设施与条件	0.0032	9	30

指标名称	指标值	2018 年排名	2021 年排名
1.2 政策环境	0.0033	30	28
1.3 经济基础	0.0059	30	22
1.4 绿色发展	0.0236	29	29
1.5 对外开放	0.0008	15	25
2 资源投入	0.0619	22	25
2.1 人力资源	0.0348	26	25
2.2 创投资源	0.0003	19	23
2.3 科研投入	0.0019	25	31
2.4 教育投入	0.0249	11	12
3 主体能力	0.0342	27	29
3.1 知识创造	0.0124	26	14
3.2 企业创新	0.0165	24	30
3.3 创投能力	0.0053	21	30
4 产出效益	0.0205	23	30
4.1 科技效益	0.0006	30	26
4.2 经济效益	0.0099	14	31
4.3 企业成长	0.0100	23	20

表 4-90　新疆维吾尔自治区变化达到 4 位或 4 位以上的指标

指标名称	指标值	2018 年排名	2021 年排名	变化
3.1 知识创造	0.0124	26	14	+12
1.3 经济基础	0.0059	30	22	+8
4.1 科技效益	0.0006	30	26	+4
2.2 创投资源	0.0003	19	23	-4
2.3 科研投入	0.0019	25	31	-6
3.2 企业创新	0.0165	24	30	-6
4 产出效益	0.0205	23	30	-7

续表

指标名称	指标值	2018 年排名	2021 年排名	变化
3.3 创投能力	0.0053	21	30	−9
1.5 对外开放	0.0008	15	25	−10
4.2 经济效益	0.0099	14	31	−17
1.1 基础设施与条件	0.0032	9	30	−21

对比 2018 年，新疆维吾尔自治区的"三创"综合指数从第 28 位，降至第 30 位，降幅微小。一级指标中产出效益下降 7 位，是导致综合指数下降的主要原因。二级指标知识创造从第 26 位提升至第 14 位，经济基础和科技效益分别提升 8 位、4 位，说明新疆维吾尔自治区对知识创造方面较为重视，且由于地理位置的原因，经济基础也较为良好，同时科技效益也较为良好。二级指标中的基础设施与条件、经济效益以及对外开放分别下降 21 位、17 位、10 位，降幅较为显著，值得关注。创投能力、企业创新、科研投入及创投资源分别下降 9 位、6 位、6 位、4 位，表明创投事业近年来发展下滑，企业创新和科研投入相应走弱。

从图 4-172 可以看出，新疆维吾尔自治区"三创"能力发展的资源投入较高，但产出效益相对较低。

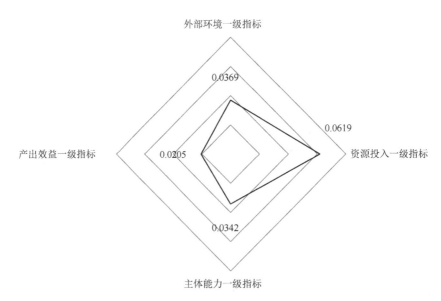

图 4-172 新疆维吾尔自治区"三创"能力雷达图

从图 4-173 可以看出,新疆维吾尔自治区"三创"能力发展的绿色发展较高,但基础设施与条件及对外开放相对较低。

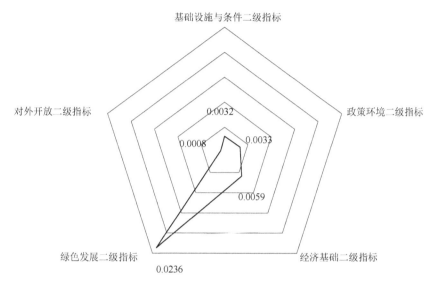

图 4-173 新疆维吾尔自治区"三创"外部环境雷达图

从图 4-174 可以看出,新疆维吾尔自治区"三创"能力发展的人力资源、教育投入较高,但科研投入、创投资源较低。

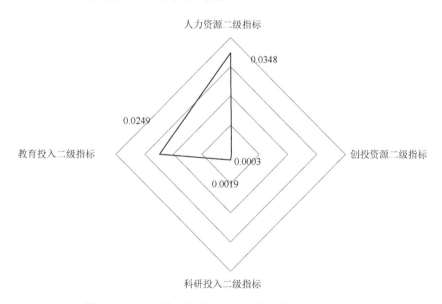

图 4-174 新疆维吾尔自治区"三创"资源投入雷达图

从图 4-175 可以看出，新疆维吾尔自治区"三创"能力发展的知识创造及企业创新较高，但创投能力较低。

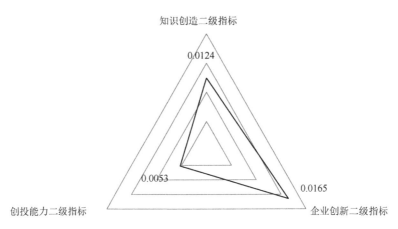

图 4-175　新疆维吾尔自治区"三创"主体能力雷达图

从图 4-176 可以看出，新疆维吾尔自治区"三创"能力发展的企业成长及经济效益较高，但科技效益较低。

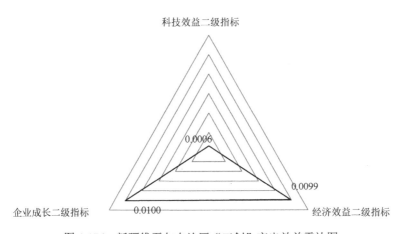

图 4-176　新疆维吾尔自治区"三创"产出效益雷达图

第5章 工业行业"三创"指数评估结果

工业相关行业在人类经济社会中扮演着重要的角色。第一，工业为经济增长注入动力。工业生产的不断发展，为经济的增长注入了源源不断的动力，成为现代化和工业化的关键支撑。第二，工业带动全社会产业结构升级。工业作为独立的生产部门，对发展其他行业也有重要的推动作用，对于产业结构的升级具有至关重要的意义。第三，工业是科技水平和国家实力的主要载体。随着工业的不断发展和技术创新，科技水平将不断提高，为国家的综合实力打下坚实的基础。第四，工业是适应和满足市场需求的主要部门。随着市场的需求不断变化，工业的发展不断满足了人们的生产和生活需求，并且为人们提供了更加丰富、更加多样化的选择。

我国是工业大国，拥有完整的工业体系，涵盖了从原材料到终端产品的整个生产过程。我国在许多工业领域都取得了显著的发展，如钢铁、汽车、电子、机械等。我国政府一直致力于推动工业的发展，通过政策扶持、技术创新、人才培养等多种方式，为工业发展提供了强有力的支持。我国工业的发展不仅为国内经济增长提供了动力，也为全球经济的发展做出了贡献。未来，我国将继续推动工业的发展，提高工业的竞争力和创新能力，为全球经济的发展做出更大的贡献。为进一步了解我国不同工业行业的"三创"发展情况，研究团队对工业相关行业的"三创"综合指数进行了排名，并分析评价了各行业"三创"综合指数的发展水平及差异情况。

5.1 工业行业"三创"指数排名及分析

本书跟踪了 38 个工业行业的"三创"综合指数排名情况（图 5-1、附录四），从分值上看，"三创"综合指数较高的行业主要集中在国家重点发展的战略性新兴产业，计算机、通信和其他电子设备制造业处于绝对领先水平，远远高于其他行业；其次为电气机械和器材制造业；通用设备制造业、专用设备制造业、汽车制造业、化学原料及化学制品制造业、非金属矿物制品业属于同一梯队，分值依次下降但下降较缓；其余行业的"三创"综合指数均低于 0.4。

图 5-2 给出了 38 个行业"三创"综合指数分布情况，代表不同分值段的出现频率，其偏度为 1.918 17，峰度为 4.553 93，由图 5-2 也可发现，38 个行业的"三创"综合指数是右偏分布，大多数行业的分值居于平均值以下。

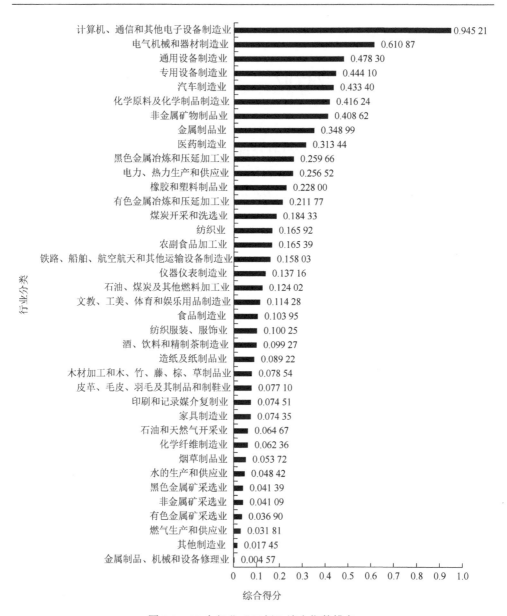

图 5-1　38 个行业"三创"综合指数排名

图 5-3 是 38 个行业"三创"综合指数箱线图，图 5-3 中的叉点代表的是平均值的位置，箱体下边框代表的是第一四分位数 Q1，上边框代表的是第三四分位数 Q3，中间的横线代表的是中位数的位置，由图 5-3 可见 38 个行业"三创"综合指数的平均值大于中位数的值，且有两个异常值点超过了上限，分别是计算机、通信和其他电子设备制造业，电气机械和器材制造业。综合图 5-1 及图 5-3 可知，只

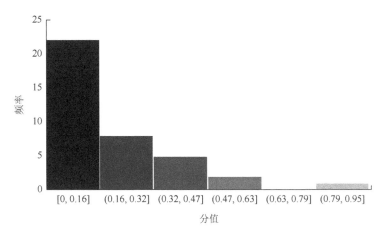

图 5-2　38 个行业"三创"综合指数分布情况

有到第 13 名的有色金属冶炼和压延加工业的分值是超过平均值 0.197 47 的,有 25 个行业的分值均低于平均值。

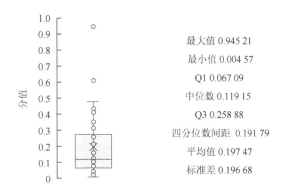

最大值 0.945 21

最小值 0.004 57

Q1 0.067 09

中位数 0.119 15

Q3 0.258 88

四分位数间距 0.191 79

平均值 0.197 47

标准差 0.196 68

图 5-3　38 个行业"三创"综合指数箱线图

5.2　分类指标排名及分析

在"三创"综合指数的评价分析基础上,为了进一步研究各行业影响"三创"发展水平的各级主要影响因素的差异,同济大学创新创业创投研究中心"三创"指数研究团队进一步从外部环境、资源投入、主体能力及产出效益这 4 个构成"三创"综合指数的一级指标对 38 个行业进行了排名及分析,并在此基础上,针对构成 38 个行业"三创"一级指标的各项二级指标也进行了排名、评价及分布规律的分析。书中排名均以四舍五入后得到的数据进行排序。

图 5-4 给出了 38 个行业"三创"指数 4 个一级指标的排名情况，图 5-5 给出了 38 个行业"三创"指数 4 个一级指标的平均值及标准差情况。

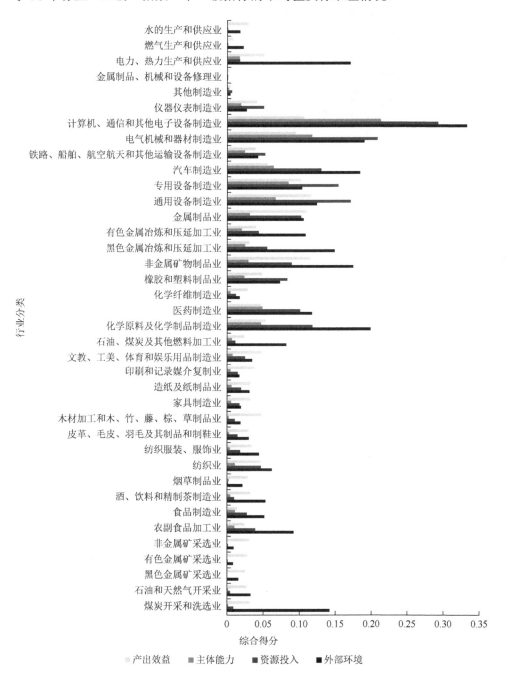

图 5-4　38 个行业"三创"指数 4 个一级指标的得分情况

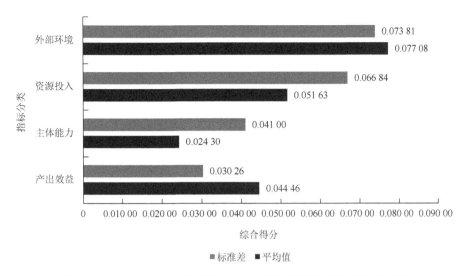

图 5-5　38 个行业"三创"指数 4 个一级指标的平均值及标准差情况

由图 5-5 可见，38 个行业的 4 个一级指标的平均值按大小排列依次是外部环境、资源投入、产出效益及主体能力。进一步计算 4 个一级指标的标准差系数，标准差系数都超过 0.6，说明行业间差异极大，首先最高为主体能力（1.687 13），说明离散程度最高，各行业主体能力上存在巨大的差异；其次是资源投入（1.294 71），主要包括创投资源和科研投入，各行业也存在很大差异；再次为外部环境（0.957 66），主要包括基础设施与条件和经济基础，存在较大差异；最后是产出效益，相对而言各行业差异略小，或与创新有时滞、创新风险较高有直接关系。

5.2.1　外部环境和各二级指标排名及分析

38 个行业的外部环境指标排名见图 5-6。外部环境主要衡量的是行业发展的条件，包括资产规模、就业人数、销售收入和利润规模等。从分值上看，计算机、通信和其他电子设备制造业排名第 1，随着信息技术的发展和数字经济越来越成为经济增长的新引擎，该行业规模巨大，远远高出排名第 2 的行业。从化学原料及化学制品制造业开始，各行业的指标值逐渐下降，可以观察到排名前 10 的行业中，大多数为制造业的基础行业，如化学原料及化学制品制造业，电气机械和器材制造业，非金属矿物制品业，电力、热力生产和供应业等，这些行业为其他制造业提供生产所必需的能源、钢铁、装备、原材料等，应用范围广泛，因此行业规模较大，外部环境较好。排名第 4 的汽车制造业在国民经济中占据重要地位，产业链极为庞大，行业的资产、就业人数、销售收入和利润等各方面都极为可观，外部环境处于领先水平。

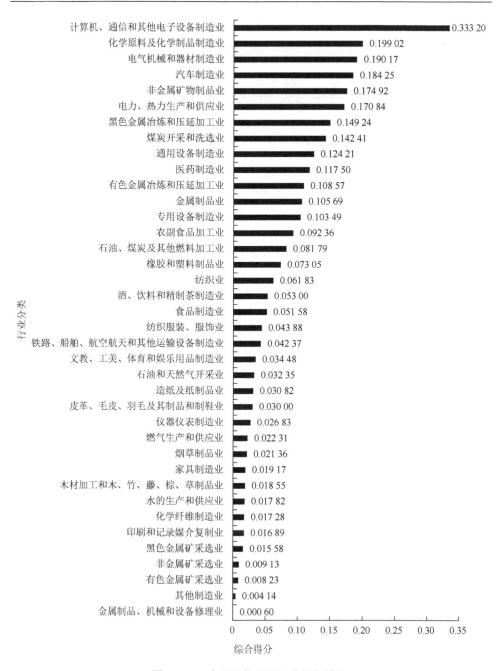

图 5-6　38 个行业的外部环境指标排名

图 5-7 给出了 38 个行业的外部环境指标分布情况，代表不同分值段的出现频率，其偏度为 1.437 67，峰度为 2.385 23，38 个行业外部环境指标呈现右偏分布。

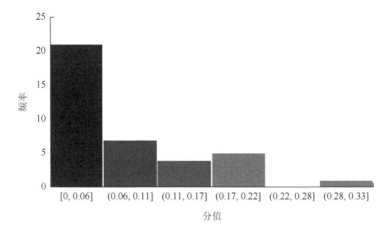

图 5-7　38 个行业的外部环境指标分布情况

图 5-8 是 38 个行业的外部环境指标箱线图，图 5-8 中的叉点代表的是平均值的位置，高于箱体中横线代表的中位数位置，且有一个高异常值点超过了上限，为计算机、通信和其他电子设备制造业。综合图 5-6 及图 5-8 可知，位居第 15 名的石油、煤炭及其他燃料加工业的分值是超过平均值 0.077 08 的，有 23 个行业的分值均低于平均值。

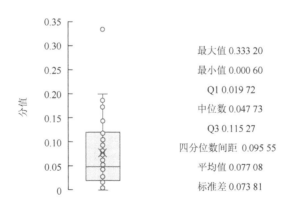

图 5-8　38 个行业的外部环境指标箱线图

38 个行业的外部环境及所含二级指标的分值及排名情况见表 5-1，图 5-9 给出了 2 个二级指标的箱线图。从 2 个指标的分布特征看，基础设施与条件、经济基础指标均为右偏分布，平均值均高于中位数，各有一个异常值点超过了上限，均为计算机、通信和其他电子设备制造业。

表 5-1　38 个行业的外部环境及所含二级指标的分值及排名情况

行业	基础设施与条件	排名	经济基础	排名	外部环境	排名
煤炭开采和洗选业	0.050 88	9	0.091 54	7	0.142 41	8
石油和天然气开采业	0.011 99	27	0.020 36	20	0.032 35	23
黑色金属矿采选业	0.005 17	33	0.010 41	30	0.015 58	34
有色金属矿采选业	0.002 59	36	0.005 64	35	0.008 23	36
非金属矿采选业	0.003 19	35	0.005 94	34	0.009 13	35
农副食品加工业	0.037 83	12	0.054 53	13	0.092 36	14
食品制造业	0.022 52	19	0.029 06	18	0.051 58	19
酒、饮料和精制茶制造业	0.016 71	23	0.036 29	16	0.053 00	18
烟草制品业	0.003 64	34	0.017 72	21	0.021 36	28
纺织业	0.033 78	15	0.028 06	19	0.061 83	17
纺织服装、服饰业	0.027 35	17	0.016 53	24	0.043 88	20
皮革、毛皮、羽毛及其制品和制鞋业	0.017 94	22	0.012 06	28	0.030 00	25
木材加工和木、竹、藤、棕、草制品业	0.009 15	29	0.009 39	31	0.018 55	30
家具制造业	0.011 20	28	0.007 97	33	0.019 17	29
造纸及纸制品业	0.013 62	24	0.017 20	22	0.030 82	24
印刷和记录媒介复制业	0.008 91	30	0.007 98	32	0.016 89	33
文教、工美、体育和娱乐用品制造业	0.018 58	21	0.015 90	25	0.034 48	22
石油、煤炭及其他燃料加工业	0.021 67	20	0.060 11	12	0.081 79	15
化学原料及化学制品制造业	0.066 48	6	0.132 54	2	0.199 02	2
医药制造业	0.035 88	14	0.081 62	8	0.117 50	10
化学纤维制造业	0.005 80	32	0.011 48	29	0.017 28	32
橡胶和塑料制品业	0.037 71	13	0.035 34	17	0.073 05	16
非金属矿物制品业	0.073 77	5	0.101 15	5	0.174 92	5
黑色金属冶炼和压延加工业	0.045 93	11	0.103 32	4	0.149 24	7
有色金属冶炼和压延加工业	0.031 20	16	0.077 38	9	0.108 57	11
金属制品业	0.051 55	8	0.054 14	14	0.105 69	12
通用设备制造业	0.061 88	7	0.062 34	11	0.124 21	9
专用设备制造业	0.050 82	10	0.052 68	15	0.103 49	13
汽车制造业	0.075 39	4	0.108 86	3	0.184 25	4
铁路、船舶、航空航天及其他运输设备制造业	0.025 60	18	0.016 77	23	0.042 37	21
电气机械和器材制造业	0.091 07	3	0.099 10	6	0.190 17	3
计算机、通信和其他电子设备制造业	0.154 09	1	0.179 11	1	0.333 20	1
仪器仪表制造业	0.012 24	26	0.014 58	27	0.026 83	26
其他制造业	0.002 37	37	0.001 77	37	0.004 14	37
金属制品、机械和设备修理业	0.000 60	38	0	38	0.000 60	38

行业	基础设施与条件	排名	经济基础	排名	外部环境	排名
电力、热力生产和供应业	0.104 76	2	0.066 08	10	0.170 84	6
燃气生产和供应业	0.007 14	31	0.015 18	26	0.022 31	27
水的生产和供应业	0.012 38	25	0.005 44	36	0.017 82	31

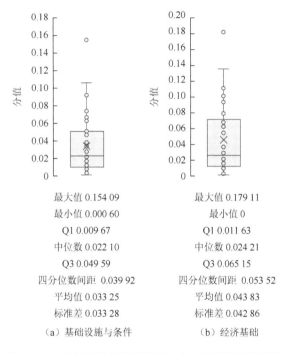

图 5-9　38 个行业的外部环境的 2 个二级指标的箱线图

综合分析外部环境的两个指标可知，绝大多数行业的两项指标都较为均衡，即更好的基础设施与条件对应着更大的经济基础规模，其中有少数特殊行业，如烟草制品业，排名靠后的基础设施与条件能创造排名相对更靠前的经济基础，又如作为基础设施的电力、热力生产和供应业，属于重资产行业，对比基础设施与条件，经济基础排名相对靠后。

5.2.2　资源投入和各二级指标排名及分析

38 个行业资源投入指标排名见图 5-10。从分值上看，计算机、通信和其他电子设备制造业远高于其他行业，排名前 10 的行业还包括电气机械和器材制造业、通用设备制造业、专用设备制造业、汽车制造业、化学原料及化学制品制造业、金

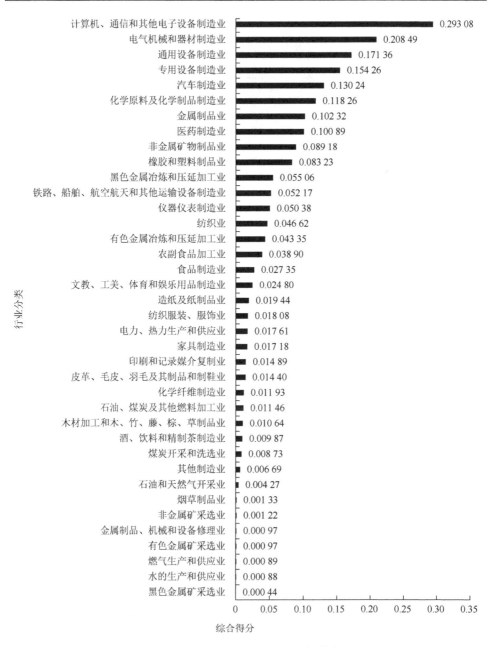

图 5-10　38 个行业资源投入指标排名

属制品业、医药制品业、非金属矿物制品业、橡胶和塑料制品业，这些行业大多与国家重点发展的战略性新兴产业存在交集，或为战略性新兴产业提供关键原材料、重要零部件等的行业。

图 5-11 给出了 38 个行业资源投入指标分布情况。代表不同分值段的行业的出现频率，其偏度为 1.920 64，峰度为 3.864 49，38 个行业资源投入指标是右偏分布。

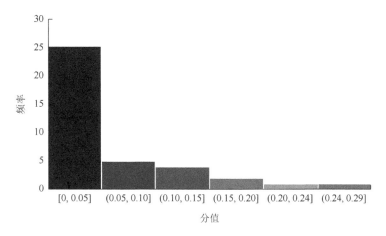

图 5-11　38 个行业资源投入指标分布情况

图 5-12 是 38 个行业资源投入指标箱线图。图 5-12 中的叉点代表的是平均值的位置，高于箱体中横线代表的中位数位置，有两个异常值明显高于上限，分别为计算机、通信和其他电子设备制造业，电气机械和器材制造业，说明这两个行业的资源投入远远高于其他行业。综合图 5-10 及图 5-12 可见，位居第 12 名的铁路、船舶、航空航天和其他运输设备制造业的分值是超过平均值 0.051 63 的，有 26 个行业的分值均低于平均值。

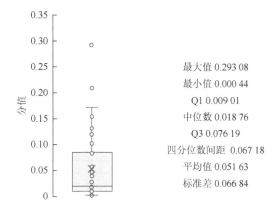

最大值 0.293 08
最小值 0.000 44
Q1 0.009 01
中位数 0.018 76
Q3 0.076 19
四分位数间距 0.067 18
平均值 0.051 63
标准差 0.066 84

图 5-12　38 个行业资源投入指标箱线图

　　38 个行业资源投入及所含二级指标的分值及排名情况见表 5-2，图 5-13 给出了 2 个二级指标的箱线图。从 2 个指标的分布特征看，均为右偏分布，平均值均高于中位数。在创投资源和科研投入方面，均有 2 个超出上限的异常值点，遥遥领先的 2 个行业分别为计算机、通信和其他电子设备制造业，电气机械和器材制造业，说明这 2 个行业极为重视新产品的开发且在创新方面的投入巨大。

表 5-2　38 个行业资源投入及所含二级指标的分值及排名情况

行业	创投资源	排名	科研投入	排名	资源投入	排名
煤炭开采和洗选业	0.001 28	30	0.007 44	27	0.008 73	29
石油和天然气开采业	0.000 24	36	0.004 03	30	0.004 27	31
黑色金属矿采选业	0.000 13	37	0.000 31	38	0.000 44	38
有色金属矿采选业	0.000 05	38	0.000 91	33	0.000 97	34
非金属矿采选业	0.000 30	34	0.000 93	32	0.001 22	33
农副食品加工业	0.014 95	16	0.023 96	16	0.038 90	16
食品制造业	0.011 31	17	0.016 03	17	0.027 35	17
酒、饮料和精制茶制造业	0.004 38	26	0.005 49	29	0.009 87	28
烟草制品业	0.000 62	31	0.000 71	34	0.001 33	32
纺织业	0.017 88	14	0.028 74	14	0.046 62	14
纺织服装、服饰业	0.006 73	21	0.011 35	20	0.018 08	20
皮革、毛皮、羽毛及其制品和制鞋业	0.005 20	24	0.009 20	23	0.014 40	24
木材加工和木、竹、藤、棕、草制品业	0.003 93	27	0.006 71	28	0.010 64	27
家具制造业	0.007 13	20	0.010 04	22	0.017 18	22
造纸及纸制品业	0.008 12	19	0.011 31	21	0.019 44	19
印刷和记录媒介复制业	0.006 21	22	0.008 68	24	0.014 89	23
文教、工美、体育和娱乐用品制造业	0.010 22	18	0.014 58	18	0.024 80	18
石油、煤炭及其他燃料加工业	0.003 91	28	0.007 56	25	0.011 46	26
化学原料及化学制品制造业	0.045 22	6	0.073 04	6	0.118 26	6
医药制造业	0.040 12	8	0.060 77	8	0.100 89	8
化学纤维制造业	0.004 41	25	0.007 52	26	0.011 93	25
橡胶和塑料制品业	0.033 54	10	0.049 69	10	0.083 23	10
非金属矿物制品业	0.033 69	9	0.055 49	9	0.089 18	9
黑色金属冶炼和压延加工业	0.022 25	11	0.032 81	11	0.055 06	11
有色金属冶炼和压延加工业	0.016 42	15	0.026 93	15	0.043 35	15
金属制品业	0.040 42	7	0.061 90	7	0.102 32	7
通用设备制造业	0.068 69	3	0.102 68	3	0.171 36	3
专用设备制造业	0.063 74	4	0.090 52	4	0.154 26	4
汽车制造业	0.051 70	5	0.078 55	5	0.130 24	5

续表

行业	创投资源	排名	科研投入	排名	资源投入	排名
铁路、船舶、航空航天和其他运输设备制造业	0.019 77	13	0.032 40	12	0.052 17	12
电气机械和器材制造业	0.084 05	2	0.124 43	2	0.208 49	2
计算机、通信和其他电子设备制造业	0.113 49	1	0.179 58	1	0.293 08	1
仪器仪表制造业	0.021 49	12	0.028 89	13	0.050 38	13
其他制造业	0.002 73	29	0.003 96	31	0.006 69	30
金属制品、机械和设备修理业	0.000 47	32	0.000 50	37	0.000 97	34
电力、热力生产和供应业	0.005 62	23	0.011 99	19	0.017 61	21
燃气生产和供应业	0.000 30	33	0.000 59	35	0.000 89	36
水的生产和供应业	0.000 28	35	0.000 59	35	0.000 88	37

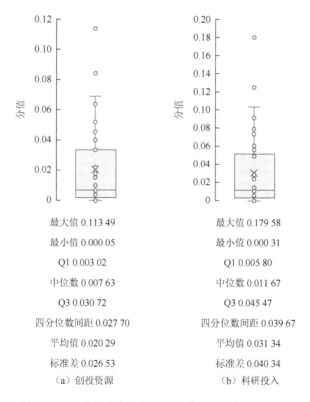

最大值 0.113 49 　　　最大值 0.179 58

最小值 0.000 05 　　　最小值 0.000 31

Q1 0.003 02 　　　　　Q1 0.005 80

中位数 0.007 63 　　　中位数 0.011 67

Q3 0.030 72 　　　　　Q3 0.045 47

四分位数间距 0.027 70 　四分位数间距 0.039 67

平均值 0.020 29 　　　平均值 0.031 34

标准差 0.026 53 　　　标准差 0.040 34

（a）创投资源 　　　　（b）科研投入

图 5-13 38 个行业资源投入的 2 个二级指标的箱线图

综合分析资源投入的 2 个指标可知，几乎所有 38 个行业在 2 个指标上的表现都比较均衡，即行业在创投资源和科研投入两个方面的重视程度与投入力度基本相当。

5.2.3　主体能力和各二级指标排名及分析

38 个行业主体能力指标排名见图 5-14。从分值上看，计算机、通信和其他电子设备制造业远高于其他行业，排名前 10 的行业还包括电气机械和器材制造业、

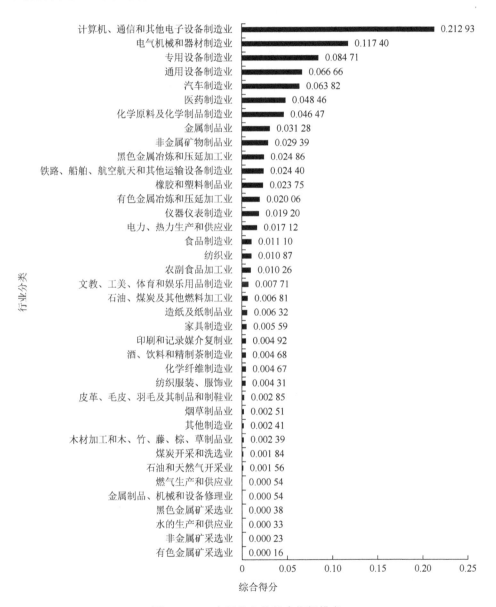

图 5-14　38 个行业主体能力指标排名

专用设备制造业、通用设备制造业、汽车制造业、医药制造业、化学原料及化学制品制造业、金属制品业、非金属矿物制品业与黑色金属冶炼和压延加工业，这些行业或为技术密集型行业，自身对发明专利、产品创新、技术创新等要求较高，或是为满足下游高技术行业的需求必须加强企业在知识创造和企业创新等方面的能力。

图 5-15 给出了 38 个行业主体能力指标分布情况，代表不同分值段的行业的出现频率，其偏度为 3.184 39，峰度为 12.093 90，38 个行业主体能力呈现明显右偏分布。

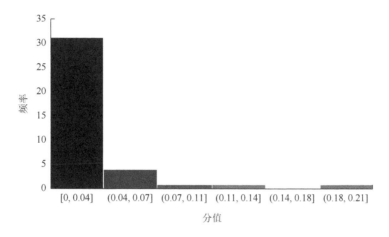

图 5-15　38 个行业主体能力指标分布情况

图 5-16 是 38 个行业主体能力指标箱线图，图 5-16 中的叉点代表的是平均值的位置，略高于箱体中横线代表的中位数，有 5 个异常值高于上限，分别是计算机、

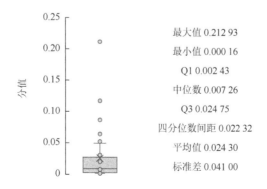

图 5-16　38 个行业主体能力指标箱线图

通信和其他电子设备制造业，电气机械和器材制造业，专用设备制造业，通用设备制造业、汽车制造业；位居第 11 名的铁路、船舶、航空航天和其他运输设备制造业的分值超过平均值 0.024 30，有 27 个行业的分值均低于平均值，可见，除 4 个极为领先的行业外，有 27 个行业的主体能力都集中在一个较低的分值范围内。

　　38 个行业主体能力及所含二级指标的分值及排名情况见表 5-3，图 5-17 给出了 3 个二级指标的箱线图。从 3 个指标的分布特征看，知识创造指标分布为右偏分布，但偏度较小，分布较均匀，平均值高于中位数，有 4 个明显超出上限的异常值，分别为计算机、通信和其他电子设备制造业，电气机械和器材制造业，通用设备制造业，专用设备制造业，在专利申请、发明专利数上均遥遥领先于其他行业；企业创新的指标分布呈右偏分布，平均值高于中位数值，有 3 个超出上限的异常值点，遥遥领先的 3 个行业分别是计算机、通信和其他电子设备制造业，电气机械和器材制造业与汽车制造业，在新产品的销售和出口上均远高于其他行业；创投能力指标呈现右偏分布，平均值不仅高于中位数，更高于第三四分位数，有 6 个异常值高于上限，分别是计算机、通信和其他电子设备制造业，专用设备制造业，医药制造业，电气机械和器材制造业，通用设备制造业，化学原料及化学制品制造业。总体而言，创投能力在 38 个行业的分布极不均衡，创投事件明显集中在排名前 6 个行业中，创投活跃度极高，而其他行业的创投能力指标数值偏低，且绝大多数行业集中于一个较小的数值范围内。

表 5-3　38 个行业主体能力及所含二级指标的分值及排名情况

行业	知识创造	排名	企业创新	排名	创投能力	排名	主体能力	排名
煤炭开采和洗选业	0.001 33	29	0.000 50	30	0	31	0.001 84	31
石油和天然气开采业	0.001 39	28	0.000 17	35	0	31	0.001 56	32
黑色金属矿采选业	0.000 19	35	0.000 19	33	0	31	0.000 38	35
有色金属矿采选业	0.000 09	36	0.000 07	36	0	31	0.000 16	38
非金属矿采选业	0.000 06	37	0.000 17	34	0	31	0.000 23	37
农副食品加工业	0.005 10	18	0.004 44	16	0.000 73	17	0.010 26	18
食品制造业	0.004 76	19	0.002 63	20	0.003 71	8	0.011 10	16
酒、饮料和精制茶制造业	0.001 49	27	0.001 25	26	0.001 95	12	0.004 68	24
烟草制品业	0.002 18	23	0.000 30	31	0.000 03	29	0.002 51	28
纺织业	0.005 88	16	0.004 65	14	0.000 35	23	0.010 87	17
纺织服装、服饰业	0.002 04	24	0.001 89	22	0.000 38	21	0.004 31	26
皮革、毛皮、羽毛及其制品和制鞋业	0.001 55	26	0.001 26	25	0.000 03	28	0.002 85	27

续表

行业	知识创造	排名	企业创新	排名	创投能力	排名	主体能力	排名
木材加工和木、竹、藤、棕、草制品业	0.001 33	30	0.000 96	27	0.000 10	25	0.002 39	30
家具制造业	0.003 81	20	0.001 68	23	0.000 09	26	0.005 59	22
造纸及纸制品业	0.002 91	22	0.003 39	17	0.000 02	30	0.006 32	21
印刷和记录媒介复制业	0.002 98	21	0.001 48	24	0.000 46	20	0.004 92	23
文教、工美、体育和娱乐用品制造业	0.005 14	17	0.002 22	21	0.000 35	22	0.007 71	19
石油、煤炭及其他燃料加工业	0.001 32	31	0.004 55	15	0.000 94	15	0.006 81	20
化学原料及化学制品制造业	0.022 23	6	0.016 80	5	0.007 44	6	0.046 47	7
医药制造业	0.013 74	13	0.010 42	9	0.024 30	3	0.048 46	6
化学纤维制造业	0.001 16	32	0.002 65	19	0.000 87	16	0.004 67	25
橡胶和塑料制品业	0.015 28	10	0.007 74	12	0.000 72	18	0.023 75	12
非金属矿物制品业	0.017 23	8	0.009 35	11	0.002 80	10	0.029 39	9
黑色金属冶炼和压延加工业	0.007 45	14	0.016 90	4	0.000 50	19	0.024 86	10
有色金属冶炼和压延加工业	0.006 89	15	0.010 93	8	0.002 24	11	0.020 06	13
金属制品业	0.020 01	7	0.009 99	10	0.001 28	14	0.031 28	8
通用设备制造业	0.040 45	4	0.015 37	6	0.010 83	5	0.066 66	4
专用设备制造业	0.044 19	3	0.011 99	7	0.028 53	2	0.084 71	3
汽车制造业	0.028 48	5	0.028 35	3	0.006 99	7	0.063 82	5
铁路、船舶、航空航天和其他运输设备制造业	0.013 79	12	0.007 26	13	0.003 36	9	0.024 40	11
电气机械和器材制造业	0.066 83	2	0.033 51	2	0.017 06	4	0.117 40	2
计算机、通信和其他电子设备制造业	0.115 44	1	0.058 45	1	0.039 04	1	0.212 93	1
仪器仪表制造业	0.014 40	11	0.003 01	18	0.001 79	13	0.019 20	14
其他制造业	0.001 84	25	0.000 51	29	0.000 06	27	0.002 41	29
金属制品、机械和设备修理业	0.000 28	34	0.000 05	37	0.000 21	24	0.000 54	33
电力、热力生产和供应业	0.016 83	9	0.000 29	32	0	31	0.017 12	15
燃气生产和供应业	0	38	0.000 54	28	0	31	0.000 54	33
水的生产和供应业	0.000 33	33	0	38	0	31	0.000 33	36

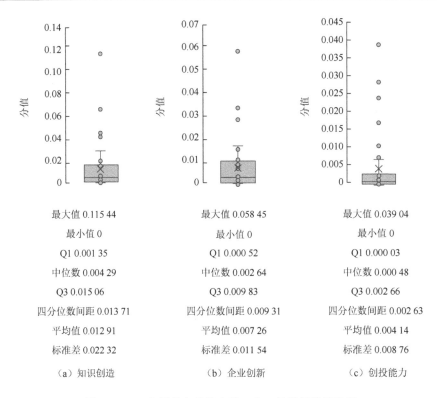

最大值 0.115 44　　　　　　最大值 0.058 45　　　　　　最大值 0.039 04

最小值 0　　　　　　　　　最小值 0　　　　　　　　　最小值 0

Q1 0.001 35　　　　　　　　Q1 0.000 52　　　　　　　　Q1 0.000 03

中位数 0.004 29　　　　　　中位数 0.002 64　　　　　　中位数 0.000 48

Q3 0.015 06　　　　　　　　Q3 0.009 83　　　　　　　　Q3 0.002 66

四分位数间距 0.013 71　　　四分位数间距 0.009 31　　　四分位数间距 0.002 63

平均值 0.012 91　　　　　　平均值 0.007 26　　　　　　平均值 0.004 14

标准差 0.022 32　　　　　　标准差 0.011 54　　　　　　标准差 0.008 76

（a）知识创造　　　　　　　（b）企业创新　　　　　　　（c）创投能力

图 5-17　38 个行业主体能力的 3 个二级指标的箱线图

综合分析主体能力的 3 个指标可知，不同行业 3 个指标的均衡程度相差很大。在排名靠前的行业中，3 个指标的排名较接近，即这些行业在知识创造、企业创新、创投能力方面的表现均极为领先；在排名居中的行业中，3 个指标的排名均衡度差异很大，如医药制造业，知识创造和企业创新指标分别排在第 13 位与第 9 位，但创投能力排在第 3 位，极为领先，这与行业特性有很大关系，在医药制造业中，包括战略性新兴产业之一的生物医药产业，是近年资本极为青睐、创投活动极为活跃的产业，由于创新周期长、风险大，高投入在短时间内很难体现为专利数量和新产品销售收入的大幅增加；在排名靠后的行业中，3 个指标的排名较为均衡。

5.2.4　产出效益和各二级指标排名及分析

38 个行业产出效益指标排名见图 5-18。通用设备制造业，非金属矿物制品业，金属制品业，计算机、通信和其他电子设备制造业，专用设备制造业，电气机械和器材制造业等六个行业明显处于第一梯队，分值高且差距不大，代表在这些行业中，"三创"的产出效益水平较高。

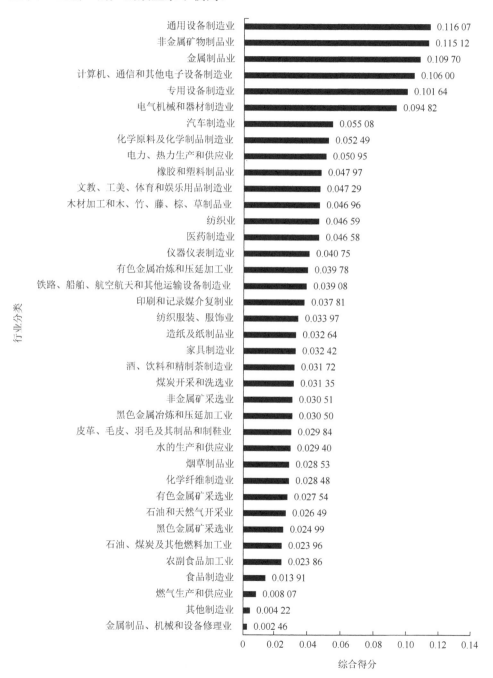

图 5-18　38 个行业产出效益指标排名

图 5-19 给出了 38 个行业产出效益指标分布情况。代表不同分值段的省级行政区域的出现频率，其偏度为 1.304 13，峰度为 0.922 49，38 个行业产出效益指标呈分布右偏。

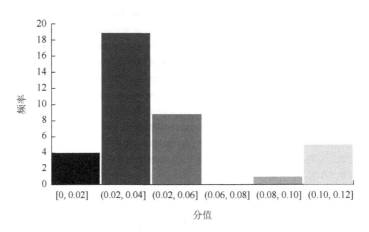

图 5-19　38 个行业产出效益指标分布情况

图 5-20 是 38 个行业产出效益指标箱线图。图 5-20 中的叉点代表的是平均值的位置，明显高于箱体中横线代表的中位数位置，且几乎落在了代表第三个四分位数的箱体上边沿，两者极为接近，有 6 个异常值高于上限，分别是通用设备制造业，非金属矿物制品业，金属制品业，计算机、通信和其他电子设备制造业，专用设备制造业，电气机械和器材制造业。综合图 5-18 及图 5-20 可知，位居第 14 名的医药制造业的分值是超过平均值 0.044 46 的，有 24 个行业的分值均低于平均值。

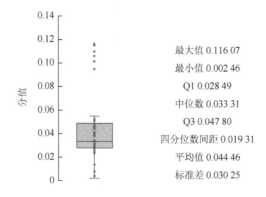

图 5-20　38 个行业产出效益指标箱线图

　　38 个行业产出效益及所含二级指标的分值及排名情况见表 5-4，图 5-21 给出了 2 个二级指标的箱线图。从 2 个指标的分布特征看，科技效益指标为明显的左偏分布，平均值明显低于中位数，有 1 个明显低于下限的异常值，为橡胶和塑料制品业；企业成长指标分布为右偏分布，平均值明显高于中位数，且接近于第三个四分位数，有 6 个明显超出上限的异常值，分别为通用设备制造业，非金属矿物制品业，金属制品业，计算机、通信和其他电子设备制造业，专用设备制造业，电气机械和器材制造业。

表 5-4　38 个行业产出效益及所含二级指标的分值及排名情况

行业	科技效益	排名	企业成长	排名	产出效益	排名
煤炭开采和洗选业	0.026 53	6	0.004 82	29	0.031 35	23
石油和天然气开采业	0.025 52	9	0.000 97	37	0.026 49	31
黑色金属矿采选业	0.020 97	30	0.004 01	33	0.024 99	32
有色金属矿采选业	0.027 54	3	0	38	0.027 54	30
非金属矿采选业	0.024 76	11	0.005 75	28	0.030 51	24
农副食品加工业	0	33	0.023 86	12	0.023 86	34
食品制造业	0	33	0.013 91	19	0.013 91	35
酒、饮料和精制茶制造业	0.027 29	5	0.004 43	30	0.031 72	22
烟草制品业	0.027 54	3	0.000 99	36	0.028 53	28
纺织业	0.021 98	25	0.024 61	11	0.046 59	13
纺织服装、服饰业	0.024 00	19	0.009 97	23	0.033 97	19
皮革、毛皮、羽毛及其制品和制鞋业	0.022 49	22	0.007 35	26	0.029 84	26
木材加工和木、竹、藤、棕、草制品业	0.022 24	23	0.024 73	10	0.046 96	12
家具制造业	0.020 47	32	0.011 95	21	0.032 42	21
造纸及纸制品业	0.022 24	23	0.010 40	22	0.032 64	20
印刷和记录媒介复制业	0.024 51	13	0.013 30	20	0.037 81	18
文教、工美、体育和娱乐用品制造业	0.026 53	6	0.020 75	15	0.047 29	11
石油、煤炭及其他燃料加工业	0.021 22	28	0.002 74	34	0.023 96	33
化学原料及化学制品制造业	0.021 98	25	0.030 51	9	0.052 49	8
医药制造业	0.025 01	10	0.021 57	14	0.046 58	14
化学纤维制造业	0.024 26	18	0.004 22	31	0.028 48	29
橡胶和塑料制品业	0	33	0.047 97	7	0.047 97	10
非金属矿物制品业	0.030 07	1	0.085 06	2	0.115 12	2
黑色金属冶炼和压延加工业	0.023 75	20	0.006 75	27	0.030 50	25
有色金属冶炼和压延加工业	0.021 98	25	0.017 80	16	0.039 78	16
金属制品业	0.026 03	8	0.083 67	3	0.109 70	3

续表

行业	科技效益	排名	企业成长	排名	产出效益	排名
通用设备制造业	0.024 76	11	0.091 30	1	0.116 07	1
专用设备制造业	0.024 51	13	0.077 13	5	0.101 64	5
汽车制造业	0.024 51	13	0.030 57	8	0.055 08	7
铁路、船舶、航空航天和其他运输设备制造业	0.024 51	13	0.014 57	18	0.039 08	17
电气机械和器材制造业	0.020 72	31	0.074 10	6	0.094 82	6
计算机、通信和其他电子设备制造业	0.024 51	13	0.081 49	4	0.106 00	4
仪器仪表制造业	0.023 50	21	0.017 26	17	0.040 75	15
其他制造业	0	33	0.004 22	32	0.004 22	37
金属制品、机械和设备修理业	0	33	0.002 46	35	0.002 46	38
电力、热力生产和供应业	0.028 05	2	0.022 90	13	0.050 95	9
燃气生产和供应业	0	33	0.008 07	25	0.008 07	36
水的生产和供应业	0.021 22	28	0.008 18	24	0.029 40	27

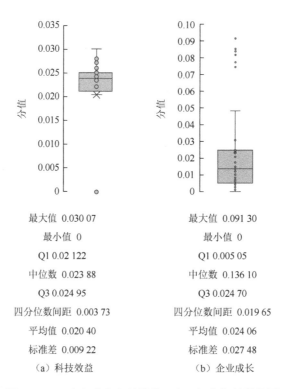

最大值 0.030 07   最大值 0.091 30

最小值 0   最小值 0

Q1 0.02 122   Q1 0.005 05

中位数 0.023 88   中位数 0.136 10

Q3 0.024 95   Q3 0.024 70

四分位数间距 0.003 73   四分位数间距 0.019 65

平均值 0.020 40   平均值 0.024 06

标准差 0.009 22   标准差 0.027 48

（a）科技效益   （b）企业成长

图 5-21　38 个行业产出效益的 2 个二级指标的箱线图

综合分析产出效益的两个指标可见，多数行业在这两项指标的排名差异较大，产出效益的两项指标受影响因素较多，不仅取决于行业的景气程度、行业中是否出现突破性的技术创新，也取决于行业的研发投入、行业的全要素生产率起点等，通用设备制造业在科技效益上排名第 11，但企业成长排名第 1，这可能与该行业长期保持较高生产率、生产率的提升难度大有关系；食品制造业在科技效益上排名第 33，但企业成长排名第 19，这可能与近年资本加大对轻食、预制菜等细分领域的投资，企业数量大幅增加有很大关系。

5.3　工业行业"三创"指数聚类分析

5.3.1　工业行业聚类分析

本书选取 2021 年全国 38 个工业行业的"三创"指标数据，运用 SPSS 软件对各个行业的数据按四类进行聚类分析，得出聚类表（表 5-5）。

表 5-5　行业聚类分析

个案号	态值计算	聚类	距离
1	煤炭开采和洗选业	1	0.040
6	农副食品加工业	1	0.028
18	石油、煤炭及其他燃料加工业	1	0.046
22	橡胶和塑料制品业	1	0.066
24	黑色金属冶炼和压延加工业	1	0.039
25	有色金属冶炼和压延加工业	1	0.012
36	电力、热力生产和供应业	1	0.059
19	化学原料及化学制品制造业	2	0.064
20	医药制造业	2	0.063
23	非金属矿物制品业	2	0.067
26	金属制品业	2	0.066
27	通用设备制造业	2	0.054
28	专用设备制造业	2	0.058
29	汽车制造业	2	0.047
31	电气机械和器材制造业	2	0.102
32	计算机、通信和其他电子设备制造业	3	0.000
2	石油和天然气开采业	4	0.013

个案号	态值计算	聚类	距离
3	黑色金属矿采选业	4	0.019
4	有色金属矿采选业	4	0.024
5	非金属矿采选业	4	0.023
7	食品制造业	4	0.032
8	酒、饮料和精制茶制造业	4	0.027
9	烟草制品业	4	0.015
10	纺织业	4	0.051
11	纺织服装、服饰业	4	0.018
12	皮革、毛皮、羽毛及其制品和制鞋业	4	0.005
13	木材加工和木、竹、藤、棕、草制品业	4	0.020
14	家具制造业	4	0.008
15	造纸及纸制品业	4	0.007
16	印刷和记录媒介复制业	4	0.013
17	文教、工美、体育和娱乐用品制造业	4	0.022
21	化学纤维制造业	4	0.010
30	铁路、船舶、航空航天和其他运输设备制造业	4	0.046
33	仪器仪表制造业	4	0.039
34	其他制造业	4	0.035
35	金属制品、机械和设备修理业	4	0.040
37	燃气生产和供应业	4	0.026
38	水的生产和供应业	4	0.017

类别 1：共包含一个行业，计算机、通信和其他电子设备制造业。近年来以 5G[①]、量子通信、区块链、人工智能、大数据等为代表的新一代信息技术迅猛发展，带动全球经济数字化转型，催生了大量新产品、新模式、新业态，成为我国"三创"活动的集中发展行业。

类别 2：共包含八个行业，分别是化学原料及化学制品制造业、医药制造业、非金属矿物制品业、金属制品业、通用设备制造业、专用设备制造业、汽车制造业、电气机械和器材制造业。该类别的基本特征是产出效益比较突出，外部环境和资源投入比较良好，主体能力发育相对不足。这一类别涉及的行业往往具有重

---

① 5G: 5th generation mobile communication technology，第五代移动通信技术。

资产的特征，主体企业转型升级成本较高，限制了该行业的快速迭代创新，但由于产品科技含量较高，因此产出效益良好，行业竞争程度较高，市场秩序较为良好，"三创"投入相对金额较高。

类别 3：共包含七个行业，分别是煤炭开采和洗选业，农副食品加工业，石油、煤炭及其他燃料加工业，橡胶和塑料制品业，黑色金属冶炼和压延加工业，有色金属冶炼和压延加工业，电力、热力生产和供应业。该类别的基本特征是"三创"的资源投入很低，主体能力严重不足，外部环境和产出效益相对较低。这一类别的行业一般为能源和材料行业，对国计民生的影响比较大，产品涉及深加工或新材料和新能源相关技术应用，主体企业一般为国企或传统民营企业，创新动力不足，创新投入有限，创新的外溢效果比较明显，创新激励不足。

类别 4：共包含 22 个行业，分别是石油和天然气开采业，黑色金属矿采选业，有色金属矿采选业，非金属矿采选业，食品制造业，酒、饮料和精制茶制造业，烟草制品业，纺织业，纺织服装、服饰业，皮革、毛皮、羽毛及其制品和制鞋业，木材加工和木、竹、藤、棕、草制品业，家具制造业，造纸及纸制品业，印刷和记录媒介复制业，文教、工美、体育和娱乐用品制造业，化学纤维制造业，铁路、船舶、航空航天和其他运输设备制造业，仪器仪表制造业，其他制造业，金属制品、机械和设备修理业，燃气生产和供应业，水的生产和供应业。该类别的基本特征是外部环境、资源投入、主体能力和产出效益等四个方面的表现均很差，导致这一问题的主要原因在于这些行业一般为初级或低级加工业，行业利润率较低，产品科技含量不高，行业主体科技创新能力不足，创新创业投入较少。

表 5-6 为四个一级指标的最终聚类，为检验以上四类行业聚类的均值是否具有统计意义上的差异性，进行方差分析，结果见表 5-7。从表 5-7 中可以看出，四个变量中任意一个变量的类间均方均远远大于类内的误差均方值。从概率值来看，四个变量使类间无差异的假设成立的概率均小于 0.001。这表明参与聚类分析的四个变量能很好地区分各类，类间的差异足够大。

表 5-6　最终聚类中心

指标	聚类			
	1	2	3	4
外部环境	0.116 90	0.149 91	0.333 20	0.026 28
资源投入	0.036 91	0.134 38	0.293 08	0.015 24
主体能力	0.014 96	0.061 02	0.212 93	0.005 35
产出效益	0.035 48	0.086 44	0.106 00	0.029 26
合计	0.204 25	0.431 75	0.945 21	0.076 13

表 5-7　方差分析

指标分类	聚类		误差		F	显著性
	均方	自由度	均方	自由度		
外部环境	0.059	3	0.001	34	77.589	0
资源投入	0.048	3	0.001	34	75.430	0
主体能力	0.018	3	0	34	84.934	0
产出效益	0.008	3	0	34	25.787	0

5.3.2　指标聚类分析

本书选取 2021 年 38 个行业的"三创"指标数据,运用 SPSS 软件对各个行业的一级指标数据按四类进行聚类分析,得出聚类谱系图如图 5-22 所示。从图 5-22 中可以看出,在四个一级指标中,产出效益、外部环境、资源投入和主体能力依次是评价行业"三创"事业发展程度的代表性指标。其中产出效益是结果型指标,意味着领先行业的经济效益非常突出,吸引了大量"三创"投入和主体参与,行业发展质量非常高。外部环境属于先导型指标,说明对行业"三创"事业发展来说行业的基础情况非常重要,决定了行业是否能够持续进行"三创"投入,促进行业的繁荣发展。资源投入和主体能力属于过程型指标,意味着行业"三创"资源投入和主体能力相关性很强,市场化规则仍然主导了整个行业的发展。

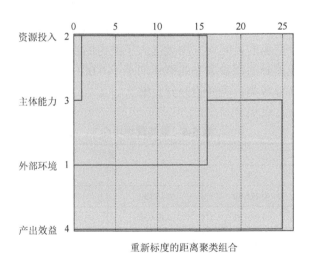

重新标度的距离聚类组合

图 5-22　使用平均联接(组间)的谱系图

5.4　38 个工业行业"三创"能力报告

5.4.1　煤炭开采和洗选业

2021 年，我国煤炭开采和洗选业实现销售收入 33 564.18 亿元，利润为 7168.33 亿元，吸纳从业人员超过 263 万人；R&D 经费为 143.27 亿元，新产品销售收入为 666.40 亿元；新增企业 227 家。

2021 年，煤炭开采和洗选业"三创"能力综合排名第 14。一级指标中，外部环境排名第 8，作为关系国计民生的万亿级行业，在资产、就业人数、销售及利润方面表现均比较靠前；资源投入排名第 29，在 38 个行业中较为靠后，说明该行业在研发及新产品方面的投入较少；主体能力排名第 31，较为靠后，说明该行业在知识创造、企业创新及创投能力方面的表现均较差；产出效益排名第 23，其中科技效益主要体现了全要素生产率增长率，煤炭开采和洗选业在科技效益方面处于领先水平，这与我国近年煤炭开采行业全面绿色转型、各项技术绿色开采技术得到推广有很大关系，但在企业成长方面表现较差。

表 5-8 是煤炭开采和洗选业"三创"能力综合指标，图 5-23 是煤炭开采和洗选业"三创"能力雷达图。

表 5-8　煤炭开采和洗选业"三创"能力综合指标

指标名称	指标值	排名
"三创"综合指数	0.184 33	14
1 外部环境	0.142 41	8
1.1 基础设施与条件	0.050 88	9
1.2 经济基础	0.091 54	7
2 资源投入	0.008 73	29
2.1 创投资源	0.001 28	30
2.2 科研投入	0.007 44	27
3 主体能力	0.001 84	31
3.1 知识创造	0.001 33	29
3.2 企业创新	0.000 50	30
3.3 创投能力	0	31
4 产出效益	0.031 35	23
4.1 科技效益	0.026 53	6
4.2 企业成长	0.004 82	29

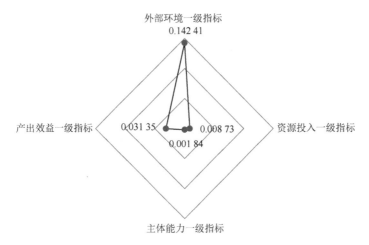

图 5-23　煤炭开采和洗选业"三创"能力雷达图

5.4.2　石油和天然气开采业

2021 年，我国石油和天然气开采业实现销售收入 9121.63 亿元，利润为 1627.02 亿元，吸纳从业人员超过 55 万人；R&D 经费为 92.90 亿元，新产品销售收入为 300.80 亿元；新增企业 16 家。

2021 年，石油和天然气开采业"三创"能力综合排名第 29。一级指标中，外部环境排名第 23，处于中等偏下水平；资源投入排名第 31，表明该行业在研发及新产品方面的投入较少；主体能力排名第 32，较为靠后，表明该行业在企业创新及创投能力方面的表现均较差，以发明专利数作为主要衡量标准的知识创造方面情况略好；产出效益排名第 31，其中，石油和天然气开采业在科技效益方面较为靠前，这与近年我国提出要加大油气资源勘探开发和增储上产力度、促进行业绿色低碳转型有很大关系，但企业成长表现较差。

表 5-9 是石油和天然气开采业"三创"能力综合指标，图 5-24 是石油和天然气开采业"三创"能力雷达图。

表 5-9　石油和天然气开采业"三创"能力综合指标

指标名称	指标值	排名
"三创"综合指数	0.064 67	29
1 外部环境	0.032 35	23
1.1 基础设施与条件	0.011 99	27
1.2 经济基础	0.020 36	20

续表

指标名称	指标值	排名
2 资源投入	0.004 27	31
2.1 创投资源	0.000 24	36
2.2 科研投入	0.004 03	30
3 主体能力	0.001 56	32
3.1 知识创造	0.001 39	28
3.2 企业创新	0.000 17	35
3.3 创投能力	0	31
4 产出效益	0.026 49	31
4.1 科技效益	0.025 52	9
4.2 企业成长	0.000 97	37

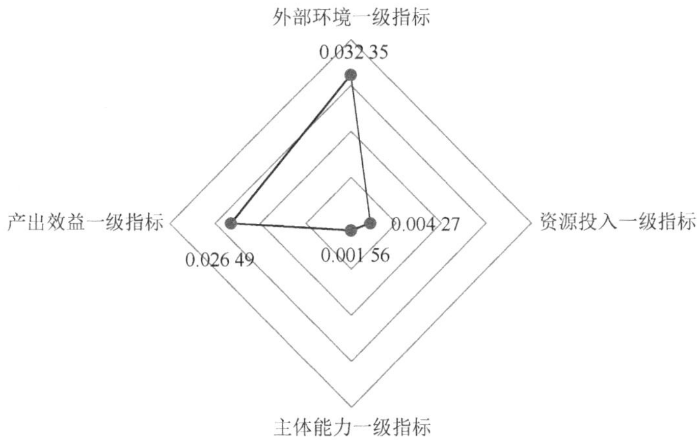

图 5-24　石油和天然气开采业"三创"能力雷达图

5.4.3　黑色金属矿采选业

2021 年，我国黑色金属矿采选业实现销售收入 6033.20 亿元，利润为 833.04 亿元，吸纳从业人员超过 28 万人；R&D 经费为 34.09 亿元，新产品销售收入为 325.54 亿元；新增企业 183 家。

2021 年，黑色金属矿采选业"三创"能力综合排名第 33。一级指标中，外部环境排名第 34，较为靠后，说明行业总体规模偏小；资源投入排名第 38，新产品开发及科研投入在所有行业中最少；主体能力排名第 35，较为靠后，表明该行业在知识创造、企业创新及创投能力方面均较弱；产出效益排名第 32，在科技效益和企业成长方面表现均较差。

表 5-10 是黑色金属矿采选业"三创"能力综合指标，图 5-25 是黑色金属矿采选业"三创"能力雷达图。

表 5-10　黑色金属矿采选业"三创"能力综合指标

指标名称	指标值	排名
"三创"综合指数	0.041 39	33
1 外部环境	0.015 58	34
1.1 基础设施与条件	0.005 17	33
1.2 经济基础	0.010 41	30
2 资源投入	0.000 44	38
2.1 创投资源	0.000 13	37
2.2 科研投入	0.000 31	38
3 主体能力	0.000 38	35
3.1 知识创造	0.000 19	35
3.2 企业创新	0.000 19	33
3.3 创投能力	0	31
4 产出效益	0.024 99	32
4.1 科技效益	0.020 97	30
4.2 企业成长	0.004 01	33

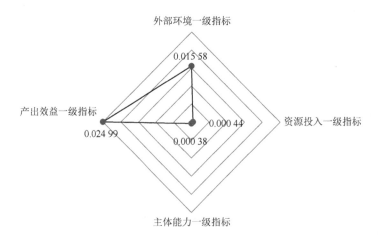

图 5-25　黑色金属矿采选业"三创"能力雷达图

5.4.4　有色金属矿采选业

2021 年，我国有色金属矿采选业实现销售收入 3145.26 亿元，利润为 536.28 亿元，吸纳从业人员近 26 万人；R&D 经费为 29.61 亿元，新产品销售收入为 187.17 亿元；企业数量减少 37 家。

2021 年，有色金属矿采选业"三创"能力综合排名第 35。一级指标中，外部环境排名第 36，较为靠后，表明该行业发展面临的形势较为严峻；资源投入排名第 34，较为靠后，说明该行业在研发和新产品方面的投入较少；主体能力排名第 38，在所有行业中水平最低，说明该行业发展质量最低；产出效益排名第 30，其中科技效益排名第 3，表明由于近年国家部委和地方政府出台多项政策，以支持有色金属行业向新材料方向进行发展创新，支持企业进行智能化、绿色化升级，我国有色金属矿采选行业的技术提升效果明显；企业成长能力较差，可能是由于近年我国不断淘汰落后产能、区域矿山闭坑以及行业龙头企业不断扩张，企业数量呈逐年减少的趋势。

表 5-11 是有色金属矿采选业"三创"能力综合指标，图 5-26 是有色金属矿采选业"三创"能力雷达图。

表 5-11　有色金属矿采选业"三创"能力综合指标

指标名称	指标值	排名
"三创"综合指数	0.036 90	35
1 外部环境	0.008 23	36
1.1 基础设施与条件	0.002 59	36
1.2 经济基础	0.005 64	35
2 资源投入	0.000 97	34
2.1 创投资源	0.000 05	38
2.2 科研投入	0.000 91	33
3 主体能力	0.000 16	38
3.1 知识创造	0.000 09	36
3.2 企业创新	0.000 07	36
3.3 创投能力	0	31
4 产出效益	0.027 54	30
4.1 科技效益	0.027 54	3
4.2 企业成长	0	38

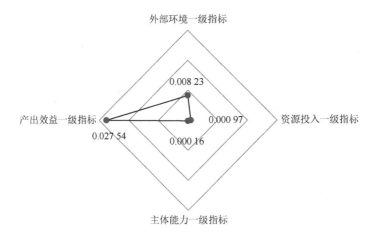

图 5-26　有色金属矿采选业"三创"能力雷达图

5.4.5　非金属矿采选业

2021 年，我国非金属矿采选业实现销售收入 4321.54 亿元，利润为 495.73 亿元，吸纳从业人员近 30 万人；R&D 经费为 29.84 亿元，新产品销售收入为 300.20 亿元；企业数量增加 278 家。

2021 年，非金属矿采选业"三创"能力综合排名第 34。一级指标中，外部环境排名第 35，较为靠后，说明该行业发展面临的形势较为严峻；资源投入排名第 33，较为靠后，说明该行业在研发和新产品方面的投入较少；主体能力排名第 37，排名靠后；产出效益排名第 24，其中科技效益排名第 11，说明技术水平提升等因素带来的生产率提升较为显著，这与我国近年大力推进绿色矿山建设、要求提高重要矿产资源开采回采率、选矿回收率和综合利用水平等有直接关系。

表 5-12 是非金属矿采选业"三创"能力综合指标，图 5-27 是非金属矿采选业"三创"能力雷达图。

表 5-12　非金属矿采选业"三创"能力综合指标

指标名称	指标值	排名
"三创"综合指数	0.041 09	34
1 外部环境	0.009 13	35
1.1 基础设施与条件	0.003 19	35
1.2 经济基础	0.005 94	34
2 资源投入	0.001 22	33

续表

指标名称	指标值	排名
2.1 创投资源	0.000 30	34
2.2 科研投入	0.000 93	32
3 主体能力	0.000 23	37
3.1 知识创造	0.000 06	37
3.2 企业创新	0.000 17	34
3.3 创投能力	0	31
4 产出效益	0.030 51	24
4.1 科技效益	0.024 76	11
4.2 企业成长	0.005 75	28

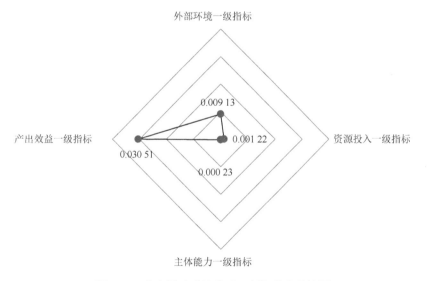

图 5-27　非金属矿采选业"三创"能力雷达图

5.4.6　农副食品加工业

2021 年,我国农副食品加工业实现销售收入 55 223.77 亿元,利润为 2240.45 亿元,吸纳从业人员超 274 万人;R&D 经费为 348.77 亿元,新产品销售收入为 4957.00 亿元;企业数量增加 1247 家。

2021 年,农副食品加工业"三创"能力综合排名第 16。一级指标中,外部环境排名第 14,较为靠前,农副食品加工业为万亿级规模的大行业,在销售收入、利润及吸纳就业方面均较为靠前；资源投入排名第 16，较为靠前，说明该行业在研发和新产品方面的投入相对较大；主体能力排名第 18，处于中等水平；产出效益排名第 34，企业成长较强，但科技效益排名靠后，说明由技术水平提升等因素带来的生产率提升不明显。

表 5-13 是农副食品加工业"三创"能力综合指标，图 5-28 是农副食品加工业"三创"能力雷达图。

表 5-13 农副食品加工业"三创"能力综合指标

指标名称	指标值	排名
"三创"综合指数	0.165 38	16
1 外部环境	0.092 36	14
1.1 基础设施与条件	0.037 83	12
1.2 经济基础	0.054 53	13
2 资源投入	0.038 90	16
2.1 创投资源	0.014 95	16
2.2 科研投入	0.023 96	16
3 主体能力	0.010 26	18
3.1 知识创造	0.005 10	18
3.2 企业创新	0.004 44	16
3.3 创投能力	0.000 73	17
4 产出效益	0.023 86	34
4.1 科技效益	0	33
4.2 企业成长	0.023 86	12

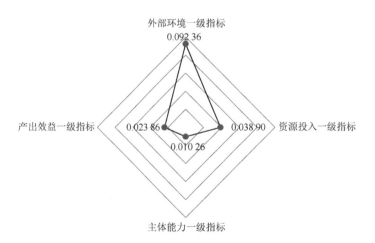

图 5-28 农副食品加工业"三创"能力雷达图

5.4.7　食品制造业

2021 年，我国食品制造业实现销售收入 21 619.56 亿元，利润为 1738.87 亿元，吸纳从业人员超 177 万人；R&D 经费为 156.62 亿元，新产品销售收入为 2944.37 亿元；创业投资事件共 155 起，金额为 249.93 亿元，其中退出事件数为 24 起；企业数量增加 607 家，IPO 数量为 5 家。

2021 年，食品制造业"三创"能力综合排名第 21。一级指标中，外部环境排名第 19，处于中等水平，表明该行业发展面临的形势不够理想；资源投入排名第 17，表明该行业在创投资源和科研投入方面表现尚可；主体能力排名第 16，处于中等水平，其中创投能力排名第 8，较为靠前，这与近年我国新消费赛道投资活跃有很大关系，有数据显示，我国食品制造业的投融资事件及金额均在 2021 年达到峰值；产出效益排名第 35，其中科技效益排名靠后，说明由技术水平提升等因素带来的生产率提升不明显，但由于消费市场比较活跃、资本市场追捧等原因，企业成长性尚可。

表 5-14 是食品制造业"三创"能力综合指标，图 5-29 是食品制造业"三创"能力雷达图。

表 5-14　食品制造业"三创"能力综合指标

指标名称	指标值	排名
"三创"综合指数	0.103 94	21
1 外部环境	0.051 58	19
1.1 基础设施与条件	0.022 52	19
1.2 经济基础	0.029 06	18
2 资源投入	0.027 35	17
2.1 创投资源	0.011 31	17
2.2 科研投入	0.016 03	17
3 主体能力	0.011 10	16
3.1 知识创造	0.004 76	19
3.2 企业创新	0.002 63	20
3.3 创投能力	0.003 71	8
4 产出效益	0.013 91	35
4.1 科技效益	0	33
4.2 企业成长	0.013 91	19

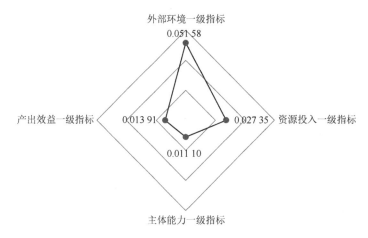

图 5-29　食品制造业"三创"能力雷达图

5.4.8　酒、饮料和精制茶制造业

2021 年，我国酒、饮料和精制茶制造业实现销售收入 16 207.45 亿元，利润为 2771.18 亿元，吸纳从业人员超 112 万人；R&D 经费为 65.21 亿元，新产品销售收入为 1475.15 亿元；创业投资事件共 96 起，金额为 136.54 亿元，其中退出事件数为 1 起；企业数量增加 135 家，IPO 数量为 3 家。

2021 年，酒、饮料和精制茶制造业"三创"能力综合排名第 23。一级指标中，外部环境排名第 18，处于中等水平，其中销售收入及利润情况较好；资源投入排名第 28，该行业在创投资源和科研投入方面均处于中下水平；主体能力排名第 24，处于中下水平，但其中值得注意的是创投能力排名第 12，较为靠前，表明酒水饮品是近年新消费领域投资的热门细分行业；产出效益排名第 22，其中科技效益排名第 5，极为靠前，表明该行业由技术水平提升、供应链管理能力提升等因素带来的生产率提升较明显，但由于行业同质化严重等原因，企业成长性较差。

表 5-15 是酒、饮料和精制茶制造业"三创"能力综合指标，图 5-30 是酒、饮料和精制茶制造业"三创"能力雷达图。

表 5-15　酒、饮料和精制茶制造业"三创"能力综合指标

指标名称	指标值	排名
"三创"综合指数	0.099 27	23
1 外部环境	0.053 00	18
1.1 基础设施与条件	0.016 71	23

续表

指标名称	指标值	排名
1.2 经济基础	0.036 29	16
2 资源投入	0.009 87	28
2.1 创投资源	0.004 38	26
2.2 科研投入	0.005 49	29
3 主体能力	0.004 68	24
3.1 知识创造	0.001 49	27
3.2 企业创新	0.001 25	26
3.3 创投能力	0.001 95	12
4 产出效益	0.031 72	22
4.1 科技效益	0.027 29	5
4.2 企业成长	0.004 43	30

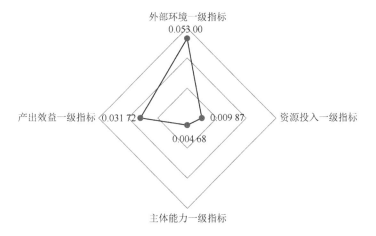

图 5-30 酒、饮料和精制茶制造业"三创"能力雷达图

5.4.9 烟草制品业

2021 年，我国烟草制品业实现销售收入 12 144.32 亿元，利润为 1188.09 亿元，吸纳从业人员近 16 万人；R&D 经费为 25.33 亿元，新产品销售收入为 440.26 亿元；企业数量增加 17 家。

2021 年，烟草制品业"三创"能力综合排名第 31。一级指标中，外部环境排名第 28，表明该行业发展面临的形势不够理想；资源投入排名第 32，较为靠后，表明行业景气度不足；主体能力排名第 28，处于中下水平，其中知识创造表现略好；产出效益排名第 28，其中科技效益排名领先，这与烟草制品业加大自身的数字化改造及智能制造在烟草制造行业的应用有很大关系。

表 5-16 是烟草制品业"三创"能力综合指标，图 5-31 是烟草制品业"三创"能力雷达图。

表 5-16　烟草制品业"三创"能力综合指标

指标名称	指标值	排名
"三创"综合指数	0.053 73	31
1 外部环境	0.021 36	28
1.1 基础设施与条件	0.003 64	34
1.2 经济基础	0.017 72	21
2 资源投入	0.001 33	32
2.1 创投资源	0.000 62	31
2.2 科研投入	0.000 71	34
3 主体能力	0.002 51	28
3.1 知识创造	0.002 18	23
3.2 企业创新	0.000 30	31
3.3 创投能力	0.000 03	29
4 产出效益	0.028 53	28
4.1 科技效益	0.027 54	3
4.2 企业成长	0.000 99	36

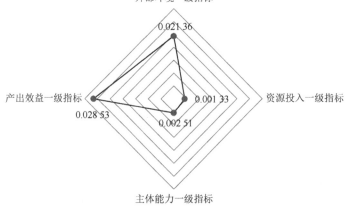

图 5-31　烟草制品业"三创"能力雷达图

5.4.10　纺织业

2021 年,我国纺织业实现销售收入 26 548.78 亿元,利润为 1346.34 亿元,吸纳从业人员超 280 万人;R&D 经费为 231.66 亿元,新产品销售收入为 4997.48 亿元;创业投资事件共 20 起,金额为 14.54 亿元;企业数量增加 1264 家,IPO 数量为 2 家。

2021 年,纺织业"三创"能力综合排名第 15。一级指标中,外部环境排名第 17,处于中上水平,表明该行业发展面临的形势较为良好;资源投入排名第 14,该行业在创投资源和科研投入方面均处于中上水平;主体能力排名第 17,处于中上水平,其中创投能力相对偏弱;产出效益排名第 13,较为靠前,其中企业成长较好。

表 5-17 是纺织业"三创"能力综合指标,图 5-32 是纺织业"三创"能力雷达图。

表 5-17　纺织业"三创"能力综合指标

指标名称	指标值	排名
"三创"综合指数	0.165 91	15
1 外部环境	0.061 83	17
1.1 基础设施与条件	0.033 78	15
1.2 经济基础	0.028 06	19
2 资源投入	0.046 62	14
2.1 创投资源	0.017 88	14
2.2 科研投入	0.028 74	14
3 主体能力	0.010 87	17
3.1 知识创造	0.005 88	16
3.2 企业创新	0.004 65	14
3.3 创投能力	0.000 35	23
4 产出效益	0.046 59	13
4.1 科技效益	0.021 98	25
4.2 企业成长	0.024 61	11

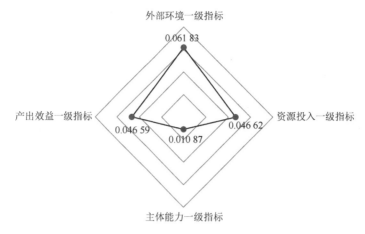

图 5-32　纺织业"三创"能力雷达图

5.4.11　纺织服装、服饰业

2021 年，我国纺织服装、服饰业实现销售收入 15 291.55 亿元，利润为 883.92 亿元，吸纳从业人员超 250 万人；R&D 经费为 114.41 亿元，新产品销售收入为 2083.51 亿元；创业投资事件共 17 起，金额为 28.8 亿元；企业数量增加 462 家，IPO 数量为 2 家。

2021 年，纺织服装、服饰业"三创"能力综合排名第 22。一级指标中，外部环境排名第 20，处于中等水平；资源投入排名第 20，该行业在创投资源和科研投入方面均处于中等水平；主体能力排名第 26；产出效益排名第 19，处于中等水平。总的来看，该行业在"三创"各项指标上的表现一般但比较均衡，说明近年来行业成熟度较高，发展面临瓶颈。

表 5-18 是纺织服装、服饰业"三创"能力综合指标，图 5-33 是纺织服装、服饰业"三创"能力雷达图。

表 5-18　纺织服装、服饰业"三创"能力综合指标

指标名称	指标值	排名
"三创"综合指数	0.100 24	22
1 外部环境	0.043 88	20
1.1 基础设施与条件	0.027 35	17
1.2 经济基础	0.016 53	24
2 资源投入	0.018 08	20

续表

指标名称	指标值	排名
2.1 创投资源	0.006 73	21
2.2 科研投入	0.011 35	20
3 主体能力	0.004 31	26
3.1 知识创造	0.002 04	24
3.2 企业创新	0.001 89	22
3.3 创投能力	0.000 38	21
4 产出效益	0.033 97	19
4.1 科技效益	0.024 00	19
4.2 企业成长	0.009 97	23

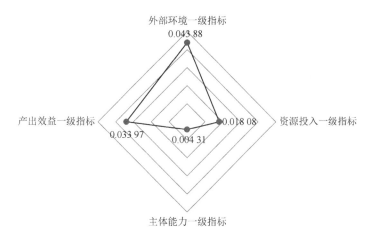

图 5-33　纺织服装、服饰业"三创"能力雷达图

5.4.12　皮革、毛皮、羽毛及其制品和制鞋业

2021 年，我国皮革、毛皮、羽毛及其制品和制鞋业实现销售收入 11 420.24 亿元，利润为 674.74 亿元，吸纳从业人员近 180 万人；R&D 经费为 104.00 亿元，新产品销售收入为 1427.88 亿元；企业数量增加 366 家。

2021 年，皮革、毛皮、羽毛及其制品和制鞋业"三创"能力综合排名第 26。一级指标中，外部环境排名第 25；资源投入排名第 24；主体能力排名第 27；产出效益排名第 26。行业发展整体呈现出新动能不足、活力不够的状态。该行业在"三创"各项指标上的表现比较均衡,均处于中等偏下水平,说明近年来行业成熟度较高,发展面临瓶颈。

表5-19是皮革、毛皮、羽毛及其制品和制鞋业"三创"能力综合指标,图5-34是皮革、毛皮、羽毛及其制品和制鞋业"三创"能力雷达图。

表5-19 皮革、毛皮、羽毛及其制品和制鞋业"三创"能力综合指标

指标名称	指标值	排名
"三创"综合指数	0.077 09	26
1 外部环境	0.030 00	25
1.1 基础设施与条件	0.017 94	22
1.2 经济基础	0.012 06	28
2 资源投入	0.014 40	24
2.1 创投资源	0.005 20	24
2.2 科研投入	0.009 20	23
3 主体能力	0.002 85	27
3.1 知识创造	0.001 55	26
3.2 企业创新	0.001 26	25
3.3 创投能力	0.000 03	28
4 产出效益	0.029 84	26
4.1 科技效益	0.022 49	22
4.2 企业成长	0.007 35	26

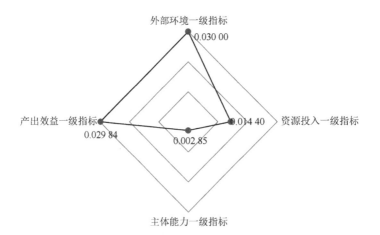

图5-34 皮革、毛皮、羽毛及其制品和制鞋业"三创"能力雷达图

5.4.13　木材加工和木、竹、藤、棕、草制品业

2021 年，我国木材加工和木、竹、藤、棕、草制品业实现销售收入 10 249.02 亿元，利润为 482.51 亿元，吸纳从业人员超 96 万人；R&D 经费为 90.14 亿元，新产品销售收入为 1136.29 亿元；创业投资事件共 3 起，金额为 9.65 亿元；企业数量增加 1318 家。

2021 年，木材加工和木、竹、藤、棕、草制品业"三创"能力综合排名第 25。一级指标中，外部环境排名第 30，行业规模整体偏小；资源投入排名第 27，表明该行业在研发方面的投入处于中等偏下水平；主体能力排名第 30，行业在知识创造、企业创新及创投能力方面排名均较为靠后，表明该产业作为传统行业，科技创新水平停滞不前；产出效益排名第 12，较为靠前，其中企业成长性较好，说明市场对相关产品的需求增长较快。

表 5-20 是木材加工和木、竹、藤、棕、草制品业"三创"能力综合指标，图 5-35 是木材加工和木、竹、藤、棕、草制品业"三创"能力雷达图。

表 5-20　木材加工和木、竹、藤、棕、草制品业"三创"能力综合指标

指标名称	指标值	排名
"三创"综合指数	0.078 54	25
1 外部环境	0.018 55	30
1.1 基础设施与条件	0.009 15	29
1.2 经济基础	0.009 39	31
2 资源投入	0.010 64	27
2.1 创投资源	0.003 93	27
2.2 科研投入	0.006 71	28
3 主体能力	0.002 39	30
3.1 知识创造	0.001 33	30
3.2 企业创新	0.000 96	27
3.3 创投能力	0.000 10	25
4 产出效益	0.046 96	12
4.1 科技效益	0.022 24	23
4.2 企业成长	0.024 73	10

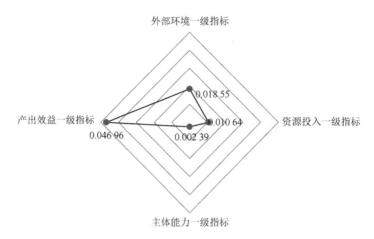

图 5-35 木材加工和木、竹、藤、棕、草制品业"三创"能力雷达图

5.4.14 家具制造业

2021 年，我国家具制造业实现销售收入 8265.37 亿元，利润为 460.25 亿元，吸纳从业人员超 111 万人；R&D 经费为 102.02 亿元，新产品销售收入为 1831.80 亿元；创业投资事件共 4 起，金额为 5.02 亿元；企业数量增加 618 家。

2021 年，家具制造业"三创"能力综合排名第 28。一级指标中，外部环境排名第 29，行业规模整体偏小；资源投入排名与主体能力排名均为第 22，表明行业资源投入和主体能力表现一般，行业发展潜力有限；产出效益排名第 21，科技效益排名靠后，说明该行业借助技术水平提升、管理效率提升等因素带来的生产率提升较慢，企业成长性一般，表明近年来市场对家具类产品的需求不够活跃。

表 5-21 是家具制造业"三创"能力综合指标，图 5-36 是家具制造业"三创"能力雷达图。

表 5-21 家具制造业"三创"能力综合指标

指标名称	指标值	排名
"三创"综合指数	0.074 36	28
1 外部环境	0.019 17	29
1.1 基础设施与条件	0.011 20	28
1.2 经济基础	0.007 97	33
2 资源投入	0.017 18	22
2.1 创投资源	0.007 13	20

续表

指标名称	指标值	排名
2.2 科研投入	0.010 04	22
3 主体能力	0.005 59	22
3.1 知识创造	0.003 81	20
3.2 企业创新	0.001 68	23
3.3 创投能力	0.000 09	26
4 产出效益	0.032 42	21
4.1 科技效益	0.020 47	32
4.2 企业成长	0.011 95	21

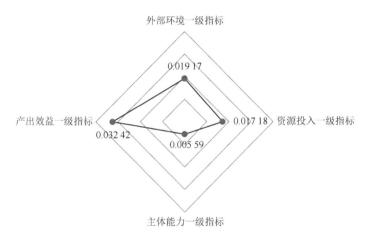

图 5-36 家具制造业"三创"能力雷达图

5.4.15 造纸及纸制品业

2021 年,我国造纸及纸制品业实现销售收入 15 141.58 亿元,利润为 958.12 亿元,吸纳从业人员 100 万人;R&D 经费为 136.07 亿元,新产品销售收入为 3798.97 亿元;企业数量增加 533 家。

2021 年,造纸及纸制品业"三创"能力综合排名第 24。一级指标中,外部环境排名第 24,行业规模中等;资源投入排名第 19,该行业在研发方面的投入处于中等偏下水平;主体能力排名第 21,其中企业创新方面表现相对较强,新产品销售收入及出口收入的规模均处于中上水平,但创投能力较差,投融资活动不活跃;产出效益排名第 20,处于中等水平。总的来看,该行业在"三创"各项指标中表现较为均衡,发展潜力不足。

表 5-22 是造纸及纸制品业"三创"能力综合指标，图 5-37 是造纸及纸制品业"三创"能力雷达图。

表 5-22 造纸及纸制品业"三创"能力综合指标

指标名称	指标值	排名
"三创"综合指数	0.089 22	24
1 外部环境	0.030 82	24
1.1 基础设施与条件	0.013 62	24
1.2 经济基础	0.017 20	22
2 资源投入	0.019 44	19
2.1 创投资源	0.008 12	19
2.2 科研投入	0.011 31	21
3 主体能力	0.006 32	21
3.1 知识创造	0.002 91	22
3.2 企业创新	0.003 39	17
3.3 创投能力	0.000 02	30
4 产出效益	0.032 64	20
4.1 科技效益	0.022 24	23
4.2 企业成长	0.010 40	22

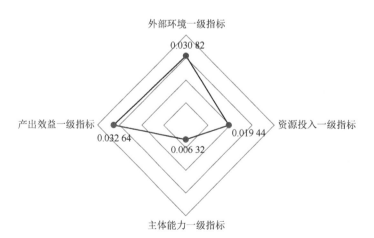

图 5-37 造纸及纸制品业"三创"能力雷达图

5.4.16　印刷和记录媒介复制业

2021 年，我国印刷和记录媒介复制业实现销售收入 7737.72 亿元，利润为 493.28 亿元，吸纳从业人员超 88 万人；R&D 经费为 95.56 亿元，新产品销售收入为 1694.42 亿元；创业投资事件共 21 起，金额为 25.99 亿元；企业数量增加 692 家。

2021 年，印刷和记录媒介复制业"三创"能力综合排名第 27。一级指标中，外部环境排名第 33，行业规模整体偏小；资源投入排名第 23，该行业在研发方面的投入处于中等偏下水平；主体能力排名第 23，行业在知识创造、企业创新及创投能力方面表现均处于中等偏下水平；产出效益排名第 18，其中科技效益排名靠前，表明该行业近年来行业生产率有较大提升。

表 5-23 是印刷和记录媒介复制业"三创"能力综合指标，图 5-38 是印刷和记录媒介复制业"三创"能力雷达图。

表 5-23　印刷和记录媒介复制业"三创"能力综合指标

指标名称	指标值	排名
"三创"综合指数	0.074 51	27
1 外部环境	0.016 89	33
1.1 基础设施与条件	0.008 91	30
1.2 经济基础	0.007 98	32
2 资源投入	0.014 89	23
2.1 创投资源	0.006 21	22
2.2 科研投入	0.008 68	24
3 主体能力	0.004 92	23
3.1 知识创造	0.002 98	21
3.2 企业创新	0.001 48	24
3.3 创投能力	0.000 46	20
4 产出效益	0.037 81	18
4.1 科技效益	0.024 51	13
4.2 企业成长	0.013 30	20

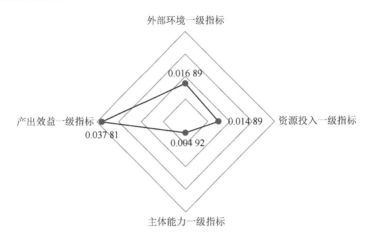

图 5-38　印刷和记录媒介复制业"三创"能力雷达图

5.4.17　文教、工美、体育和娱乐用品制造业

2021 年，我国文教、工美、体育和娱乐用品制造业实现销售收入 14 772.8 亿元，利润为 852.44 亿元，吸纳从业人员超 176 万人；R&D 经费为 107.58 亿元，新产品销售收入为 2341.89 亿元；创业投资事件共 17 起，金额为 16.75 亿元；企业数量增加 1053 家，IPO 数量为 2 家。

2021 年，文教、工美、体育和娱乐用品制造业"三创"能力综合排名第 20。一级指标中，外部环境排名第 22，表明行业发展基础和规模尚可；资源投入排名第 18，该行业在研发方面的投入处于中上水平；主体能力排名第 19，行业在"三创"投入和能力转换方面均处于中上水平，发展潜力尚可；产出效益排名第 11，较为靠前，其中科技效益排名第 6，文教、工美及体育娱乐产品的智能化水平不断提升，如智能文教设备、VR（virtual reality，虚拟现实）及 AR（augment reality，增强现实）游戏设备等，全要素生产率得到快速提升，而且从市场需求来看，随着物质条件的提升，人们对精神富足的追求越来越突出，该行业的市场前景预期较好，体育、文娱用品也是新消费领域被资本看好的细分行业，企业成长性良好。

表 5-24 是文教、工美、体育和娱乐用品制造业"三创"能力综合指标，图 5-39 是文教、工美、体育和娱乐用品制造业"三创"能力雷达图。

表 5-24　文教、工美、体育和娱乐用品制造业"三创"能力综合指标

指标名称	指标值	排名
"三创"综合指数	0.114 28	20
1 外部环境	0.034 48	22

指标名称	指标值	排名
1.1 基础设施与条件	0.018 58	21
1.2 经济基础	0.015 90	25
2 资源投入	0.024 80	18
2.1 创投资源	0.010 22	18
2.2 科研投入	0.014 58	18
3 主体能力	0.007 71	19
3.1 知识创造	0.005 14	17
3.2 企业创新	0.002 22	21
3.3 创投能力	0.000 35	22
4 产出效益	0.047 29	11
4.1 科技效益	0.026 53	6
4.2 企业成长	0.020 75	15

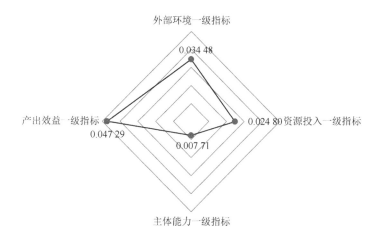

图 5-39　文教、工美、体育和娱乐用品制造业"三创"能力雷达图

5.4.18　石油、煤炭及其他燃料加工业

2021 年，我国石油、煤炭及其他燃料加工业实现销售收入 56 087.22 亿元，利润为 2738.32 亿元，吸纳从业人员近 80 万人；R&D 经费为 188.28 亿元，新产品销售收入为 5069.86 亿元；创业投资事件共 19 起，金额为 98.34 亿元；企业数量增加 113 家。

2021 年，石油、煤炭及其他燃料加工业"三创"能力综合排名第 19。一级指标中，外部环境排名第 15，表明该行业在资产、销售收入及利润方面均处于较高水平；资源投入排名第 26，相对行业规模而言，该行业的"三创"投入偏低，后续发展潜力不足；主体能力排名第 20，其中企业创新和创投能力均处于中上水平，新产品销售情况较好，创投事件较多，但在知识创造方面表现欠佳，说明行业基础研究水平不理想；产出效益排名第 33，其中科技效益及企业成长排名均较为靠后，说明全要素生产率提升较慢，新的市场进入者较少。

表 5-25 是石油、煤炭及其他燃料加工业"三创"能力综合指标，图 5-40 是石油、煤炭及其他燃料加工业"三创"能力雷达图。

表 5-25　石油、煤炭及其他燃料加工业"三创"能力综合指标

指标名称	指标值	排名
"三创"综合指数	0.124 02	19
1 外部环境	0.081 79	15
1.1 基础设施与条件	0.021 67	20
1.2 经济基础	0.060 11	12
2 资源投入	0.011 46	26
2.1 创投资源	0.003 91	28
2.2 科研投入	0.007 56	25
3 主体能力	0.006 81	20
3.1 知识创造	0.001 32	31
3.2 企业创新	0.004 55	15
3.3 创投能力	0.000 94	15
4 产出效益	0.023 96	33
4.1 科技效益	0.021 22	28
4.2 企业成长	0.002 74	34

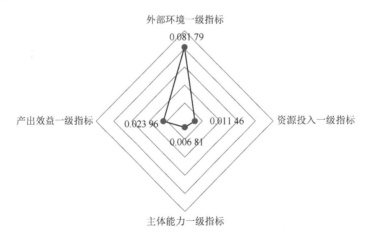

图 5-40　石油、煤炭及其他燃料加工业"三创"能力雷达图

5.4.19　化学原料及化学制品制造业

2021 年，我国化学原料及化学制品制造业实现销售收入 83 541.6 亿元，利润为 8222.42 亿元，吸纳从业人员超 345 万人；R&D 经费为 857.14 亿元，新产品销售收入为 18 193.17 亿元；创业投资事件共 221 起，金额为 288.78 亿元；企业数量增加 1138 家，IPO 数量为 21 家。

2021 年，化学原料及化学制品制造业"三创"能力综合排名第 6。一级指标中，外部环境排名第 2，属于超大规模的行业，在基础设施与条件和经济基础上均处于领先水平；资源投入排名第 6，说明行业"三创"投入领先，行业发展潜力巨大；主体能力排名第 7，在知识创造、企业创新及创投能力方面均处于领先水平，创投活动较为活跃，创投事件多、创投金额大；产出效益排名第 8，由于行业规模大、前景好，创投活跃度高，新的市场进入者也较多。

表 5-26 是化学原料及化学制品制造业"三创"能力综合指标，图 5-41 是化学原料及化学制品制造业"三创"能力雷达图。

表 5-26　化学原料及化学制品制造业"三创"能力综合指标

指标名称	指标值	排名
"三创"综合指数	0.416 24	6
1 外部环境	0.199 02	2
1.1 基础设施与条件	0.066 48	6
1.2 经济基础	0.132 54	2
2 资源投入	0.118 26	6
2.1 创投资源	0.045 22	6
2.2 科研投入	0.073 04	6
3 主体能力	0.046 47	7
3.1 知识创造	0.022 23	6
3.2 企业创新	0.016 80	5
3.3 创投能力	0.007 44	6
4 产出效益	0.052 49	8
4.1 科技效益	0.021 98	25
4.2 企业成长	0.030 51	9

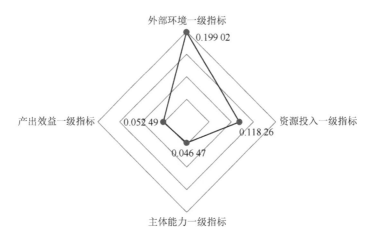

图 5-41　化学原料及化学制品制造业"三创"能力雷达图

5.4.20　医药制造业

2021 年，我国医药制造业实现销售收入 29 582.96 亿元，利润为 6430.68 亿元，吸纳从业人员超 211 万人；R&D 经费为 942.44 亿元，新产品销售收入为 11 045.12 亿元；创业投资事件共 857 起，金额为 1515.3 亿元；企业数量增加 459 家，IPO 数量为 29 家。

2021 年，医药制造业"三创"能力综合排名第 9。一级指标中，外部环境排名第 10，其中经济基础处于领先水平，表明产业规模较大；资源投入排名第 8，说明行业"三创"投入较大；主体能力排名第 6，其中尤其值得注意的是创投能力排名第 3，创投活动非常活跃，创投事件多、创投金额大、退出案例数多，表现出极强的创投能力，说明该行业属于景气度较高的朝阳行业；产出效益排名第 14，由于医药研发创新难度大、周期长、投入高，因此在短时间内所带来的全要素生产率的提升和企业成长速度相对不够迅速。

表 5-27 是医药制造业"三创"能力综合指标，图 5-42 是医药制造业"三创"能力雷达图。

表 5-27　医药制造业"三创"能力综合指标

指标名称	指标值	排名
"三创"综合指数	0.313 43	9
1 外部环境	0.117 50	10
1.1 基础设施与条件	0.035 88	14
1.2 经济基础	0.081 62	8
2 资源投入	0.100 89	8

续表

指标名称	指标值	排名
2.1 创投资源	0.040 12	8
2.2 科研投入	0.060 77	8
3 主体能力	0.048 46	6
3.1 知识创造	0.013 74	13
3.2 企业创新	0.010 42	9
3.3 创投能力	0.024 30	3
4 产出效益	0.046 58	14
4.1 科技效益	0.025 01	10
4.2 企业成长	0.021 57	14

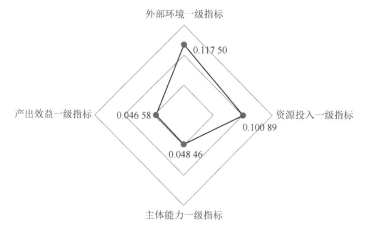

图 5-42　医药制造业"三创"能力雷达图

5.4.21　化学纤维制造业

2021 年,我国化学纤维制造业实现销售收入 10 330.14 亿元,利润为683.08 亿元,吸纳从业人员超 43 万人;R&D 经费为 169.35 亿元,新产品销售收入为 2974.27 亿元;创业投资事件共 39 起,金额为 49.67 亿元;企业数量增加 147 家,IPO 数量为 2 家。

2021 年,化学纤维制造业"三创"能力综合排名第 30。一级指标中,外部环境排名第 32,行业整体规模偏小;资源投入排名第 25,行业"三创"投入相对有限,发展潜力受到影响;主体能力排名第 25,其中值得注意的是该行业的知识创造排名相对靠后,产品创新能力不高,创投能力一般;产出效益排名第 29,其中科技效益表现相对不错，这与近年我国高性能纤维的技术水平、产业化开发取得重大突破有直接关系。

表 5-28 是化学纤维制造业"三创"能力综合指标，图 5-43 是化学纤维制造业"三创"能力雷达图。

表 5-28　化学纤维制造业"三创"能力综合指标

指标名称	指标值	排名
"三创"综合指数	0.062 36	30
1 外部环境	0.017 28	32
1.1 基础设施与条件	0.005 80	32
1.2 经济基础	0.011 48	29
2 资源投入	0.011 93	25
2.1 创投资源	0.004 41	25
2.2 科研投入	0.007 52	26
3 主体能力	0.004 67	25
3.1 知识创造	0.001 16	32
3.2 企业创新	0.002 65	19
3.3 创投能力	0.000 87	16
4 产出效益	0.028 48	29
4.1 科技效益	0.024 26	18
4.2 企业成长	0.004 22	31

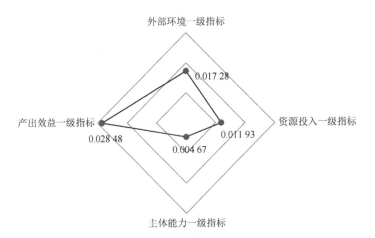

图 5-43　化学纤维制造业"三创"能力雷达图

5.4.22 橡胶和塑料制品业

2021 年，我国橡胶和塑料制品业实现销售收入 30 309.31 亿元，利润为 1838.48 亿元，吸纳从业人员近 300 万人；R&D 经费为 518.15 亿元，新产品销售收入为 8241.54 亿元；创业投资事件共 28 起，金额为 29.69 亿元；企业数量增加 2497 家，IPO 数量为 4 家。

2021 年，橡胶和塑料制品业"三创"能力综合排名第 12。一级指标中，外部环境排名第 16，无论是行业资产、吸纳就业，或是收入及利润情况都处于中上水平；资源投入排名第 10，说明行业"三创"投入较大，后续发展潜力充足；主体能力排名第 12，其中知识创造和企业创新排名较为靠前，创投能力尚可，行业景气度较高；产出效益排名第 10，其中由于汽车、建筑、航空航天、电子、医药等领域市场需求旺盛，企业成长性较高，但科技效益排名靠后，表明该行业产业效率有待提高。

表 5-29 是橡胶和塑料制品业"三创"能力综合指标，图 5-44 是橡胶和塑料制品业"三创"能力雷达图。

表 5-29 橡胶和塑料制品业"三创"能力综合指标

指标名称	指标值	排名
"三创"综合指数	0.228 00	12
1 外部环境	0.073 05	16
1.1 基础设施与条件	0.037 71	13
1.2 经济基础	0.035 34	17
2 资源投入	0.083 23	10
2.1 创投资源	0.033 54	10
2.2 科研投入	0.049 69	10
3 主体能力	0.023 75	12
3.1 知识创造	0.015 28	10
3.2 企业创新	0.007 74	12
3.3 创投能力	0.000 72	18
4 产出效益	0.047 97	10
4.1 科技效益	0	33
4.2 企业成长	0.047 97	7

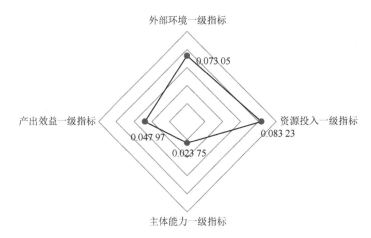

图 5-44 橡胶和塑料制品业"三创"能力雷达图

5.4.23 非金属矿物制品业

2021 年，我国非金属矿物制品业实现销售收入 68 512.29 亿元，利润为 6032.2 亿元，吸纳从业人员超 477 万人；R&D 经费为 552.58 亿元，新产品销售收入为 10 271.26 亿元；创业投资事件共 105 起，金额为 196.65 亿元；企业数量增加 4411 家，IPO 数量为 9 家。

2021 年，非金属矿物制品业"三创"能力综合排名第 7。一级指标中，外部环境排名第 5，无论是行业资产、吸纳就业，或是收入及利润情况都处于领先水平；资源投入排名第 9，说明行业"三创"投入较大，后续发展潜力较大；主体能力排名第 9，知识创造、企业创新和创投能力水平均较高，行业景气度较高；产出效益排名第 2，近年萤石、石墨、磷矿等非金属矿物制成品被广泛用于新能源、新材料、生物医药等战略性新兴产业，促使行业生态扩张、全要素生产率快速提升。

表 5-30 是非金属矿物制品业"三创"能力综合指标，图 5-45 是非金属矿物制品业"三创"能力雷达图。

表 5-30 非金属矿物制品业"三创"能力综合指标

指标名称	指标值	排名
"三创"综合指数	0.408 61	7
1 外部环境	0.174 92	5
1.1 基础设施与条件	0.073 77	5
1.2 经济基础	0.101 15	5

续表

指标名称	指标值	排名
2 资源投入	0.089 18	9
2.1 创投资源	0.033 69	9
2.2 科研投入	0.055 49	9
3 主体能力	0.029 39	9
3.1 知识创造	0.017 23	8
3.2 企业创新	0.009 35	11
3.3 创投能力	0.002 80	10
4 产出效益	0.115 12	2
4.1 科技效益	0.030 07	1
4.2 企业成长	0.085 06	2

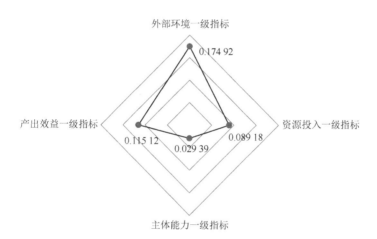

图 5-45　非金属矿物制品业"三创"能力雷达图

5.4.24　黑色金属冶炼和压延加工业

2021 年，我国黑色金属冶炼和压延加工业实现销售收入 96 692.48 亿元，利润为 4567.01 亿元，吸纳从业人员超 211 万人；R&D 经费为 906.68 亿元，新产品销售收入为 18 594.26 亿元；创业投资事件共 9 起，金额为 46.24 亿元；企业数量增加 333 家。

2021 年，黑色金属冶炼和压延加工业"三创"能力综合排名第 10。一级指标中，外部环境排名第 7，该行业是现代工业的基础产业之一，无论是行业资产、吸纳就业，或是收入及利润情况都处于领先水平；资源投入排名第 11，说明行业"三创"投入较大，行业发展潜力较大；主体能力排名第 10，其中企业创新水平极为领先，新产品创新能力很强，但创投能力相对较弱，对资本规模和投资周期的要求较高；产出效益排名第 25，科技效益和企业成长均处于中下水平，表明该行业投入大，资产较重，需要长期资本的关注。

表 5-31 是黑色金属冶炼和压延加工业"三创"能力综合指标，图 5-46 是黑色金属冶炼和压延加工业"三创"能力雷达图。

表 5-31　黑色金属冶炼和压延加工业"三创"能力综合指标

指标名称	指标值	排名
"三创"综合指数	0.259 66	10
1 外部环境	0.149 24	7
1.1 基础设施与条件	0.045 93	11
1.2 经济基础	0.103 32	4
2 资源投入	0.055 06	11
2.1 创投资源	0.022 25	11
2.2 科研投入	0.032 81	11
3 主体能力	0.024 86	10
3.1 知识创造	0.007 45	14
3.2 企业创新	0.016 90	4
3.3 创投能力	0.000 50	19
4 产出效益	0.030 50	25
4.1 科技效益	0.023 75	20
4.2 企业成长	0.006 75	27

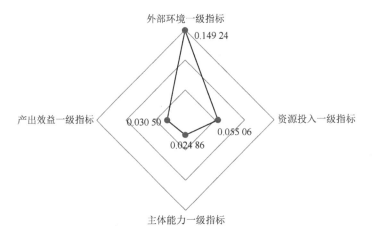

图 5-46　黑色金属冶炼和压延加工业"三创"能力雷达图

5.4.25 有色金属冶炼和压延加工业

2021 年,我国有色金属冶炼和压延加工业实现销售收入 70 256.57 亿元,利润为 3591.43 亿元,吸纳从业人员超 162 万人;R&D 经费为 475.35 亿元,新产品销售收入为 12 024.18 亿元;创业投资事件共 42 起,金额为 160.62 亿元;企业数量增加 749 家,IPO 数量为 8 家。

2021 年,有色金属冶炼和压延加工业综合排名第 13。一级指标中,外部环境排名第 11,处于靠前水平,行业发展规模较大;资源投入排名第 15,说明行业 "三创" 投入处于中上水平,后续发展潜力尚可;主体能力排名第 13,其中企业创新较为突出,行业景气度上升;产出效益排名第 16,其中产业技术水平和效率处于中下水平,有待提升。

表 5-32 是有色金属冶炼和压延加工业 "三创" 能力综合指标,图 5-47 是有色金属冶炼和压延加工业 "三创" 能力雷达图。

表 5-32 有色金属冶炼和压延加工业 "三创" 能力综合指标

指标名称	指标值	排名
"三创" 综合指数	0.211 76	13
1 外部环境	0.108 57	11
1.1 基础设施与条件	0.031 20	16
1.2 经济基础	0.077 38	9
2 资源投入	0.043 35	15
2.1 创投资源	0.016 42	15
2.2 科研投入	0.026 93	15
3 主体能力	0.020 06	13
3.1 知识创造	0.006 89	15
3.2 企业创新	0.010 93	8
3.3 创投能力	0.002 24	11
4 产出效益	0.039 78	16
4.1 科技效益	0.021 98	25
4.2 企业成长	0.017 80	16

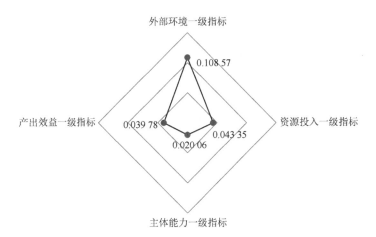

图 5-47　有色金属冶炼和压延加工业"三创"能力雷达图

5.4.26　金属制品业

2021 年，我国金属制品业实现销售收入 49 680.92 亿元，利润为 2532.38 亿元，吸纳从业人员超 383 万人；R&D 经费为 683.04 亿元，新产品销售收入为 10 722.09 亿元；创业投资事件共 41 起，金额为 45.71 亿元；企业数量增加 4406 家，IPO 数量为 6 家。

2021 年，金属制品业"三创"能力综合排名第 8。一级指标中，外部环境排名第 12，作为我国国民经济建设中的一种基础材料工业，行业整体水平较高；资源投入排名第 7，行业"三创"投入较为领先，后续发展潜力大；主体能力排名第 8，行业景气度较高，产业能级较高；产出效益排名第 3，由于近年来我国大力发展先进制造业、市场需求不断升级，且该行业技术创新能力强，产业效率高，企业成长性得到极大提升。

表 5-33 是金属制品业"三创"能力综合指标，图 5-48 是金属制品业"三创"能力雷达图。

表 5-33　金属制品业"三创"能力综合指标

指标名称	指标值	排名
"三创"综合指数	0.348 99	8
1 外部环境	0.105 69	12
1.1 基础设施与条件	0.051 55	8
1.2 经济基础	0.054 14	14
2 资源投入	0.102 32	7
2.1 创投资源	0.040 42	7

续表

指标名称	指标值	排名
2.2 科研投入	0.061 90	7
3 主体能力	0.031 28	8
3.1 知识创造	0.020 01	7
3.2 企业创新	0.009 99	10
3.3 创投能力	0.001 28	14
4 产出效益	0.109 70	3
4.1 科技效益	0.026 03	8
4.2 企业成长	0.083 67	3

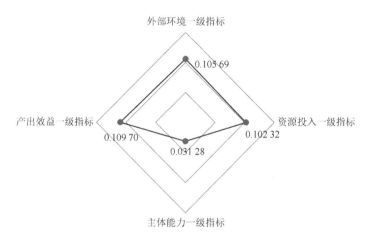

图 5-48　金属制品业"三创"能力雷达图

5.4.27　通用设备制造业

2021 年，我国通用设备制造业实现销售收入 49 383.87 亿元，利润为 3356.11 亿元，吸纳从业人员超 425 万人；R&D 经费为 1119.08 亿元，新产品销售收入为 16 475.94 亿元；创业投资事件共 441 起，金额为 532.34 亿元；企业数量增加 4091 家，IPO 数量为 37 家。

2021 年，通用设备制造业"三创"能力综合排名第 3。一级指标中，外部环境排名第 9，处于领先水平，行业发展基础较好；资源投入排名第 3，行业"三创"投入大，通用设备制造属于技术密集型行业，行业整体在研发上的投入巨大，后续发展潜力很大；主体能力排名第 4，在知识创造、企业创新和创投能力上均极为领先，行业发展景气度高；产出效益排名第 1，作为制造业的基础行业，近年装备制造业成为我国经济建设和产业发展的战略重点，加上该行业存在很大的国产替代空间，行业整体处于快速发展期，不仅企业数量的增长排名第一，而且 IPO 数量也位列第二，企业成长的数量、速度和质量均十分领先。

　　表 5-34 是通用设备制造业"三创"能力综合指标，图 5-49 是通用设备制造业"三创"能力雷达图。

表 5-34　通用设备制造业"三创"能力综合指标

指标名称	指标值	排名
"三创"综合指数	0.478 30	3
1 外部环境	0.124 21	9
1.1 基础设施与条件	0.061 88	7
1.2 经济基础	0.062 34	11
2 资源投入	0.171 36	3
2.1 创投资源	0.068 69	3
2.2 科研投入	0.102 68	3
3 主体能力	0.066 66	4
3.1 知识创造	0.040 45	4
3.2 企业创新	0.015 37	6
3.3 创投能力	0.010 83	5
4 产出效益	0.116 07	1
4.1 科技效益	0.024 76	11
4.2 企业成长	0.091 30	1

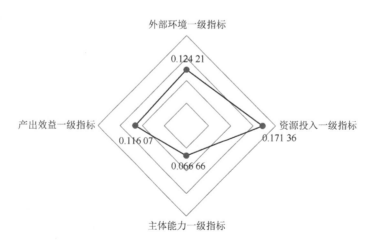

图 5-49　通用设备制造业"三创"能力雷达图

5.4.28 专用设备制造业

2021 年，我国专用设备制造业实现销售收入 37 352.35 亿元，利润为 3122.96 亿元，吸纳从业人员超 336 万人；R&D 经费为 1035.43 亿元，新产品销售收入为 12 869.87 亿元；创业投资事件共 1028 起，金额为 1420.5 亿元；企业数量增加 2723 家，IPO 数量为 62 家。

2021 年，专用设备制造业 "三创" 能力综合排名第 4。一级指标中，外部环境排名第 13，排名靠前，行业发展基础较好；资源投入排名第 4，作为技术密集型行业，该行业的研发投入巨大，发展空间和潜力很大；主体能力排名第 3，其中尤其值得注意的是创投能力排名第 2，创投活动非常活跃，创投事件多、创投金额大、退出案例数多，行业基础研发能力也很强，行业发展进入快车道；产出效益排名第 5，专用设备制造业属于战略性新兴产业，近年行业发展速度较快，企业成长性很强。

表 5-35 是专用设备制造业 "三创" 能力综合指标，图 5-50 是专用设备制造业 "三创" 能力雷达图。

表 5-35 专用设备制造业 "三创" 能力综合指标

指标名称	指标值	排名
"三创" 综合指数	0.444 10	4
1 外部环境	0.103 49	13
1.1 基础设施与条件	0.050 82	10
1.2 经济基础	0.052 68	15
2 资源投入	0.154 26	4
2.1 创投资源	0.063 74	4
2.2 科研投入	0.090 52	4
3 主体能力	0.084 71	3
3.1 知识创造	0.044 19	3
3.2 企业创新	0.011 99	7
3.3 创投能力	0.028 53	2
4 产出效益	0.101 64	5
4.1 科技效益	0.024 51	13
4.2 企业成长	0.077 13	5

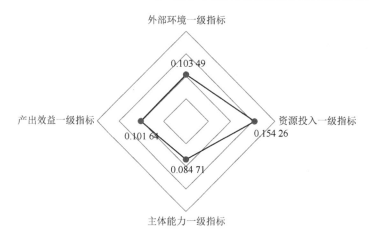

图 5-50　专用设备制造业"三创"能力雷达图

5.4.29　汽车制造业

2021 年，我国汽车制造业实现销售收入 87 724.31 亿元，利润为 5646.29 亿元，吸纳从业人员超 429 万人；R&D 经费为 1414.64 亿元，新产品销售收入为 30 968.04 亿元；创业投资事件共 139 起，金额为 580.72 亿元；企业数量增加 1236 家，IPO 数量为 17 家。

2021 年，汽车制造业"三创"能力综合排名第 5。一级指标中，外部环境排名第 4，汽车制造涉及庞大的产业链，对一国经济发展能起到巨大的推动作用，无论资产、从业人员、收入、利润等规模性指标都排名极为靠前；资源投入排名第 5，行业"三创"投入很大，尤其近年新能源、自动驾驶等成为行业发展趋势，行业研发投入巨大，行业成长空间很大；主体能力排名第 5，由于市场竞争激烈，产品更新迭代速度快，行业呈现极强的创新能力，基础研究和技术水平都得到快速提升；产出效益排名第 7，科技效益和企业成长上的表现均较为靠前，但产业发展质量和效率还有提升空间。

表 5-36 是汽车制造业"三创"能力综合指标，图 5-51 是汽车制造业"三创"能力雷达图。

表 5-36　汽车制造业"三创"能力综合指标

指标名称	指标值	排名
"三创"综合指数	0.433 40	5
1 外部环境	0.184 25	4
1.1 基础设施与条件	0.075 39	4

续表

指标名称	指标值	排名
1.2 经济基础	0.108 86	3
2 资源投入	0.130 24	5
2.1 创投资源	0.051 70	5
2.2 科研投入	0.078 55	5
3 主体能力	0.063 82	5
3.1 知识创造	0.028 48	5
3.2 企业创新	0.028 35	3
3.3 创投能力	0.006 99	7
4 产出效益	0.055 08	7
4.1 科技效益	0.024 51	13
4.2 企业成长	0.030 57	8

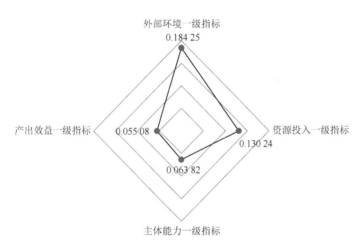

图 5-51　汽车制造业"三创"能力雷达图

5.4.30　铁路、船舶、航空航天和其他运输设备制造业

　　2021 年，我国铁路、船舶、航空航天和其他运输设备制造业实现销售收入 18 515.56 亿元，利润为 714.95 亿元，吸纳从业人员超 158 万人；R&D 经费为 620.21 亿元，新产品销售收入为 7743.53 亿元；创业投资事件共 83 起，金额为 290.48 亿元；企业数量增加 596 家，IPO 数量为 7 家。

　　2021 年，铁路、船舶、航空航天和其他运输设备制造业"三创"能力综合排名第 17。一级指标中，外部环境排名第 21，发展基础仍有提升空间；资源投入排名第 12，行业"三创"投入较大，后续发展潜力充足；主体能力排名第 11，在知识创造、企业创新和创投能力上均比较靠前，产业发展质量高，产业生态发育较为成熟；产出效益排名第 17，由于该行业研发投入大、周期长、创新难度大，因此在短时间内所带来的全要素生产率的提升和企业成长仅处于中等水平，需要长期大资本持续支撑。

表 5-37 是铁路、船舶、航空航天和其他运输设备制造业"三创"能力综合指标，图 5-52 是铁路、船舶、航空航天和其他运输设备制造业"三创"能力雷达图。

表 5-37　铁路、船舶、航空航天和其他运输设备制造业"三创"能力综合指标

指标名称	指标值	排名
"三创"综合指数	0.158 02	17
1 外部环境	0.042 37	21
1.1 基础设施与条件	0.025 60	18
1.2 经济基础	0.016 77	23
2 资源投入	0.052 17	12
2.1 创投资源	0.019 77	13
2.2 科研投入	0.032 40	12
3 主体能力	0.024 40	11
3.1 知识创造	0.013 79	12
3.2 企业创新	0.007 26	13
3.3 创投能力	0.003 36	9
4 产出效益	0.039 08	17
4.1 科技效益	0.024 51	13
4.2 企业成长	0.014 57	18

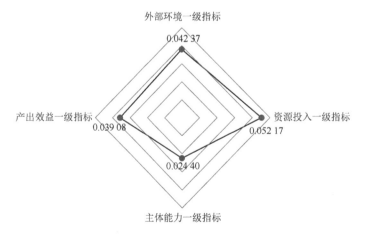

图 5-52　铁路、船舶、航空航天和其他运输设备制造业"三创"能力雷达图

5.4.31　电气机械和器材制造业

2021 年，我国电气机械和器材制造业实现销售收入 86 545.86 亿元，利润为 4756.5 亿元，吸纳从业人员超 585 万人；R&D 经费为 1818.14 亿元，新产品销售收入为 35 153.00 亿元；创业投资事件共 373 起，金额为 714.6 亿元；企业数量增加 3361 家，IPO 数量为 28 家。

2021 年，电气机械和器材制造业 "三创" 能力综合排名第 2。一级指标中，外部环境排名第 3，处于领先水平，行业发展面临的形势很好；资源投入排名第 2，该行业产品技术密集程度较高，"三创" 投入较大，行业未来还有很大的成长空间和潜力；主体能力排名第 2，在知识创造、企业创新和创投能力上较为均衡，表明该行业的产业链、创新链和创新生态建设都很优秀，产业竞争力非常强；产出效益排名第 6，其中企业成长性非常强，但是产业效率很低，需要进一步加强行业治理，提升行业的市场竞争度。

表 5-38 是电气机械和器材制造业 "三创" 能力综合指标，图 5-53 是电气机械和器材制造业 "三创" 能力雷达图。

表 5-38　电气机械和器材制造业 "三创" 能力综合指标

指标名称	指标值	排名
"三创" 综合指数	0.610 87	2
1 外部环境	0.190 17	3
1.1 基础设施与条件	0.091 07	3
1.2 经济基础	0.099 10	6
2 资源投入	0.208 49	2
2.1 创投资源	0.084 05	2
2.2 科研投入	0.124 43	2
3 主体能力	0.117 40	2
3.1 知识创造	0.066 83	2
3.2 企业创新	0.033 51	2
3.3 创投能力	0.017 06	4
4 产出效益	0.094 82	6
4.1 科技效益	0.020 72	31
4.2 企业成长	0.074 10	6

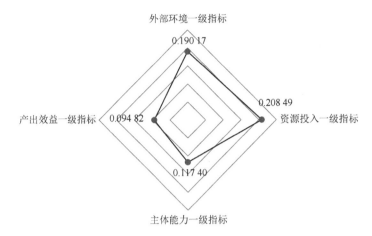

图 5-53 电气机械和器材制造业"三创"能力雷达图

5.4.32 计算机、通信和其他电子设备制造业

2021 年，我国计算机、通信和其他电子设备制造业实现销售收入 147 051.87 亿元，利润为 9018.57 亿元，吸纳从业人员超 967 万人；R&D 经费为 3577.79 亿元，新产品销售收入为 57 651.94 亿元；创业投资事件共 1622 起，金额为 2486.3 亿元；企业数量增加 3293 家，IPO 数量为 48 家。

2021 年，计算机、通信和其他电子设备制造业"三创"能力综合排名第 1。一级指标中，外部环境排名第 1，近年随着信息技术不断发展，数字经济成为全球以及中国经济增长的新动能，作为信息技术和数字经济的重要媒介，电子设备的需求大幅增长，计算机、通信和其他电子设备制造业也快速发展，已成长为一个销售规模超 14 万亿元的巨大行业；资源投入排名第 1，作为技术密集型行业，且技术更新迭代的速度快，该行业的"三创"投入巨大，是未来我国新质生产力发展和引领经济发展的核心领域；主体能力排名第 1，无论是知识创造、企业创新或者是创投能力，都位列第一，该行业体现出极强的创新动力和创新能力；产出效益排名第 4，表明该行业产业效率很高，行业治理能力强，市场发育比较成熟。

表 5-39 是计算机、通信和其他电子设备制造业"三创"能力综合指标，图 5-54 是计算机、通信和其他电子设备制造业"三创"能力雷达图。

表 5-39 计算机、通信和其他电子设备制造业"三创"能力综合指标

指标名称	指标值	排名
"三创"综合指数	0.945 21	1
1 外部环境	0.333 20	1

续表

指标名称	指标值	排名
1.1 基础设施与条件	0.154 09	1
1.2 经济基础	0.179 11	1
2 资源投入	0.293 08	1
2.1 创投资源	0.113 49	1
2.2 科研投入	0.179 58	1
3 主体能力	0.212 93	1
3.1 知识创造	0.115 44	1
3.2 企业创新	0.058 45	1
3.3 创投能力	0.039 04	1
4 产出效益	0.106 00	4
4.1 科技效益	0.024 51	13
4.2 企业成长	0.081 49	4

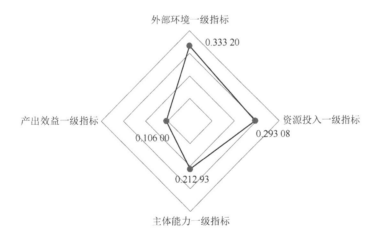

图 5-54　计算机、通信和其他电子设备制造业"三创"能力雷达图

5.4.33　仪器仪表制造业

2021 年，我国仪器仪表制造业实现销售收入 9748.99 亿元，利润为 1022.22 亿元，吸纳从业人员近 100 万人；R&D 经费为 313.27 亿元，新产品销售收入为 3319.41 亿元；创业投资事件共 106 起，金额为 50.74 亿元；企业数量增加 743 家，IPO 数量为 7 家。

2021 年，仪器仪表制造业"三创"能力综合排名第 18。一级指标中，外部环境排名第 26，处于中下水平，产业发展基础有待提高；资源投入排名第 13，行业

"三创"投入处于中上水平，后续发展潜力较为充足；主体能力排名第 14，表明该行业产业链、创新链和产业生态建设良好，企业创新方面还有一定提升空间；产出效益排名第 15，企业成长性良好，但是产业效率还有待提升，需要进一步转型升级、提质增效。

表 5-40 是仪器仪表制造业"三创"能力综合指标，图 5-55 是仪器仪表制造业"三创"能力雷达图。

表 5-40　仪器仪表制造业"三创"能力综合指标

指标名称	指标值	排名
"三创"综合指数	0.137 16	18
1 外部环境	0.026 83	26
1.1 基础设施与条件	0.012 24	26
1.2 经济基础	0.014 58	27
2 资源投入	0.050 38	13
2.1 创投资源	0.021 49	12
2.2 科研投入	0.028 89	13
3 主体能力	0.019 20	14
3.1 知识创造	0.014 40	11
3.2 企业创新	0.003 01	18
3.3 创投能力	0.001 79	13
4 产出效益	0.040 75	15
4.1 科技效益	0.023 50	21
4.2 企业成长	0.017 26	17

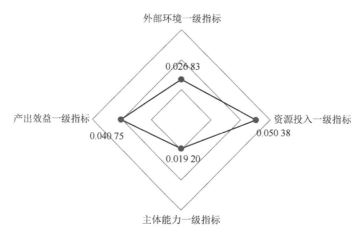

图 5-55　仪器仪表制造业"三创"能力雷达图

5.4.34　其他制造业

2021 年,我国其他制造业实现销售收入 2832.74 亿元,利润为 174.75 亿元,吸纳从业人员超 36 万人;R&D 经费为 66.27 亿元,新产品销售收入为 624.47 亿元;创业投资事件共 5 起,金额为 0.95 亿元;企业数量增加 194 家。

2021 年,其他制造业"三创"能力综合排名第 37。一级指标中,外部环境排名第 37,行业整体规模相对较小;资源投入排名第 30,行业的"三创"投入不足,后续发展潜力有限;主体能力排名第 29,产业景气度不高,产业主体创新力和竞争力有待提高;产出效益排名第 37,表明该行业日益没落,亟须破旧出新,淘汰落后产能。

表 5-41 是其他制造业"三创"能力综合指标,图 5-56 是其他制造业"三创"能力雷达图。

表 5-41　其他制造业"三创"能力综合指标

指标名称	指标值	排名
"三创"综合指数	0.017 46	37
1 外部环境	0.004 14	37
1.1 基础设施与条件	0.002 37	37
1.2 经济基础	0.001 77	37
2 资源投入	0.006 69	30
2.1 创投资源	0.002 73	29
2.2 科研投入	0.003 96	31
3 主体能力	0.002 41	29
3.1 知识创造	0.001 84	25
3.2 企业创新	0.000 51	29
3.3 创投能力	0.000 06	27
4 产出效益	0.004 22	37
4.1 科技效益	0	33
4.2 企业成长	0.004 22	32

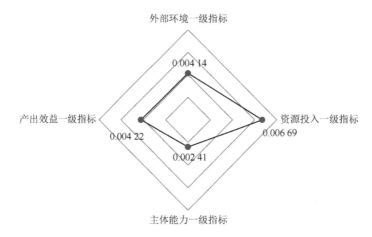

图 5-56　其他制造业"三创"能力雷达图

5.4.35　金属制品、机械和设备修理业

2021 年，我国金属制品、机械和设备修理业实现销售收入 1607.84 亿元，利润为 73.62 亿元，吸纳从业人员超 21 万人；R&D 经费为 20.57 亿元，新产品销售收入为 161.75 亿元；创业投资事件共 21 起，金额为 1.17 亿元；企业数量增加 98 家。

2021 年，金属制品、机械和设备修理业"三创"能力综合排名第 38。一级指标中，外部环境排名第 38，产业发展基础逐步没落；资源投入排名第 34，行业"三创"投入较少，行业发展逐步被边缘化，发展潜力有限；主体能力排名第 34，其中值得注意的是创投能力排名第 24，相较行业规模而言，创投活动较为活跃，说明该行业作为生产性服务业仍受到资本市场的关注；产出效益排名第 38，表明该行业产业效率极低，亟须转型升级，通过数字化和智能化发展，提升行业技术水平和装备质量。

表 5-42 是金属制品、机械和设备修理业"三创"能力综合指标，图 5-57 是金属制品、机械和设备修理业"三创"能力雷达图。

表 5-42　金属制品、机械和设备修理业"三创"能力综合指标

指标名称	指标值	排名
"三创"综合指数	0.004 57	38
1 外部环境	0.000 60	38
1.1 基础设施与条件	0.000 60	38
1.2 经济基础	0	38

续表

指标名称	指标值	排名
2 资源投入	0.000 97	34
2.1 创投资源	0.000 47	32
2.2 科研投入	0.000 50	37
3 主体能力	0.000 54	33
3.1 知识创造	0.000 28	34
3.2 企业创新	0.000 05	37
3.3 创投能力	0.000 21	24
4 产出效益	0.002 46	38
4.1 科技效益	0	33
4.2 企业成长	0.002 46	35

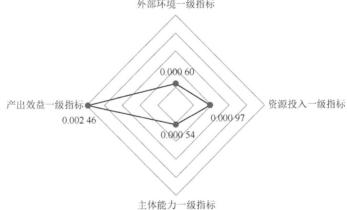

图 5-57 金属制品、机械和设备修理业"三创"能力雷达图

5.4.36 电力、热力生产和供应业

2021 年,我国电力、热力生产和供应业实现销售收入 79 412.81 亿元,利润为 1935.95 亿元,吸纳从业人员超 267 万人;R&D 经费为 184.24 亿元,新产品销售收入为 423.92 亿元;企业数量增加 1218 家。

2021 年,电力、热力生产和供应业"三创"能力综合排名第 11。一级指标中,外部环境排名第 6,产业发展基础相当良好,发展规模很大;资源投入排名第 21,表明该行业"三创"投入不足,未来发展潜力受限;主体能力排名第 15,由于该行业时间长,比较成熟,又涉及国计民生,国家科研投入持续较大,基础研究和技术水平积累厚实，但企业创新动力不足，行业竞争力不高；产出效益排名第9，较为靠前，其中由产业成熟度高等因素带来的全要素生产率较高，企业成长性也比较良好。

表5-43 是电力、热力生产和供应业"三创"能力综合指标，图5-58 是电力、热力生产和供应业"三创"能力雷达图。

表 5-43　电力、热力生产和供应业"三创"能力综合指标

指标名称	指标值	排名
"三创"综合指数	0.256 52	11
1 外部环境	0.170 84	6
1.1 基础设施与条件	0.104 76	2
1.2 经济基础	0.066 08	10
2 资源投入	0.017 61	21
2.1 创投资源	0.005 62	23
2.2 科研投入	0.011 99	19
3 主体能力	0.017 12	15
3.1 知识创造	0.016 83	9
3.2 企业创新	0.000 29	32
3.3 创投能力	0	31
4 产出效益	0.050 95	9
4.1 科技效益	0.028 05	2
4.2 企业成长	0.022 90	13

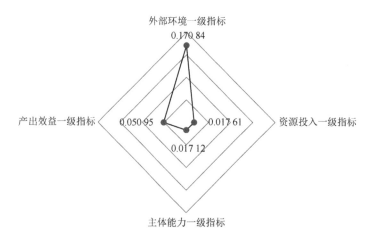

图 5-58　电力、热力生产和供应业"三创"能力雷达图

5.4.37　燃气生产和供应业

2021 年，我国燃气生产和供应业实现销售收入 12 631.57 亿元，利润为 908.88 亿元，吸纳从业人员超 36 万人；R&D 经费为 26.78 亿元，新产品销售收入为 706.38 亿元；企业数量增加 405 家。

2021 年，燃气生产和供应业"三创"能力综合排名第 36。一级指标中，外部环境排名第 27，行业规模不大；资源投入排名第 36，行业"三创"投入较少，后续发展潜力不大；主体能力排名第 33，产业链、创新链发展不足，行业景气度较低；产出效益排名第 36，行业总体效率低下，但由于市场需求巨大，企业成长性有一定起色。

表 5-44 是燃气生产和供应业"三创"能力综合指标，图 5-59 是燃气生产和供应业"三创"能力雷达图。

表 5-44　燃气生产和供应业"三创"能力综合指标

指标名称	指标值	排名
"三创"综合指数	0.031 81	36
1 外部环境	0.022 31	27
1.1 基础设施与条件	0.007 14	31
1.2 经济基础	0.015 18	26
2 资源投入	0.000 89	36
2.1 创投资源	0.000 30	33
2.2 科研投入	0.000 59	35
3 主体能力	0.000 54	33
3.1 知识创造	0	38
3.2 企业创新	0.000 54	28
3.3 创投能力	0	31
4 产出效益	0.008 07	36
4.1 科技效益	0	33
4.2 企业成长	0.008 07	25

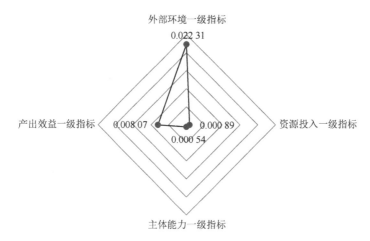

图 5-59　燃气生产和供应业"三创"能力雷达图

5.4.38　水的生产和供应业

2021 年，我国水的生产和供应业实现销售收入 4225.08 亿元，利润为 452.39 亿元，吸纳从业人员超 54 万人；R&D 经费为 18.42 亿元，新产品销售 收入为 110.31 亿元；企业数量增加 411 家。

2021 年，水的生产和供应业"三创"能力综合排名第 32。一级指标中， 外部环境排名第 31，行业发展基础较为薄弱，规模相对较小；资源投入排名第 37，行业"三创"投入较少，行业发展潜力有限；主体能力排名第 36，产业景 气度较低；产出效益排名第 27，产业效率不高，但市场需求巨大，企业成长性 尚可。

表 5-45 是水的生产和供应业"三创"能力综合指标，图 5-60 是水的生产和 供应业"三创"能力雷达图。

表 5-45　水的生产和供应业"三创"能力综合指标

指标名称	指标值	排名
"三创"综合指数	0.048 43	32
1 外部环境	0.017 82	31
1.1 基础设施与条件	0.012 38	25
1.2 经济基础	0.005 44	36
2 资源投入	0.000 88	37
2.1 创投资源	0.000 28	35
2.2 科研投入	0.000 59	35

续表

指标名称	指标值	排名
3 主体能力	0.000 33	36
3.1 知识创造	0.000 33	33
3.2 企业创新	0	38
3.3 创投能力	0	31
4 产出效益	0.029 40	27
4.1 科技效益	0.021 22	28
4.2 企业成长	0.008 18	24

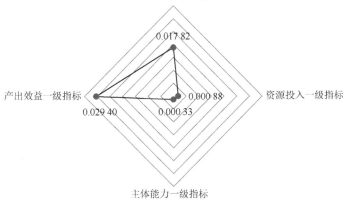

图 5-60　水的生产和供应业"三创"能力雷达图

第6章　总结与建议

6.1　总　　结

6.1.1　区域"三创"发展

对 31 个省级行政区域的"三创"指数进行分析，主要结论如下。

（1）从省级行政区域来看，31 个省级行政区域"三创"综合指数排名前 6 的省市为广东省、北京市、江苏省、浙江省、上海市、山东省，这 6 个省级行政区域明显高出其他省级行政区域，并且分值的下降较为明显，从福建省到内蒙古自治区整体得分下降较平缓，成了 3 个内部相对差异不大的组团。

（2）从各大区域来看，华东、华南、华北三大区域保持前列，且各有 1 个排名前 3 的省级行政区域，华中和西北位次保持不变，东北排名下降 1 位，西南上升 1 位。

（3）在外部环境指标上，31 个省级行政区域的排名前 10 的是：上海市、北京市、广东省、江苏省、浙江省、福建省、天津市、山东省、重庆市、湖南省。位居后面的省级行政区域主要位于西北、西南以及东北等区域。

（4）在资源投入指标上，31 个省级行政区域的排名前 10 的是：广东省、北京市、江苏省、山东省、浙江省、上海市、天津市、河南省、四川省及湖北省。位居后面的省级行政区域主要位于西北、西南以及华南的部分地区，东北三省也总体偏弱。

（5）在主体能力指标上，31 个省级行政区域排名前 10 的是：广东省、江苏省、北京市、浙江省、上海市、山东省、四川省、湖南省、天津市、西藏自治区。位居后面的省级行政区域主要位于西北、西南以及华北的部分地区。

（6）在产出效益指标上，31 个省级行政区域排名前 10 的是：广东省、浙江省、江苏省、安徽省、北京市、山东省、上海市、湖北省、福建省、江西省。位居后面的省级行政区域主要位于西北、西南以及华南的部分地区。

（7）构成主体能力的 3 个二级指标中，北京市在知识创造指标上独占鳌头，以江苏省、上海市为代表的长三角地区及广东省在企业创新指标上遥遥领先，而创投能力则在以上海市、浙江省为代表的长三角地区以及广东省形成明显的两个资本集中地区，创投资金对上海市、浙江省及广东省的偏好优势尤为明显。

（8）从省区市聚类分析的结果来看，可以将 31 个省区市按四大类别进行分析。

类别 1：共包含 2 个省，分别是江苏省、广东省。该类别的基本特征是除外部环境不如北京市、上海市等一线直辖市和以浙江省为代表的外向型省市外，资源投入、主体能力和产出效益均处于全国领先水平，区域"三创"能力水平最高。

类别 2：共包含 3 个省市，分别是北京市、上海市、浙江省。该类别的基本特征是外部环境优越，资源投入、主体能力和产出效益良好，区域"三创"能力水平较高。自改革开放以来，北京市、上海市、浙江省对外开放程度较高，与国际发达区域合作交流较为充分，法治化和市场化程度较高，各方面发展比较均衡。

类别 3：共包含 13 个省市，分别是天津市、河北省、吉林省、安徽省、福建省、江西省、山东省、河南省、湖北省、湖南省、重庆市、四川省、陕西省。该类别的基本特征是，外部环境和产出效益尚可，资源投入和主体能力较弱，区域"三创"能力水平一般。这类区域的产业基础与科技基础一般相对较好，市场经济发育相对充分，政策环境和法治化、规范化等外部环境发育相对成熟。

类别 4：共包含 13 个省区市，分别是山西省、内蒙古自治区、辽宁省、黑龙江省、广西壮族自治区、海南省、贵州省、云南省、西藏自治区、甘肃省、青海省、宁夏回族自治区、新疆维吾尔自治区。该类别的基本特征是外部环境较差和产出效益较低，资源投入严重不足，主体能力较为低下，区域"三创"能力水平很低。导致这些区域落后的原因往往是市场经济发育还不够成熟，政策环境相对较差，科技资源相对欠缺，现代化的产业基础比较薄弱，对外开放水平相对较低。

（9）在 15 个二级区域"三创"评价指标中，经济基础、绿色发展、教育投入和创投能力依次是评价区域"三创"事业发展程度的代表性指标。其中绿色发展和经济基础是结果型指标，意味着领先区域的绿色化和高效性的经济转型升级走在前列，经济增长质量更高；教育投入和创投能力属于过程型指标，意味着"三创"事业总体发展领先的区域对教育和创投的投入明显高于后进区域，后进区域应该在这两个方面加大投入，推动经济向创新型高质量方向发展。

6.1.2　行业"三创"能力评估分析

（1）"三创"综合指数较高的行业主要集中于国家重点发展的战略性新兴产业，计算机、通信和其他电子设备制造业处于绝对领先水平，远远高于其他行业；其次为电气机械和器材制造业；通用设备制造业、专用设备制造业、汽车制造业、化学原料及化学制品制造业、非金属矿物制品业属于同一梯队，分值依次下降、但下降较缓。

（2）从外部环境指标来看，计算机、通信和其他电子设备制造业排名第1，随着信息技术的发展和数字经济越来越成为经济增长的新引擎，该行业规模巨大，远远高出排名第2的行业。从化学原料及化学制品制造业开始，各行业的指标值逐渐下降，可以观察到排名前10的行业中，大多数为制造业的基础行业，如化学原料及化学制品制造业，电气机械和器材制造业，非金属矿物制品业，电力、热力生产和供应业等，这些行业为其他制造业提供生产所必需的能源、钢铁、装备、原材料等，应用范围广泛，因此行业规模较大，外部环境较好。排名第4的汽车制造业在国民经济中占据重要地位，产业链极为庞大，行业的资产、就业人数、销售收入和利润等各方面都极为可观，外部环境处于领先水平。

（3）从资源投入指标来看，计算机、通信和其他电子设备制造业远高于其他行业，排名前10的行业还包括电气机械和器材制造业、通用设备制造业、专用设备制造业、汽车制造业、化学原料及化学制品制造业、金属制品业、医药制品业、非金属矿物制品业、橡胶和塑料制品业，这些行业大多与国家重点发展的战略性新兴产业存在交集，或为战略性新兴产业提供关键原材料、重要零部件等的行业。

（4）从主体能力指标来看，计算机、通信和其他电子设备制造业远高于其他行业，排名前10的行业还包括电气机械和器材制造业、专用设备制造业、通用设备制造业、汽车制造业、医药制造业、化学原料及化学制品制造业、金属制品业、非金属矿物制品业和黑色金属冶炼和压延加工业，这些行业或为技术密集型行业，自身对发明专利、产品创新、技术创新等要求较高，或是为满足下游高技术行业的需求必须加强企业在知识创造和企业创新等方面的能力。

（5）从产出效益指标来看，通用设备制造业，非金属矿物制品业，金属制品业，计算机、通信和其他电子设备制造业，专用设备制造业，电气机械和器材制造业等六个行业明显处于第一梯队，分值高且差距不大，代表在这些行业中，"三创"的产出效益水平较高。

（6）对各个行业的数据按四类进行聚类分析，具有如下特征。

类别1：共包含一个行业，计算机、通信和其他电子设备制造业。近年来以5G、量子通信、区块链、人工智能、大数据等为代表的新一代信息技术迅猛发展，带动全球经济数字化转型，催生了大量新产品、新模式、新业态，成为我国"三创"活动的集中发展行业。

类别2：共包含八个行业，分别是化学原料及化学制品制造业、医药制造业、非金属矿物制品业、金属制品业、通用设备制造业、专用设备制造业、汽车制造业、电气机械和器材制造业。该类别的基本特征是产出效益比较突出，外部环境和资源投入比较良好，主体能力发育相对不足。这一类别涉及的行业往往具有重资产的特征，主体企业转型升级成本较高，限制了该行业的快速迭代创新，但由于产品科技含量较高，因此产出效益良好，行业竞争程度较高，市场秩序较为良好，"三创"投入相对金额较高。

类别3：共包含七个行业，分别是煤炭开采和洗选业，农副食品加工业，石油、煤炭及其他燃料加工业，橡胶和塑料制品业，黑色金属冶炼和压延加工业，有色金属冶炼和压延加工业，电力、热力生产和供应业。该类别的基本特征是"三创"的资源投入很低，主体能力严重不足，外部环境和产出效益相对较低。这一类别的行业一般为能源和材料行业，对国计民生的影响比较大，产品涉及深加工或新材料和新能源相关技术应用，主体企业一般为国企或传统民营企业，创新动力不足，创新投入有限，创新的外溢效果比较明显，创新激励不足。

类别4：共包含22个行业，分别是石油和天然气开采业，黑色金属矿采选业，有色金属矿采选业，非金属矿采选业，食品制造业，酒、饮料和精制茶制造业，烟草制品业，纺织业，纺织服装、服饰业，皮革、毛皮、羽毛及其制品和制鞋业，木材加工和木、竹、藤、棕、草制品业，家具制造业，造纸及纸制品业，印刷和记录媒介复制业，文教、工美、体育和娱乐用品制造业，化学纤维制造业，铁路、船舶、航空航天和其他运输设备制造业，仪器仪表制造业，其他制造业，金属制品、机械和设备修理业，燃气生产和供应业，水的生产和供应业。该类别的基本特征是外部环境、资源投入、主体能力和产出效益等四个方面的表现均很差，导致这一问题的主要原因在于这些行业一般为初级或低级加工业，行业利润率较低，产品科技含量不高，行业主体科技创新能力不足，创新创业投入较少。

（7）在四个一级行业"三创"评价指标中，产出效益、外部环境、资源投入和主体能力依次是评价行业"三创"事业发展程度的代表性指标。其中产出效益是结果型指标，意味着领先行业的经济效益非常突出，吸引了大量"三创"投入和主体参与，行业发展质量非常高。外部环境属于先导型指标，说明对行业"三创"事业发展来说行业的基础情况非常重要，决定了行业是否能够持续进行"三创"投入，促进行业的繁荣发展。资源投入和主体能力属于过程型指标，意味着行业"三创"能力相关性很强，市场化规则仍然主导了整个行业的发展。

6.2　建　议

为了实现新时代下经济结构转型，保证经济高质量发展的目标，不仅各地区和各行业应在创新引领下发展实体经济，而且要协调各区域和行业的发展。基于"三创"指数的评估结果，提出如下对策建议。

6.2.1 对于区域

（1）坚持生态绿色的发展理念和模式。随着我国经济发展走向高质量发展阶段，各类经济主体对美好生态环境的需求已成为新的主流，"绿水青山就是金山银山"的理念已为广大民众充分理解和接受。因此，重视发展低碳环保产业、加强对自然环境的保护是实现区域经济高质量发展的重要前提。各省区市应该摒弃牺牲环境换取地区生产总值增长的错误理念，树立生态绿色的发展理念，坚持走绿色可持续发展道路，促进人与自然的和谐共生发展，吸引并留住创业者及各类人才，也吸引创投资本的流入，为创新、创业打下良好的基础。

（2）大力促进区域创投事业的发展。创投事业的发展对于区域创新能力的提升具有重要促进作用。各地政府应根据各地的实际情况，建立有利于创业投资发展的良好政策环境，以政府的财政资源为依托，吸引更多的社会资本支持创新、创业事业的发展，充分利用杠杆效应和市场规则，促进区域经济向创新型经济转型。

（3）加大对区域教育事业的重视和投入力度。教育投入对于区域"三创"能力提升具有重要影响。采取增加教育经费投入、改善教育基础设施、加强教师队伍建设、推进教育信息化、促进教育公平、提升教育质量以及鼓励社会参与教育等多种方式，提升区域教育事业的发展水平，为区域"三创"能力水平提升提供更强的人力资源保障和社会文化保障。

（4）促进"三创"市场主体的发育和成长。主体能力是决定产出效益的重要因素。政府应制定竞争规范及技术标准等，避免对企业的过分保护，营造良性竞争的产业发展环境，发展以企业为主体的市场经济，让公平的市场环境优胜劣汰，使得真正有潜力的企业在市场竞争中脱颖而出。

（5）充分利用区域增长极的极化效应。以北京市和山东省为增长极的黄渤海区域，以广东省为增长极的珠三角地区，以上海市、浙江省和江苏省为增长极的长三角地区形成了"三创"的三个增长极，应充分利用这三个增长极的极化效应，加强区域增长极的原始创新能力及产业领先能力，增强这些增长极对周边地区的带动及辐射作用，加快产业由高梯度区域向低梯度区域的转移，提升低梯度区域的模仿创新能力及创新扩散能力。

（6）加强区域间的协同发展。整体相对落后的西南、西北地区，以及处于中间的华中地区，也有其中相对领先的省级行政区域，如西北的陕西省、西南的四川省和重庆市，应进一步改善政策环境，加大教育与科技资源投入，夯实现代化的产业基础，通过加强对外开放和区域间协作为本区域发展引入更多更优质的创新资源，并大力开展体制机制创新，激发市场主体创新的动力，促进本区域加快产业转型升级步伐。

6.2.2 对于工业行业

（1）加快行业数字化转型升级。充分利用大数据、人工智能、区块链、物联网等新一代信息技术，不断推动产业数字化和数字产业化进程及其融合，发展及升级有区域特色的产业价值链，细化垂直链的分工，提升经济效率，不断提升及完善各项生产要素，提升创新、创业可持续发展的能力。

（2）协调好产业的虚实关系。新一代信息技术的发展促进了虚拟经济的发展，但也要防止其对实体经济发展的抑制效应，应进一步加强对传统行业的创新和创投投入，优化第一产业和第二产业发展的政策环境，避免产业空心化和制造业外流，既要重视抓住"微笑曲线"的发展机遇，也要加强制造业的锚效应，夯实我国高端制造业和先进制造模式的基础，促进内外两大循环模式过程中的自给能力建设。

（3）推进行业集群化、生态化发展。在新的全球经济发展趋势中，产品迭代和知识更新速度是决定行业竞争力的关键，强大的外部环境是二者发展的重要条件，因此促进行业集群化聚集发展、促进供应链一体化发展、打造良好的产业生态是未来产业组织模式的主要特征。这也是在逆全球化和保护主义抬头、国际经贸规则重构、发达国家推动产业链回迁、新一轮科技革命加速推进等多重因素影响下，应对未来全球制造业和产业链供应链格局向区域化、本土化等方向发展的主要举措。

（4）推动传统行业创新发展。矿产、食品、教育用品和水电煤等基础物资生产与加工行业涉及国计民生，行业市场化程度受国家政策和宏观调控的影响大，近年来这些行业的体制机制改革创新速度慢，行业主体创新创业动力和能力都不足，需要进一步给予更优惠的政策条件和发展指导，促进这些行业在数字化、创意化和个性化方面推出更多优质新颖的产品，促进行业就业增加和利润上升。

参 考 文 献

白素霞，陈彤. 2018. 创业投资对企业创新的作用机制研究. 经济体制改革，（3）：194-198.

陈治，张所地，2010. 我国区域风险投资对技术创新效率的研究：基于与 R&D 投入的对比. 科技管理研究，30（8）：250-251，254.

程都，邱灵. 2019. 基于评价指标视角的创新创业发展趋势研究. 宏观经济管理，（5）：30-37，44.

辜胜阻，吴华君，吴沁沁，等. 2018. 创新驱动与核心技术突破是高质量发展的基石. 中国软科学，（10）：9-18.

关成华. 2022. 美国建设创新强国之路的镜鉴. 人民论坛·学术前沿，（20）：63-71.

谷力群，佟雪莹. 2013. 思想政治教育视域下的创业精神培养研究评述. 沈阳师范大学学报（社会科学版），37（6）：36-39.

霍尔 B H，罗森伯格 N. 2017. 创新经济学手册. 上海市科学学研究所，译. 上海：上海交通大学出版社.

李政，何彬. 2009. 创业是否能促进我国技术进步及效率提高?——一个基于面板协整方法的分析，经济社会体制比较，（6）：155-161.

梁宏. 2015. 如何在创业中运用创新思维. 科技创业月刊，28（3）：16-17.

梁丽娜，于渤. 2021. 经济增长：技术创新与产业结构升级的协同效应. 科学学研究，39（9）：1574-1583.

林强，姜彦福，张健. 2001. 创业理论及其架构分析. 经济研究，（9）：85-94，96.

卢智健. 2012. 创业投资机构活动对科技风险企业绩效的作用机制研究. 杭州：浙江大学.

鲁传一. 2000. 企业家精神与经济增长的机制研究. 北京：清华大学.

陆文香. 2013. 美国风险投资与其经济发展实证关系对我国的启示. 当代经济管理，35（9）：88-92.

米建华，谢富纪. 2009. 创业投资、技术创新与经济增长：基于中国 20 省市的截面数据实证研究. 现代管理科学，（6）：12-13，30.

彭学兵，张钢. 2010. 技术创业与技术创新研究. 科技进步与对策，27（3）：15-19.

王重鸣，刘帮成. 2005. 技术能力与创业绩效：基于战略导向的解释. 科学学研究，23（6）：765-771.

王亚民，史占中. 2002. 美国创投资本业发展历史、现状及趋势：基于现代产业组织理论 SCP 框架分析. 上海管理科学，（6）：19-21.

武巧珍. 2009. 风险投资支持高新技术产业自主创新的路径分析. 管理世界，（7）：174-175.

肖昊，白丽. 2015. 论创新创业活动的实践特征. 华南师范大学学报（社会科学版），（6）：123-133.

许海云，张娴，张志强，等. 2017. 从全球创新指数（GII）报告看中国创新崛起态势. 世界科技研究与发展，39（5）：391-400.

薛晓宇. 2023. 国家创新测度框架演化与启示：以 GII 报告为例. 科学学研究，41（7）：1336-1344.

姚先国，温伟祥，任洲麒，2008. 企业集群环境下的公司创业研究：网络资源与创业导向对集群企业绩效的影响. 中国工业经济，（3）：84-92.

袁卫，吴翌琳，张延松，等.2016. 中国城市创业指数编制与测算研究. 中国人民大学学报，30（5）：73-85.

张建英. 2012. 创业活动与经济增长内在关系研究. 经济问题，（7）：42-45.

张新立，穆影. 2010. 美国风险投资与经济增长关系的实证分析. 科技管理研究，30（12）：165-168.

张玉利，陈寒松，李乾文.2004. 创业管理与传统管理的差异与融合. 外国经济与管理，26（5）：2-7.

张勋，万广华，张佳佳，等. 2019. 数字经济、普惠金融与包容性增长. 经济研究，54（8）：71-86.

赵涛，张智，梁上坤. 2020. 数字经济、创业活跃度与高质量发展：来自中国城市的经验证据. 管理世界，36（10）：65-76.

中央金融委员会办公室，中央金融工作委员会. 2023. 坚定不移走中国特色金融发展之路. 求是，（23）：21-25.

Acs Z，Armington C. 2004. Employment growth and entrepreneurial activity in cities. Regional Studies，38（8）：911-927.

Acs Z J，Estrin S，Mickiewicz T，et al. 2018. Entrepreneurship，institutional economics，and economic growth：an ecosystem perspective. Small Business Economics，51（2）：501-514.

Ahmed I，Nawaz M M，Ahmad Z，et al. 2010. Determinants of students' entrepreneurial career intentions：evidence from business graduates. European Journal of Social Sciences，15（2）：14-22.

Alemany L，Martí J. 2005. Unbiased estimation of economic impact of venture capital backed firms. Paper Presented at 2005 Babson College Entrepreneurship Research Conference.

Alvedalen J，Boschma R. 2017. A critical review of entrepreneurial ecosystems research：towards a future research agenda. European Planning Studies，25（6）：887-903.

Audretsch D B，Belitski M，Guerrero M. 2022. The dynamic contribution of innovation ecosystems to schumpeterian firms：a multi-level analysis. Journal of Business Research，144：975-986.

Audretsch D B，Lehmann E E，Paleari S，et al. 2016. Entrepreneurial finance and technology transfer. The Journal of Technology Transfer，41（1）：1-9.

Audretsch D B，Belitski M. 2017. Entrepreneurial ecosystems in cities：establishing the framework conditions. The Journal of Technology Transfer，42（5）：1030-1051.

Bartlett J W. 1988. Venture Capital Law，Business Strategies，and Investment Planning. New York：John Wiley & Sons.

Braunerhjelm P. 2008. Specialization of regions and universities：the new versus the old. Industry and Innovation，15（3）：253-275.

Bruyat C，Julien P A. 2001. Defining the field of research in entrepreneurship. Journal of Business Venturing，16（2）：165-180.

Bosma N，Content J，Sanders M，et al. 2018. Institutions，entrepreneurship，and economic growth in Europe. Small Business Economics，51（2）：483-499.

Busenitz L W，West G P，Shepherd D，et al. 2003. Entrepreneurship research in emergence: past trends and future directions. Journal of Management，29（3）：285-308.

Covin J G，Miles M P. 1999. Corporate entrepreneurship and the pursuit of competitive advantage. Entrepreneurship Theory and Practice，23（3）：47-63.

Davidsson P. 2003. The domain of entrepreneurship research: some suggestions//Katz J A，Shepherd D A. Cognitive Approaches to Entrepreneurship Research. Volume 6. Oxford: Elsevier: 315-372.

Dushnitsky G，Shaver J M. 2009. Limitations to interorganizational knowledge acquisition: the paradox of corporate venture capital. Strategic Management Journal，30（10）：1045-1064.

Fagerberg J. 2000. Technological progress，structural change and productivity growth: a comparative study. Structural Change and Economic Dynamics，11（4）：393-411.

Galindo M Á，Méndez-Picazo M T. 2013. Innovation，entrepreneurship and economic growth. Management Decision，51（3）：501-514.

Gartner W B. 1985. A conceptual framework for describing the phenomenon of new venture creation. Academy of Management Review，10（4）：696-706.

Hellmann T，Puri M. 2000. The interaction between product market and financing strategy: the role of venture capital. The Review of Financial Studies，13（4）：959-984.

Herbig P A. 1994. The Innovation Matrix: Culture and Structure Prerequisites to Innovation. Westport: Bloomsbury.

Ireland R D，Hitt M A，Sirmon D G. 2003. A model of strategic entrepreneurship: the construct and its dimensions. Journal of Management，29（6）：963-989.

Karlsson C，Johansson B，Stough R. 2009. Entrepreneurship and development: local processes and global patterns. Working Paper Series in Economics and Institutions of Innovation 160.

Katila R，Rosenberger J D，Eisenhardt K M. 2008. Swimming with sharks: technology ventures，defense mechanisms and corporate relationships. Administrative Science Quarterly，53（2）：295-332.

Kauffman Foundation. 2013. Entrepreneurship education comes of age on campus. Report.

Kirzner I M. 1978. Competition and Entrepreneurship. Chicago: University of Chicago Press.

Kortum S，Lerner J. 2001. Does venture capital spur innovation?//Libecap G D. Entrepreneurial Inputs and Outcomes: New Studies of Entrepreneurship in the United States. Leeds: Emerald Group Publishing Limited: 1-44.

Lin P Y，Lee J S，Chang C C. 2011. Protecting the content integrity of digital imagery with fidelity preservation. ACM Transactions on Multimedia Computing，Communications，and Applications，7（3）：15-22.

Low M B，MacMillan I C. 1988. Entrepreneurship: past research and future challenges. Journal of Management，14（2）：139-161.

Maradana R P，Pradhan R P，Dash S，et al. 2017. Does innovation promote economic growth? Evidence from European countries. Journal of Innovation and Entrepreneurship，6（1）：1-23.

Mazzucato M. 2013. The Entrepreneurial State: Debunking Public vs. Private Sector Myths. London: Anthem Press.

Morris M H. 1998. Entrepreneurial Intensity: Sustainable Advantages for Individuals，Organirations， and Societies. Westport: Bloomsbury: 17-45.

OECD. 2014. Local economic and employment development (LEED). http://www.oecd.org/cfe/leed/entrepreneurshipandhighereducation.htm[2014-10-24].

Peneder M, Kaniovski S, Dachs B. 2003. What follows tertiarisation? Structural change and the role of knowledge-based services. The Service industries Journal, 23 (2): 47-66.

Rauch A, Frese M. 2007. Let's put the person back into entrepreneurship research: a meta-analysis on the relationship between business owners' personality traits, business creation, and success. European Journal of Work and Organizational Psychology, 16 (4): 353-385.

Sahlman W A. 1990. The structure and governance of venture capital organizations. Journal of Financial Economics, 27 (2): 473-521.

Salgado-Banda H. 2005. Entrepreneurship and economic growth: an empirical analysis. Dejit: DEGIT Conference Papers.

Schumpeter J A. 1911. The Theory of Economic Development. Cambridge: Harvard University Press.

Schumpeter J A. 1934. The Theory of Economic Development: An Inquiry into Profits, Capital, Credit, Interest, and the Business Cycle. Cambridge: Harvard University Press.

Schumpeter J A. 1942. Capitalism, Socialism and Democracy. New York: Harper and Brothers.

Shane S, Venkataraman S. 2000. The promise of entrepreneurship as a field of research. Academy of Management Review, 25 (1): 217-226.

Shane S, Venkataraman S. 2001. Entrepreneurship as a field of research: a response to zahra and dess, singh, and erikson. Academy of Management Review, 26 (1): 13-16.

Szerb L, Lafuente E, Horváth K, et al. 2019. The relevance of quantity and quality entrepreneurship for regional performance: the moderating role of the entrepreneurial ecosystem. Regional Studies, 53 (9): 1308-1320.

Timmons J A. 1999. New Venture Creation: Entrepreneurship for 21st Century. 5th ed. Singapore: McGraw Hill: 37-40.

Verspagen B. 2006. Innovation and economic growth//Fagerberg J, Mowery D C. The Oxford Handbook of innovation. Oxford: Oxford University Press: 487-513.

World Bank. 2013. Framing the global landscape of entrepreneurship education and training programs. Washington: World Bank Group.

Zahra S, Dess G G. 2001. Entrepreneurship as a field of research: encouraging dialogue and debate. Academy of Management Review, 26 (1): 8-10.

Zanello G, Fu X L, Mohnen P, et al. 2016. The creation and diffusion of innovation in developing countries: a systematic literature review. Journal of Economic Surveys, 30 (5): 884-912.

附　录

附录一　区域"三创"指标体系

一级指标	二级指标	三级指标
外部环境	政策环境	营商指数
	绿色发展	地区污水排放量（万吨）
		单位 GDP 污水排放量（吨）
		人均污水排放量（吨）
		地区大气污染物排放量（万吨）
		单位 GDP 大气污染物排放量（万吨）
		人均大气污染物排放量（万吨）
		单位 GDP 电能消耗（亿千瓦时）
	经济基础	GDP 总量（亿元）
		人均 GDP（万元）
	对外开放	进出口贸易额（万美元）
		国外投资企业数（个）
		国外投资企业总额（百万美元）
		非金融类对外直接投资流量（万美元）
		非金融类对外直接投资存量（万美元）
	基础设施与条件	基础设施条件
		数字经济指数
		图书馆人均藏书量（本）
资源投入	人力资源	人口总数（万人）
		青壮年人口比例
		大专以上人口比例
		高校在校生数（万人）
		每十万人高校在校生数
		万人金融从业人数
	创投资源	新增基金数量
		新增基金金额
		新增基金管理人数量

一级指标	二级指标	三级指标
资源投入	科研投入	R&D 人员全时当量（人年）
		R&D 经费总额（万元）
		R&D 经费占 GDP 比重
		人均 R&D 经费（万元/人年）
	教育投入	财政教育经费支出（亿元）
		财政教育经费支出占比
		财政教育经费人均支出（万元）
主体能力	知识创造	专利授权数
		发明专利授权数
		发明专利占专利授权数比重
		国内论文数
		国际论文数
		每十万人国内论文数
		每十万人国际论文数
	企业创新	高技术企业就业人员数（人）
		高技术企业就业人员比例
		高技术企业数
		每万人高技术企业数
		高技术企业占规模以上工业企业比重
		规模企业 R&D 人员全时当量（人年）
		规模企业 R&D 经费（万元）
		规模企业人均 R&D 经费（万元）
		规模企业 R&D 项目数
		规模企业人均 R&D 项目数
	创投能力	投资事件数量
		投资事件金额
		成长基金数量
		创业投资基金数量
		早期投资基金数量
		退出总案例数量
		IPO 退出数量占比
		退出案例金额
		IPO 退出案例金额占投资事件金额比重

续表

一级指标	二级指标	三级指标
产出效益	科技效益	科技企业孵化器当年毕业企业数（家）
		科技成果转化度（技术市场交易额）（亿元）
	经济效益	规模以上工业企业新产品销售额（万元）
		规模以上工业企业新产品销售额增长率
		规模以上工业企业新产品销售额占销售收入比重
		高新技术产业主营业务收入（万元）
		高新技术产业主营业务收入增长率
		高新技术产业主营业务收入占 GDP 比重
		劳动生产率（全要素生产率）
	企业成长	新增企业数（个）
		企业创新能力 500 强企业数量
		企业创新能力 500 强企业数占注册企业数比重
		VC/PE 支持的上市数量
		新增创业板上市企业数
		IPO 企业数量
		VC/PE 支持的融资金额

附录二 行业"三创"指标体系

一级指标	二级指标	三级指标
外部环境	基础设施与条件	按行业分固定资产投资额
		按行业分就业人数
	经济基础	按行业分产品销售收入
		按行业分利润总额
资源投入	创投资源	按行业分新产品开发经费支出
		按行业分高技术企业新产品开发项目数
		按行业分新产品开发项目数
		按行业分高技术企业新产品开发经费支出
	科研投入	按行业分 R&D 人员全时当量
		按行业分 R&D 经费
		按行业分高技术企业 R&D 经费支出
		按行业分高技术企业 R&D 人员全时当量
		按行业分高技术企业 R&D 项目数
		按行业分高技术企业 R&D 机构数
		按行业分 R&D 项目数

一级指标	二级指标	三级指标
主体能力	知识创造	按行业分有效发明专利数
		按行业分发明专利数
		按行业分专利申请数
	企业创新	按行业分高技术企业新产品专利申请数
		按行业分高技术企业新产品发明专利数
		按行业分高技术企业新产品有效发明专利数
	创投能力	按行业分退出案例数量
		按行业分创业投资事件数量
		按行业分创业投资投资金额
产出效益	科技效益	按行业分全要素生产率
	企业成长	按行业分企业增加数
		按行业分亏损企业个数
		按行业分 IPO 数量

附录三　2021 年 31 个省级行政区域"三创"综合指数排名及得分

排名	地区	外部环境	资源投入	主体能力	产出效益	综合得分
1	广东省	0.1480	0.2023	0.1891	0.1200	0.6594
2	北京市	0.1631	0.1801	0.1669	0.0909	0.6009
3	江苏省	0.1468	0.1571	0.1675	0.1044	0.5757
4	浙江省	0.1375	0.1374	0.1326	0.1119	0.5193
5	上海市	0.1712	0.1208	0.1194	0.0742	0.4856
6	山东省	0.0995	0.1455	0.0983	0.0864	0.4297
7	福建省	0.1071	0.0946	0.0666	0.0670	0.3352
8	安徽省	0.0792	0.0871	0.0712	0.0959	0.3335
9	天津市	0.1023	0.1018	0.0723	0.0551	0.3314
10	四川省	0.0792	0.1014	0.0840	0.0454	0.3100
11	湖南省	0.0824	0.0911	0.0813	0.0530	0.3078
12	湖北省	0.0748	0.0984	0.0638	0.0705	0.3076
13	河南省	0.0807	0.1017	0.0592	0.0464	0.2880
14	江西省	0.0666	0.0858	0.0669	0.0640	0.2834
15	河北省	0.0638	0.0927	0.0624	0.0637	0.2827
16	陕西省	0.0729	0.0959	0.0677	0.0435	0.2801
17	重庆市	0.0826	0.0759	0.0644	0.0506	0.2734

续表

排名	地区	外部环境	资源投入	主体能力	产出效益	综合得分
18	海南省	0.0729	0.0489	0.0608	0.0576	0.2401
19	吉林省	0.0562	0.0755	0.0611	0.0436	0.2363
20	辽宁省	0.0555	0.0785	0.0565	0.0346	0.2250
21	广西壮族自治区	0.0632	0.0672	0.0581	0.0354	0.2240
22	云南省	0.0566	0.0695	0.0657	0.0282	0.2200
23	贵州省	0.0599	0.0623	0.0473	0.0470	0.2165
24	西藏自治区	0.0403	0.0402	0.0719	0.0622	0.2146
25	甘肃省	0.0479	0.0572	0.0499	0.0481	0.2031
26	黑龙江省	0.0434	0.0671	0.0520	0.0376	0.2001
27	山西省	0.0548	0.0713	0.0309	0.0421	0.1991
28	内蒙古自治区	0.0376	0.0562	0.0550	0.0377	0.1864
29	宁夏回族自治区	0.0511	0.0434	0.0293	0.0331	0.1568
30	新疆维吾尔自治区	0.0369	0.0619	0.0342	0.0205	0.1535
31	青海省	0.0402	0.0289	0.0422	0.0194	0.1307

附录四　2021 年 38 个工业行业"三创"综合指数排名情况

排名	行业分类	外部环境	资源投入	主体能力	产出效益	总体态值
1	计算机、通信和其他电子设备制造业	0.333 20	0.293 08	0.212 93	0.106 00	0.945 21
2	电气机械和器材制造业	0.190 17	0.208 49	0.117 40	0.094 82	0.610 87
3	通用设备制造业	0.124 21	0.171 36	0.066 66	0.116 07	0.478 30
4	专用设备制造业	0.103 49	0.154 26	0.084 71	0.101 64	0.444 10
5	汽车制造业	0.184 25	0.130 24	0.063 82	0.055 08	0.433 40
6	化学原料及化学制品制造业	0.199 02	0.118 26	0.046 47	0.052 49	0.416 24
7	非金属矿物制品业	0.174 92	0.089 18	0.029 39	0.115 12	0.408 62
8	金属制品业	0.105 69	0.102 32	0.031 28	0.109 70	0.348 99
9	医药制造业	0.117 50	0.100 89	0.048 46	0.046 58	0.313 44
10	黑色金属冶炼和压延加工业	0.149 24	0.055 06	0.024 86	0.030 50	0.259 66
11	电力、热力生产和供应业	0.170 84	0.017 61	0.017 12	0.050 95	0.256 52
12	橡胶和塑料制品业	0.073 05	0.083 23	0.023 75	0.047 97	0.228 00
13	有色金属冶炼和压延加工业	0.108 57	0.043 35	0.020 06	0.039 78	0.211 77
14	煤炭开采和洗选业	0.142 41	0.008 73	0.001 84	0.031 35	0.184 33

续表

排名	行业分类	外部环境	资源投入	主体能力	产出效益	总体态值
15	纺织业	0.061 83	0.046 62	0.010 87	0.046 59	0.165 92
16	农副食品加工业	0.092 36	0.038 90	0.010 26	0.023 86	0.165 39
17	铁路、船舶、航空航天和其他运输设备制造业	0.042 37	0.052 17	0.024 40	0.039 08	0.158 03
18	仪器仪表制造业	0.026 83	0.050 38	0.019 20	0.040 75	0.137 16
19	石油、煤炭及其他燃料加工业	0.081 79	0.011 46	0.006 81	0.023 96	0.124 02
20	文教、工美、体育和娱乐用品制造业	0.034 48	0.024 80	0.007 71	0.047 29	0.114 28
21	食品制造业	0.051 58	0.027 35	0.011 10	0.013 91	0.103 95
22	纺织服装、服饰业	0.043 88	0.018 08	0.004 31	0.033 97	0.100 25
23	酒、饮料和精制茶制造业	0.053 00	0.009 87	0.004 68	0.031 72	0.099 27
24	造纸及纸制品业	0.030 82	0.019 44	0.006 32	0.032 64	0.089 22
25	木材加工和木、竹、藤、棕、草制品业	0.018 55	0.010 64	0.002 39	0.046 96	0.078 54
26	皮革、毛皮、羽毛及其制品和制鞋业	0.030 00	0.014 40	0.002 85	0.029 84	0.077 10
27	印刷和记录媒介复制业	0.016 89	0.014 89	0.004 92	0.037 81	0.074 51
28	家具制造业	0.019 17	0.017 18	0.005 59	0.032 42	0.074 35
29	石油和天然气开采业	0.032 35	0.004 27	0.001 56	0.026 49	0.064 67
30	化学纤维制造业	0.017 28	0.011 93	0.004 67	0.028 48	0.062 36
31	烟草制品业	0.021 36	0.001 33	0.002 51	0.028 53	0.053 72
32	水的生产和供应业	0.017 82	0.000 88	0.000 33	0.029 40	0.048 42
33	黑色金属矿采选业	0.015 58	0.000 44	0.000 38	0.024 99	0.041 39
34	非金属矿采选业	0.009 13	0.001 22	0.000 23	0.030 51	0.041 09
35	有色金属矿采选业	0.008 23	0.000 97	0.000 16	0.027 54	0.036 90
36	燃气生产和供应业	0.022 31	0.000 89	0.000 54	0.008 07	0.031 81
37	其他制造业	0.004 14	0.006 69	0.002 41	0.004 22	0.017 45
38	金属制品、机械和设备修理业	0.000 60	0.000 97	0.000 54	0.002 46	0.004 57

注：农副食品加工业，食品制造业，其他制造业，金属制品、机械和设备修理业，燃气生产和供应业的全要素生产率数据缺失，统一用行业最小值代替；根据态值测算公式，当某工业行业的数值为行业最低值时，该指标的态值计算结果为 0；总体态值等于外部环境、资源投入、主体能力、产出效益值之和，是按原数据求和四舍五入得到的，因此可能会出现前四项数据相加之和与总体态值不一致的情况